建构数字安全

数据时代的刑法立场

李怀胜◎著

中国法制出版社
CHINA LEGAL PUBLISHING HOUSE

前 言

当下网络犯罪的蓬勃发展对传统刑法理论、刑事立法以及刑事司法构成严重冲击与挑战。为了遏制网络犯罪的汹涌浪潮，刑事立法颁布了多个刑法修正案，刑事司法也出台了众多司法解释以及指导性案例，意图驯服网络犯罪这个“洪水猛兽”。然而目前我们能看到的是，网络犯罪的罪情发展依然超前于刑法理论与司法实践，且没有被明显遏制的势头。作为例证，帮助信息网络犯罪活动罪在2022年全国检察机关的起诉罪名中已经排到第三位①，这距离本罪在《刑法修正案（九）》② 中的增设也才不过八年时间，该不该对本罪做“减法”，相信很快就会引发一波新的学术讨论。但帮助信息网络犯罪活动罪作为电信网络诈骗犯罪的上游犯罪，其对下游犯罪的“供给效应”又是无法回避的现实。这个事例也表明，在网络等新兴技术面前，刑法并没有完全找准其角色和定位。当前，网络和信息技术正在以迅雷不及掩耳之势席卷人类社会，编码化的数据、数据化的知识渗透进社会生活的每个角落，并且正在对人类社会进行重新编组，其信息密度已经超出了传统法律的一般负载能力，迫使传统社会规则变动，更迫使传统刑法理论和规则回答这样一个问题：面对信息化时代的挑战，传统刑法究竟该何去何从？本书从技术变迁引发的安全主题的变化入手，沿着网络安全—信息安全—数据安全—算法安全的演进路线，剖析在技术性侵害、利益性侵害和秩序性侵害杂糅的大数据时代，刑法为建构数字安全与数字秩序应秉持什么样的立场与思路。

本书共分三编十章，上编为“从网络安全到数据安全”，包括本书第一章和第二章。

---

① 张庆水：《最高检：帮信罪已成为刑事犯罪起诉人数排第三的罪名》，载新华网，http://www.news.cn/legal/2022-07/22/c_1211669528.htm，最后访问时间2023年7月18日。

② 本书涉及法律名称及刑法修正案的，省略前缀“中华人民共和国”，原文引用不在此限。——作者注

第一章“网络安全的演变趋势及其法律应对”分析了三代网络环境下的网络技术特征及其风险迁移，指出网络经历了从“软件”到“内容”，再到“数据”的发展路线。三代网络环境下网络风险也随之出现了从“技术性风险”到“内容性风险”并存，再到多种风险交织的时代迁移。网络犯罪的指向从最早的技术性侵害到随后的利益性侵害，现在又过渡到现实关系侵害的新阶段。网络安全的法律保护必须统筹“个体利益”“抽象秩序”与“宏观安全”三者之间的关系，建立复合型的网络安全保护体系，我国网络法律监管体系也应当随之进行调整。

第二章“数据安全的法益内涵与刑法规范转向”指出从系统安全到数据安全，是网络安全风险转向的必然结果，从静态安全到动态安全、从单一安全到多元安全、从个体安全到国家安全的转变中，数据安全法益的实践基础逐步确立，并成为数据安全犯罪确立的逻辑基础。数据犯罪遵循了从附属保护到独立保护，从信息犯罪到数据犯罪两条规范演进路径。应当在三个方面完善数据犯罪体系，一是在数据类型的横轴上，要将特定类型的数据保护扩展为一般类型的数据；二是在数据侵害的纵轴上，要将保护数据局部生命周期的行为类型扩展为对数据生命全周期的保护；三是在主观方面，建立数据过失与数据故意并存的双重罪过模式。

本书中编为“个人信息安全的刑法规制”，聚焦于公民个人信息的刑法保护，包括四章。

第三章“侵犯公民个人信息犯罪的保护法益”，从法秩序一体化的视角出发，对民法学界和刑法学界关于公民个人信息的法益内涵的分析进行了系统梳理，进而提出确立刑法层面公民个人信息的应然法益之保护。笔者认为，侵犯公民个人信息罪是法定犯，其并非自然犯的法定犯化，而是法定犯的自然犯化。

第四章“公民个人信息的刑法保护轨迹反思”指出，刑法对公民个人信息犯罪，经历了立法层面的间接保护到直接保护的模式转变，以及司法层面的个人探索与规范解释的交替进行的演变轨迹。其基本思路是规制场景的单一化与公民个人信息内涵的扩张。但这种类比隐私权的保护模式已不适应数据开放共享的时代要求以及信息不当滥用的泛化趋势，技术进步也使可识别性标准面临虚化危机。应当在侵犯公民个人信息罪的行为类型构造、规范射程等多方面进行调整。并引入优越利益原则，作为社会公共卫生事件等紧急事态下个人信息开放的正当化免责机制。

第五章“侵犯公民个人信息犯罪的完善思路”指出，我国对公民个人信息的法律体系，遵循了一条“刑先民后”的保护路径，而随着《个人信息保护法》的生效实施，关于公民个人信息保护的基础性法律体系已完整建立起来。在此背景下，应当遵循法秩序统一原理，对侵犯公民个人信息罪进行规制调适，恢复民法、行政法、刑法的应然规范位置。刑法司法解释对公民个人信息的概念逾越了民法确立的识别性标准，因此刑法的公民个人信息概念应向主流标准回归。同时则应着力构建面向公民个人信息的全生命周期的刑法保护体系。

第六章“个人生物识别信息的刑法保护思路”以深度伪造为视角探讨了生物识别信息的刑法保护。深度伪造作为人工智能深度学习应用的具体场景，当前已带来严重的社会风险，尤其是针对公众人物的深度伪造，更可能对社会秩序和国家安全造成严重冲击与损害，因而引起了世界各国的高度重视。深度伪造的技术本质是人工智能的算法滥用，行为本质是个人生物识别信息的滥用。美国和欧盟等分别采取了专门立法以及借助现有的“数据—信息”规制路径来防范深度伪造的社会危害，在法益定位、立法重点和法律模式上均存在差异。我国刑法目前基于目的性行为的结果归责思路和基于公民个人信息保护的前端归责思路，忽略了深度伪造法益侵害的独立性以及个人生物识别信息保护的特殊需求，无法完全实现刑法的规范目的。深度伪造的规范本质是身份盗窃行为，有必要在刑法中引入身份盗窃，既能建立“公民个人信息—身份信息—生物识别信息”的梯次加重保护体系，填补“合法获取+不法利用”个人信息的刑法评价空白，并顺带规制传统的身份盗窃行为，增强身份盗窃入罪化的扩散性立法效应。

本书下编为“数字安全秩序的刑法建构”，数字安全是更高标准的数字秩序，秩序是最低层次的数字安全。本编包括四章。

第七章“虚假信息犯罪的罪名体系调整思路”指出，中国刑法早期的编造、传播虚假信息犯罪侧重于保护个体利益价值，而此后的有关网络诽谤的司法解释和《刑法修正案（九）》更关注一般性的公共秩序价值。刑法中编造、传播虚假信息犯罪的罪名体系初步形成。《刑法修正案（九）》关于编造、传播虚假信息犯罪的条文，虽然进一步扩大了“虚假信息”的范围，织密了刑事法网，但是它回避了有关网络诽谤的司法解释的立法正当性问题，又可能造成虚假恐怖信息与新设的四类虚假信息的界限不明等问题，是一次不完美的立法修正。应有的解决方案是，取消编造、故意传播虚假恐怖信息罪，将《刑法修正案（九）》中的“虚假的险情、疫情、警情、灾情”改为一般性的“虚假信息”。将《最高人民法院、最高人民检察院关于办理利用信息网络实施诽谤等刑事案件适用法律若干问题的解释》中的相关规则吸收进刑法典，最终解决司法解释的正当性问题。

第八章“信息秩序法益与公关犯罪完善思路”认为，有偿删除真实信息或者有偿发布虚假信息等网络“公关”行为严重扰乱网络空间秩序，有追究其刑事责任的必要性，但是有关司法解释依照非法经营罪追究有偿删除虚假信息行为的做法，背离了非法经营罪的规范目的，也造成了不合理的司法裁判结果。其症结在于未能准确解读网络信息秩序的法益内涵，以及法益理论丧失了对罪名构成要件的约束功能。网络信息秩序的法益，源自公民的网络信息知情权和信息自决权，是双层次构造的法益类型。网络信息秩序法益的第一层次是网络信息的真实性，第二层次是网络信息的自由流动性。在网络信息秩序法益的指导下，应当重新对网络公关行为进行规则调适，将部分行为出罪化，并将其余行为纳入非法利用信息网络罪的规制框架，以寻求立法正当性与逻辑合理性的统一。

第九章“技术过失及其算法过失的归责逻辑”指出，随着网络的普及和信息技术的深度社会化，网络空间中的技术过失行为日益增多，凸显了刑事法考察的必要。而随着人工智能技术的进步，技术过失已经过渡到算法过失，并在交通事故损害等案例中制造了新的刑法难题。现阶段无论从主观归责还是客观归因看，技术过失和算法过失都是人的过失。“人—网”异化是技术异化在网络时代的新表现，具体分为“人的能力的异化”和“人的主体地位的异化”两方面，由此给传统的过失责任理论提出了新的挑战。技术过失和算法过失责任中的注意义务的法定化和扩大化应当是今后网络过失责任设定的重点和起点。

第十章“网络犯罪案件的行刑衔接机制研究”指出，网络信息内容领域的高度复杂性与业态的快速更迭，给网信监管执法提出了严峻挑战。违法线索转化为刑事案件的概率低，案件处置结果的变相分流，行政执法能力与行刑衔接的应然需求不匹配是其突出问题，其表象原因在于缺乏权威性的规范体系、行政执法的闭合性特征、监督机制与激励机制的双重匮乏等，而其本质原因在于网信监管执法领域的行刑衔接的结构框架未能妥善处理行政执法与刑事司法的权力配置关系，损害了行刑衔接的强制力、执行力与推动力。应当从规范体系、机制体系、主体体系三个维度完善网信监管领域的行刑衔接制度，引导确立司法治理在网络社会治理体系中的主导地位。

毋庸置疑，“刑法的任务是保护人类社会的共同生活秩序。没有一个人能够永远与世隔绝地生活，相反，所有的人均基于其生存条件的要求，需要生活在一个彼此交往、合作和互相信任的社会里。在维护人类社会关系的和平秩序和保护秩序方面，刑法具有重要的意义”。[①] 在信息化时代下，刑法也需要保护人类社会的共同网络生活秩序，这是刑法坚定不移的立场。

① ［德］汉斯·海因里希·耶赛克、托马斯·魏根特:《德国刑法教科书（上）》，徐久生译，中国法制出版社 2017 年版，第 1 页。

目 录

Contents

上　编　从网络安全到数据安全

第一章　网络安全的演变趋势及其法律应对

人类改造自然的历史，也是一部波澜壮阔的奋斗史。在人类文明长达万年的演进和发展历程中，科学技术充当了推动文明升级的内生动力和根本驱动力，而生产工具和能源利用方式则是文明形态的外在表现和直观特征。如果说对人力、畜力的使用是农业文明的标志，对电力、磁力和化石能源的使用是工业文明的标志，对数字的使用则是数字文明的最主要特征。自“二战”以来，信息技术和互联网的发明与广泛运用，包括最近十余年方兴未艾的云计算、大数据、物联网、金融科技与其他新的数字技术，在很大程度上已经摆脱了工具理性的束缚，转而开始制约乃至型构人类社会的基本关系网络和组织形态。以网络为代表的现代科学技术的不断发展和深度社会化，正在全方位地改变着人类的社会面貌和生活，技术已成为新的社会范式。

1994 年 4 月 20 日，中国通过一条 64K 的国际专线，全功能接入国际互联网，从此开启了中国互联网时代的元年，至今网络在中国的发展走过了近 30 年的时间。30 年里，网络已经成为政府、组织、团体和个人信息交流与传递的重要媒介。网络正在深刻地影响着人类生活的方方面面，从基本生活方式的演进到基础生存理念的更迭，无不渗透着网络的影响。正因如此，网络安全问题才比以往任何时候都显得重要而棘手。在此背景下，全面地回顾三代互联网环境下网络犯罪的演变规律及其趋势，并对今后的立法策略进行前瞻性的安排就非常必要了。

一、三代网络环境下的网络技术特征及其风险迁移

在信息化时代，网络已经成为影响国家安全的重要领域，尤其是在经济全球化的背景下，各国在网络安全领域的竞争及其争夺对各国的国家安全、经济发展和社会稳定都造成了持续性的重大影响。在我国，网络也早已成为基础性的社会资源。2014 年 7 月 21 日，中国互联网络信息中心（CNNIC）发布第 34 次《中国互联网络发展状况统计报告》，该报告显示，截至 2014 年 6 月，我国网民规模达 6.32 亿人，较 2013 年底增加 1442 万人；其中手机网民达 5.27 亿人，较 2013 年年底增加 2699 万人，网民中使用手机上网的人群占比提升至 83.4%，手机网民规模首次超越传统 PC 网民规模（80.9%）。[①] 另据中国电子商务研究中心发布的《2013 年度中国电子商务市场数据监测报告》，截至 2013 年年底，中国电子商务市场交易规模达 10.2 万亿元，同比增长 29.9%，首次突破 10 万亿元大关。[②] 2023 年 3 月 2 日，中国互联网络信息中心（简称 CNNIC）在京发布第 51 次《中国互联网络发展状况统计报告》。《报告》显示，截至 2022 年 12 月，我国网民规模达 10.67 亿，较 2021 年 12 月增长 3549 万，互联网普及率达 75.6%。我国网民规模在九年时间里又增加了 4 亿人，其增量的互联网人口在世界各国的人口数量中可以排到第三位。在数字经济规模上，《中国互联网发展报告 2022》和《世界互联网发展报告 2022》蓝皮书显示，2021 年中国数字经济规模达到 45.5 万亿元，成为稳定经济增长的关键动力。与网络在社会生活中的穿透性相伴随的则是网络犯罪以及其他网络侵害行为的普遍存在。网络犯罪的治理，不在一城一地的得失，不在就事论事的策略回应，而在于寻找网络犯罪发生、发展的规律性认识。而网络犯罪的演变曲线，是和三代网络的技术特征及其层级结构密切相关的。

（一）三代互联网的应用特征

众所周知，现代互联网诞生于美国军方的实验室，1969 年，美国国防部建

---

① 《CNNIC：中国网民规模 6.32 亿手机网民比例首超 PC》，载凤凰网，http://tech.ifeng.com/internet/detail_2014_07/21/37437832_0.shtml（最近访问时间 2023 年 3 月 20 日）。

② 《我国电子商务交易规模突破 10 万亿大关》，载《北京商报》2014 年 3 月 20 日。

成的阿帕网（ARPANET）被认为是现代互联网的起源，但是由于阿帕网局限于美国的军事和政府领域，因此不能算是真正的互联网。真正的具有社会化应用价值的互联网开始于20世纪70年代后期。伴随着信息技术的高度发展，

1. 一代互联网：以软件为核心的单机、局域网时代

一代互联网是局域网，它是现代互联网的先驱和雏形。从20世纪70年代末期到90年代初期，在阿帕网基础上建立的局域网开始获得迅猛发展。局域网是指在某一区域内由多台计算机互联成的计算机组。一般是方圆几千米以内。它可以通过数据通信网或专用数据电路，与远方的局域网、数据库或处理中心相连接，构成一个较大范围的信息处理系统。局域网已经具备了现代互联网的所有物理要素，并初步显露出了其在数据传输、资源共享和分布处理等方面的优越性。但是局域网不同于现代互联网，它还无法实现信息的完全互联互通，局域网的使用具有场所和功能的特定性，因此一般而言具有较高的安全标准。时至今日，局域网仍然在一些单位和系统内使用，为了满足信息保密的需求，军事单位、科研单位的局域网会要求严格的物理隔绝。在技术上，局域网的核心是软件，因此它是以软件应用为核心的网络。早期的计算机犯罪正是在单机和局域网层面上使用的，其危害性主要也是针对软件。

2. 二代互联网：以内容为核心的传统互联网时代

以网络向商业机构和私营部门开放为标准，在20世纪90年代初期，全球进入了一个互联网的时代。互联网其实是全球范围内的最大化的广域网。1991年，万维网（World Wide Web）技术面世，它以超文本传输协议为基础，能够方便地从一个站点连接到另一个站点，[①] 这就为大量商业门户网站的建立扫清了技术上的障碍。传统互联网是以内容为核心的，在其发展历史上，先后经历了所谓“网络1.0”和“网络2.0”两个发展阶段。

（1）网络1.0：网络具有较明显的中心化特征

早期二代互联网在技术上被归为网络1.0，以有别于后来的网络2.0。网络1.0的特点是，由于多媒体技术和视频技术还没有得到大规模普及和应用，互联网主要还是信息传递和沟通工具，具有明显的中心化特征，此时互联网是以“联”为主，侧重信息的传递性，忽视交互性，互联网主要是作为信息交流和

① 惠志斌：《全球网络空间信息安全战略研究》，世界图书出版公司2013年版，第6页。

沟通媒介而存在的，没有太多的应用场景。商业机构和门户网站在网络中占据主导作用，门户网站在信息发布能力和信息渠道的权威性方面具有较大的支配力和权威性，门户网站是人们在网络空间中获取信息的主要来源，虽然门户网站较之传统的报纸和媒体具有信息发布及时的特点，① 但其一般很少自行采集和制作信息，而主要作为传统媒介的信息发布渠道存在。在网络 1.0 时期，网络采用的是技术创新的主导模式，信息技术的发展和变革对网站的发展起到了关键性的作用。门户网站把持着信息发布权限，它也遵循着传统媒体的先审查再发布的信息处理机制，这一举措维护了其公信力，因此所谓网络谣言等在后期互联网中异常泛滥的现象在此时并不突出。在人际关系方面，人与人之间的联系实际上是通过门户网站链接的，个人也只是将网络作为单纯的交流和信息沟通平台。同时在网络 1.0 时期，网络的普及率还较低，家庭宽带等刚刚走入家庭，个人应用还不发达，网络的社会影响力只能说是初见端倪，上网甚至被认为是一件时尚的事情。

（2）网络 2.0：社会关系趋于扁平

随着多媒体技术的进步，网络 2.0 继之以网络 1.0，并很快成为网络的主流应用模式。网络 2.0 的标志性技术包括博客、微博、百科、即时通信、社交网络、P2P（互联网借贷平台，peer-to-peer lending）下载等，可以看出，网络 2.0 时期的网络应用场景极大丰富起来。网络 2.0 遵循开放、共享的理念，其特点主要包括：①用户参与信息制造。网络 1.0 时期的信息源头仍然是传统媒体，网络只是承担了信息渠道的功能，而在网络 2.0 时期，互联网上大量的信息都是由用户自己通过博客、即时通信软件、社交网络等创造的。个人既是信息的接收者，又是信息的制造者。随着智能手机的普及以及 4G 网络的全面铺开，个人可以随时随地地制造信息，在网络中开辟自媒体，上传自己的各类动态。网红经济、流量经济在中国社会具有普遍的影响力。②用户之间的信息分享成为主流应用。社交网络成为网络用户交流的重要渠道，传统的门户网站依然重要，但是已经无法做到对信息的垄断。在网络 1.0 时期，信息主要来自传统媒体的移植，而在网络 2.0 时期，网络自身创造信息，此时传统媒体反而在网上寻找新闻来源了。新媒体、网络媒体的普及，让传统媒体从朝阳产业变

① 2001 年“9·11”事件之后，雅虎、搜狐的新闻订购业务短时间内都出现了较大增长。

成夕阳产业，网络广告等也对传统电视渠道的广告造成很大冲击。但是网络缺乏传统媒体的先审查后发布的信息控制机制，这导致其信息真实性大打折扣。网络 2.0 对传统权力关系的一个重大影响是，普通个体首次获得了信息话语权，并和传统权威共同分享信息权力。这在人类历史上是从来没有过的。

扁平网络也是去中心化的网络，即“无中心网络”，与它相对的是金字塔结构，无论是去中心化结构还是金字塔结构指涉的都是某种事物的组织形态。与传统社会的等级制构造不同，网络社会则呈现明显的无中心性，网络参与者至少在形式上是平等的。卡斯泰尔认为，网络化社会里的人虽然缺乏认同感，但网络有助于减少人们对认同感的抵制，有助于社会机制的重建。因为网络是一种偏离中心的组织和干预形式，具有新的社会运动的特点，它不仅是为了组织活动或分享信息，它还是文化代码的真正生产者和传播者。网络对社会的影响很少来源于步调一致的战略，很少由一个中心来决策，但通过多种形式的网络处理后，社会逐渐形成新的认同感。

互联网所带来的最大改变，是改变了权力的分配。网络在结构上的最大影响是分权，人和事都不再依赖一个中心点彼此连接。① 工业革命以来的两个世纪里，人类追求的都是经济规模，互联网的出现，开始让世界朝另一个方向发展，即权力分散到个人之后，未来最重要的资产将是电脑无法拥有的东西，如想象力、人格特性、决策力。互联网的兴起，将使越来越多的人快速地长大成熟，你再也不能为自己的问题找外界的借口，因为现在你有了选择的自由。②

扁平化的网络主要体现在以下三个方面：

第一个方面，网络由精英化向草根化转变。作为去中心化的网络，互联网由过去的信息和知识高度集中化的传播模式转向集中与分散化并重的传播模式，互联网不但是信息传播的平台，还是信息共享的平台。在互联网 1.0 中，门户网站、网络论坛（Bulletin Board System-BBS）是交流的中心平台，人们从门户网站上获知自己需要的信息，并围绕网站提供的某些新闻话题展开讨论，网站不但提供信息交流的场所，必要时还可以启动信息的排除机制，将不合时宜的话题删除，主流文化的形成主要依赖于少数网络精英的贡献。不过在互联

① ［美］埃瑟·戴森：《2.0 版数字化时代的生活设计》，海南出版社 1998 年版，第 19 页。
② 何精华：《网络空间的政府治理》，上海社会科学出版社 2006 年版，第 164—165 页。

网2.0中，个人的自主意识、自主权被充分地调动起来，每个人都在改变网络，网民不再是信息的客体。现在的互联网是用户中心论而不是权威中心论。对此有的学者指出：反“客”为主，成为主流文化形成的推手。使得媒体的重心从组织层面转向个人以及个人媒体层面。DIY（Do It Yourself，自己动手制作）成为主流，博客、播客、威客、维客……这些所谓的“客”，其实是网络文化的真正主人，在动态中充当着文化权威的角色。少数的精英权威被分散的普通网民所代替。权威式的文化中心主体意志被淡化，平等自由的主体间的交往成为主流，所形成的文化关系则是“去中心化”的，进而产生了不同于传统的文化构成模式。①

第二个方面，网络由信息发布工具转向信息制造工具。在互联网1.0中，网络的作用主要是信息发布工具，网络近乎为零的传播成本使得传统媒体损失惨重，不过传统媒体还是占有优势的，这一方面取决于传统媒体具有更强的权威性和信赖度，另一方面则在于网络的资源主要是传统媒体提供的，网络只不过增加了新的信息流通渠道，它冲击的是传统媒体的发行环节而不是制作环节，传统媒体在信息制造方面还具有很大的优势。不过在互联网2.0中，互联网不但是信息的发布工具，还是信息的制造工具。博客、播客、威客、维客等是信息制造的具体场所，普通网民则是信息制造的主力军。网络时代的一个特点是，许多新闻不是传统媒体或者传统社会权威制造的，而是网络制造的。微博、公众号等不断制造和催生着各类新闻热点。“直至不久以前，新闻还只意味着两件不同的事——有新闻价值的事件和新闻媒体所报道的事件。从现在开始，新闻可以不借助传统媒体而闯入公众意识。新闻媒体反而可能因为某件事已经通过其他途径闯入公众意识，结果只好报道它了。新闻从一种机构特权变成了一个信息传播生态系统的一部分。”② 有数据显示，2013年至2020年，我国移动互联网接入流量由13亿GB增长至1656亿GB，年均复合增长率高达99.86%。截至2021年6月，中国移动互联网接入流量为1033亿GB，同比增长38.6%。流量转移背后是信息渠道、传播载体、话语秩序的转移，用户之间

① 高宪春：《“去中心化”对网络文化的影响》，载《网络传播》2010年第2期。
② ［美］克莱·舍基：《未来是湿的》，胡泳、沈满琳译，中国人民大学出版社2009年版，第98页。

的渠道成为主渠道。[①] 信息化时代，网络的力量不可小觑。

第三个方面，网络由旁观性转向参与性。网络扁平化结构的另一个表现是旁观性的网络开始转向参与性的网络。交互性是网络较之传统媒介的很大不同，在传统媒体与受众建立的关系中，传统媒体处于积极主动的地位，受众处于被动的、倾听者的地位，即使在互联网1.0中这种现象也没有根本改变。但是在互联网2.0中，一切都不同了。网民在网络中的角色，不再是单纯的信息接收者，而是开始积极主动地介入网络的生活，网民作为一股独立的力量在网络中形成。

3. 三代互联网：以数据为核心的智能互联网时代

第三代互联网是以数据为核心的智能互联网时代，数据的价值受到充分重视和利用，其中三网融合和物联网技术提供了大数据搜集的通道，云计算使得数据的利用在技术上成为可能。

（1）三网融合和物联网技术奠定了大数据时代的基础

以网络技术和社会需求为双重驱动力，网络又进入了一个新的被称为智能互联网的时代。智能互联网的代表性产物是三网融合、大数据、云计算、移动互联网和物联网等。三网融合，通常是指以电话网为代表的电信网、以有线电视为代表的广播电视网和以互联网为代表的计算机通信网三大网络，通过技术改造，使其技术功能趋于一致、业务范围趋于相同，网络互联互通、资源共享，能为用户提供语音、数据、图像等综合性的多媒体业务。三网融合催生了物联网和智能家电的出现，更丰富了网络系统的内涵。为此也迫使传统刑法理论作出调整。2011年《最高人民法院、最高人民检察院关于办理危害计算机信息系统安全刑事案件应用法律若干问题的解释》第11条第1款规定："本解释所称'计算机信息系统'和'计算机系统'，是指具备自动处理数据功能的系统，包括计算机、网络设备、通信设备、自动化控制设备等。"手机等移动互联网终端的加入，"实现了'人—物—空间'等基于网络信息的无缝连接，并催生了海量异构的网络信息资源，而云计算通过虚拟化的计算模式，使得围绕

① 《DCCI数据：中国互联网2.0正式超越1.0》，载凤凰网，http://tech.ifeng.com/special/adworld2010/content-1/detail_2010_07/22/1814476_0.shtml（最近访问时间2023年3月20日）。

用户需求的网络信息资源的智能挖掘和动态流动成为可能”,① 在现代信息社会之前，搜集数据要付出很大成本，但是借助信息技术，很多数据的搜集、整理可以不经意间轻易完成，如个人网上购物，其消费习惯被网站记录下来，而无须专门搜集。只有数据搜集的成本可以接受，数据利用才有价值，而信息技术使这一切成为可能。

（2）云计算和大数据挖掘技术催生了大数据时代的到来

大数据（big data）这个概念最初是指需要处理的信息量过大，已经超出了一半计算机在处理数据时所能使用的内存量，因此必须改进处理数据的工具，这导致新的处理技术的诞生。② 目前对网络数据的搜集主要采取爬虫技术进行，而数据挖掘的一般流程是：确定目标—获取数据源—数据探索—数据预处理—挖掘分析建模—模型效果评价。随着开源社区的活跃和技术的发展，越来越多的算法和框架被创造出来简化数据挖掘和数据分析工程师们的工作。③ 在云计算出现之前，传统的计算机是无法处理如此大量且不规则的“非结构数据”的，而云计算可以方便地对这些数据进行整理和挖掘。云计算与大数据是一个硬币的两面，关于云计算的定义，目前还存在一定争议。目前广为接受的是美国国家标准与技术研究院（NIST）的定义：云计算是一种按使用量付费的模式，这种模式提供可用的、便捷的、按需的网络访问，进入可配置的计算资源共享池（资源包括网络、服务器、存储、应用软件、服务），这些资源能够被快速提供，只需投入很少的管理工作，或与服务供应商进行很少的交互。简单地说，云计算之前的计算模式就像是个人供暖，而云计算就是将分散的供暖炉收集起来集中供暖，其费效比自然最高，可以最大限度地节约资源。也只有云计算模式，才能够更好地处理信息化时代的海量数据。

（3）智能互联网背景下大数据的价值剖析

大数据作为一种客观存在的信息资源，其价值既取决于其内在品性，也取决于对其的利用能力。就像一座矿藏，对有开采能力的人来说它就是宝藏，而对没有开采能力的人来说它只是石头。云计算技术的应用客观上使得大数据的

① 惠志斌：《全球网络空间信息安全战略研究》，世界图书出版公司 2013 年版，第 7 页。

② ［英］维克托·迈尔-舍恩伯格等：《大数据时代》，盛杨燕等译，浙江人民出版社 2013 年版，第 8 页。

③ 任昱衡等：《数据挖掘——你必须知道的 32 个经典案例》，电子工业出版社 2018 年版，第 5 页。

价值利用成为可能。

大数据的价值首先体现在商业领域。比如，个人登录商业网站进行购物，那么商业网站就会记录下个人的登录时间、登录地点、浏览的网页、购买的商品种类和数量，借此就可以了解个人的经济实力、消费习惯等，并借此开展私人定制式的营销活动。根据先前记录的 IP 地址和客户的消费习惯，可以向其推送个性化的产品广告，以提高购买的概率。某宝最近几年都会发布年度购物报告，其依据就是当年用户登录某宝留存的各种数据信息。当然，大数据的价值还体现在社会公共服务乃至政治领域。大数据，可能是信息时代最重要的生产要素了。国家、政府、企业、个人围绕数据权属权益的争夺在全球范围内展开，这对信息时代的网络安全产生了深远的影响。

（二）三代网络环境下安全风险的时代迁移

从前文的回顾可以看出，20 多年来全球互联网的应用遵循了“软件—内容—数据”的发展路线，每一次应用的转变背后都带有深刻的技术推动的特征。人类历史发展到近代，科学技术对人类文明和社会结构的影响超越了以往任何时候，而技术是通过改变人类的能源分配方式来改变人类的文明生态的。就如远古时代的人类选择逐水而居，近代在煤矿、铁矿产区附近多形成现代大都市，其根源都在于可以降低能源利用成本。而在信息时代，信息开始成为对人类社会具有宰制力量的资源形式，谁掌握了信息权，谁就获得了对社会的支配力量，而数据也是信息的一种存在方式。三代互联网的应用侧重点不同，其利益聚焦的重点和安全风险也不同。了解这一点，有助于我们更加清晰地认识三代网络环境下网络安全立法的转换策略。

1. 局域网时代：以技术性安全风险为主

在局域网时代，网络应用是以软件为核心的，当时的网络主要表现于大型企业的工业控制系统和科研机构的科研网络系统，这些系统对外是予以隔离的，因此安全风险的边界较为明确，主要集中在个人或者机构内部，对外界的影响力较小。风险的扩散性和波及力较低，同时由于风险目标高度分散，单个目标的风险度也比较低，风险控制的权属界限清晰，对风险的控制力强。攻击某一个计算机信息系统，其危害性就好比烧掉了这个企业的厂房。其网络安全风险的表现类型上，以技术性风险为主，因此早期的网络犯罪，主要表现为技术型的黑客犯罪，其直接侵害对象则是计算机信息系统。受制于网络较低的普及性，网络对经济领域的拉动作用较低，对政治文化领域的影响力不明显，对社会领域的渗透力较低，因此法律并没有对网络进行专门的特别关注。总体而言，在局域网时代，网络安全问题虽然也有发生，病毒等危险工具开始出现，但是大体上处于可控境地，并且局域网的使用主体较少，网络安全问题没有给社会造成牵连性的危险。

2. 传统互联网时代：技术性安全风险和内容性安全风险并存

在传统互联网时代，技术性风险虽然依然存在，但是内容性风险也开始浮出水面，网络风险迅速地由技术性风险过渡到内容性风险。

（1）网络 1.0：技术性风险仍然占据主导地位

中国在 20 世纪 80 年代就出现了计算机犯罪案件，[①] 1996 年出现了第一起被破获的制造计算机病毒案。[②] 在传统互联网的 1.0 时期，技术性风险仍然占据主导地位。此时的网络主要从事的还是信息服务，其信息渠道的功能是互联网的主流应用。网络的主导力量是商业机构和门户网站，其犯罪的主要表现形式是计算机病毒的肆虐和黑客的横行。犯罪指向是大型的商业机构和设防严密的计算机网络。其犯罪实施需要较高的技术门槛，技术能力基本等同于犯罪能力。网络 1.0 时期，黑客一直是个有争议的话题。

长期以来，黑客都是一个神秘的群体，在媒体的描述中黑客反对权威而奉公守法，性格孤僻、技术绝伦，在网络上神通广大无所不能，才华横溢而又淡泊名利，黑客是网上的游侠，是由技术天才组成的精英群体。应当承认，早期黑客基本上符合这个描述，如目前高级服务器上使用的 unix 操作系统当年竟是丹尼斯・利奇和肯・汤普生两位黑客为方便自己打游戏而编写的，其他如自由软件之父理查德・斯托尔曼、Linux 之父李纳斯・托沃兹、苹果电脑创始人斯蒂芬・沃兹尼克等人，都是计算机界大名鼎鼎的人物。作为最初的黑客群体的一员，他们为电子计算机和信息技术的发展做出了卓越的贡献，已经成为当今黑客们的一面旗帜，这面旗帜也怂恿着一般的计算机用户，尤其是青少年群体

---

① 常远：《计算机犯罪的回顾与预测》，载《法律科学》1991 年第 3 期。
② 殷伟、张莉：《手把手教您计算机安全技术》，电子工业出版社 1997 年版，第 12 页。

加入黑客行业。一些新闻媒体为追求新闻轰动效应，在报道黑客犯罪活动时，不是对此类行为进行道义上的谴责和负面的评价，而是津津乐道于犯罪过程的传奇性、着力渲染黑客的技术天赋，把黑客打造为对抗世俗强权的英雄，这使得社会公众有意无意地对他们的“智慧”和能力有某种程度上的敬慕之情。

（2）网络 2.0：内容性安全风险凸显

内容性安全风险凸显的一个重要原因是，互联网开始由“信息媒介向内容服务的转换”。在网络 2.0 时期，个人应用获得前所未有的发展，个人用户开始成为网络的主流群体。同时网络上集聚了大量的个人财富，网络犯罪的触角也开始由计算机信息系统转向个人，如网络游戏账号、装备、个人存储空间、个人身份信息等都成为侵害对象，网络的内容性安全风险受到大量关注。在网络 2.0 时期，传统犯罪的网络异化现象开始大范围出现，几乎所有的传统犯罪，都可以在网络空间中找到其对应的犯罪类型，由此也引发了刑法理论的诸多争议，如关于网络虚拟财产，时至今日，依然没有形成绝对共识。随着信息网络的快速发展，国内外刑法学界对于虚拟财产的研究也在不断更新与发展，讨论主要集中在虚拟财产是否属于财产犯罪的保护对象、刑法保护路径的选择以及虚拟财产的数额认定方法三个方面。

对于虚拟财产的刑法属性的研究具有基础性的意义，虽然《民法典》第 127 条明确规定：“法律对数据、网络虚拟财产的保护有规定的，依照其规定”，肯定了虚拟财产的法律地位，但是民法和刑法都具有一定的独立性，违反民法的行为不必然属于犯罪行为，因此唯有先讨论虚拟财产是否是刑法所保护的对象，确定其属于刑法所保护的“财物”“财产”或者是其他权益后，才能进一步研究选择何种罪名体系或者其他法律途径对其进行保护。目前从学界的研究趋势看，大部分学者肯定虚拟财产属于刑法中的“财物”[①]，如陈兴良主张我国《刑法》第五章侵犯财产犯罪中的“财物”是一个包括了有体物、无体物和财产性利益在内的广义概念，因此具有财产价值的虚拟财产可以作为财产犯罪的保护对象。[②] 张明楷从虚拟财产符合《刑法》上的财物所具有的管理

① 陈烨：《论虚拟财产的财产类型及其刑法保护》，载《南海法学》2020 年第 4 期。
② 陈兴良：《虚拟财产的刑法属性及其保护路径》，载《中国法学》2017 年第 2 期。

性、转移可能性和价值性的特征的角度论证了虚拟财产属于财物的范畴。[①] 梁根林基于法秩序整体统一性的考量，提出既然虚拟财产可以作为民法所有权的客体，也应当可以成为《刑法》财产犯罪的法益侵害对象。[②] 否定说则认为将虚拟财产解释为《刑法》财产犯罪中的“财物”是类推适用，将虚拟财产归类于财产犯罪所侵犯的财产法益，会彻底打乱物权、债权、知识产权的位阶体系，[③]“应让虚拟财产永远待在虚拟世界”。[④] 有学者认为无论在方法论还是法益论上都难以将虚拟财产解释为“财物”或者“财产性利益”，继而提出本质上说只有构建虚拟财产的代码数据才是刑法调整的对象，[⑤] 否定虚拟财产属于财产犯罪的对象并不等于认为侵犯虚拟财产的行为是无罪的，行为人盗用这类虚拟物品所获取的是财产性利益，与盗窃财物有重要差别，因而不能认定为盗窃罪。[⑥]

关于虚拟财产的保护路径，我国学者提出了对虚拟财产的财产化保护和网络化保护两种不同的司法路径。[⑦] 在这两个路径的基础上，学者归纳了四种不同的观点：[⑧] 计算机犯罪路径、财产犯罪路径、想象竞合犯路径、牵连犯路径。赞成第一种路径的学者提出了两个有力的理由，一方面这一路径可以回避虚拟财产法律属性和是否具有价值的争论，另一方面司法实务中仍未形成成熟的针对虚拟财产的价值评估标准，因此财产化保护路径在司法实务中难以克服价值评估的困难，[⑨] 提出财产化的直接保护路径引起了犯罪论与刑罚论的混乱，忽视了虚拟世界与现实世界的本质区别。[⑩] 此外，也有部分学者虽然赞成虚拟财产可以通过财产犯罪进行保护，但是其认为《刑法修正案（七）》生效后，

---

① 张明楷：《非法获取虚拟财产的行为性质》，载《法学》2015 年第 3 期。

② 梁根林：《虚拟财产的刑法保护——以首例盗卖 QQ 号案的刑法适用为视角》，载《人民检察》2014 年第 1 期。

③ 曲新久：《区分扩张解释与类推适用的路径新探》，载《法学家》2012 年第 1 期。

④ 侯国云：《虚拟财产的性质与法律规制》，载《中国刑事法杂志》2012 年第 4 期。

⑤ 欧阳本祺：《论虚拟财产的刑法保护》，载《政治与法律》2019 年第 9 期。

⑥ 刘明祥：《论窃取财产性利益》，载《政治与法律》2019 年第 8 期。

⑦ 孙道萃：《网络财产性利益的刑法保护：司法动向与理论协同》，载《政治与法律》2016 年第 6 期。

⑧ 刘明祥：《窃取网络虚拟财产行为定性探究》，载《法学》2016 年第 1 期。

⑨ 梁根林：《虚拟财产的刑法保护——以首例盗卖 QQ 号案的刑法适用为视角》，载《人民检察》2014 年第 1 期。

⑩ 欧阳本祺：《论虚拟财产的刑法保护》，载《政治与法律》2019 年第 9 期。

非法获取计算机信息系统罪等计算机罪名与盗窃罪等财产罪名存在法条竞合的关系，计算机类犯罪属于财产类犯罪的特别法，根据特别法优于一般法的原则，侵犯虚拟财产的犯罪应当以对应的计算机犯罪论处。①

支持第二种观点的学者提出对于非法获取虚拟财产的行为论以计算机犯罪具有明显的局限性，表现为计算机犯罪属于扰乱公共秩序罪，保护的是公共秩序这一种公法益，而侵犯虚拟财产更多损害的是被害人的个人财产法益。② 相类似的也有学者主张在财产犯罪的罪名体系下，依据虚拟财产的种类、是否具有非法占有目的和行为人的处分行为认定不同罪名和既未遂状态。③ 赞成第三种观点的学者提出盗窃罪与非法获取计算机信息系统数据罪之间不是法条竞合，两个罪名之间的竞合是基于特定的行为事实产生的，而且保护的法益之间也没有包容关系，因此认定为想象竞合更合适。④ 也有部分学者支持牵连犯的观点，提出行为人实施盗窃虚拟财产的行为，如果以计算机系统为手段，将不可避免地发生牵连犯罪的情况，有刑法明文规定的按照规定数罪并罚和从一重罪处罚。⑤ 除此之外，也有部分学者认为，随着信息网络的不断发展，通过刑法解释将虚拟财产纳入财产犯罪的保护对象范围之列也只是权宜之计，过分依赖扩大解释最终可能会违反罪刑法定的原则，因此通过完善立法弥补刑法的滞后性才是当下最优解。⑥ 虽然刑法学界呈现出倾向于财产犯罪的保护路径，但是在司法实务中，虚拟财产的类型日新月异，统一的价值认定标准难以建立，这些不确定因素制约了司法机关援引财产保护路径的积极性，加上 2009 年《刑法修正案（七）》增设了非法获取计算机信息系统数据、非法控制计算机信息系统罪等罪名，以及 2010 年最高人民法院研究室发布的《关于利用计算机窃取他人游戏币非法销售获利如何定性问题的研究意见》中认为“利用计算机窃取他人游戏币非法销售获利行为目前宜以非法获取计算机信息系统数据罪定罪处罚”，司法机关推行网络保护路径的趋势日益明显。由于目前司法机关

① 刘明祥：《窃取网络虚拟财产行为定性探究》，载《法学》2016 年第 1 期。
② 张明楷：《非法获取虚拟财产的行为性质》，载《法学》2015 年第 3 期。
③ 田宏杰、肖鹏、周时雨：《网络虚拟财产的界定及刑法保护》，载《人民检察》2015 年第 5 期。
④ 陈兴良：《虚拟财产的刑法属性及其保护路径》，载《中国法学》2017 年第 2 期。
⑤ 邹政：《盗窃虚拟财产行为的刑法适用探讨——兼论虚拟财产价格的确定》，载《法律适用》2014 年第 5 期。
⑥ 陈烨：《论虚拟财产的财产类型及其刑法保护》，载《南海法学》2020 年第 4 期。

不支持虚拟财产的保护路径，因此关于虚拟财产数额认定的理论争议不再赘述。[①] 上述关于虚拟财产的争论虽然是在刑法教义学层面展开的，但是也可以看出网络空间中内容性风险的复杂性。

3. 智能互联网时代：多种风险并存，数据安全风险形势复杂

如果说在局域互联网时代中，网络安全风险还局限于网络内容，在传统互联网时代，网络风险虽然主要集中在网络空间中，但是也开始溢出网络的话，在智能互联网时代，网络安全的内涵及其外延等发生了巨大的变化。其主要表现在以下几点：

（1）安全风险的界限模糊

在一代互联网时期，网络系统之间的界限较为明晰，网络安全的界限也相对较为明确，在二代互联网时期，网络系统之间开始模糊，带有全局性的网络安全事件时有发生，网络风险的蝴蝶效应明显，如2009年“5·19断网事件”，一次偶然的网络攻击行为，导致南方数省的大量用户无法上网。[②] 到了智能互联网时代，安全风险的界限更加模糊，这有两个方面的原因：其一，在智能互联网时代，海量数据瞬时实时生成，数据占有与分配关系处于实时变动过程中，这就增加了网络安全运行的风险。据统计，“2013年，移动互联网流量达到132138.1万GB，同比增长71.3%，比上年提高31.3个百分点。月户均移动互联网接入流量达到139.4M，同比增长42%。其中手机上网是主要拉动因素，在移动互联网接入流量的比重达到71.7%”。[③] 资料显示，目前每天全球互联网流量累计达1EB（10亿GB或1000PB），这意味着每天产生的信息量可刻满1.88亿张DVD光盘。万物互联时代下，各类互联网业务蓬勃兴起，互联网流量及数据迎来高速增长期。其二，在智能互联网时代，海量数据跨越国境在全球范围内流动，网络安全风险已超过一国之范畴。根据中国互联网络信息中心2014年7月21日发布的第34次《中国互联网络发展状况统计报告》，截至2014年6月，中国国际出口带宽为3776909Mbps，半年增长率为10.9%，而在

---

① 虚拟财产刑法保护的话题，本书后章亦有讨论。

② 《5·19断网事件详解：少年投资28万租服务器攻击》，载新浪网，https：//finance.sina.cn/usstock/hlwgs/2009-07-15/tech-ichmifpy5790904.d.html？fromtech=1（最近访问时间2023年4月20日）。

③ 《2013年通信运营业统计公报》，载中国发展门户网，http：//cn.chinagate.cn/reports/2014-03/26/content_31905561.htm（最近访问时间2022年11月8日）。

2010 年底的时候，这个数字仅有 1098957 Mbps。2022 年，我国移动互联网接入流量达 2218 亿 GB，比上年增长 18. 1%。

（2）安全风险的来源复杂

在智能互联网时代，上网终端的数量呈激增之势，种类也日趋多样，因此网络安全的成因复杂，既有来自传统网络的安全风险，也有来自电信网络、手机移动网络终端的风险，根据中国互联网络信息中心 2023 年 3 月 2 日发布的第 51 次《中国互联网络发展状况统计报告》，截至 2022 年 12 月，我国网民使用手机上网的比例达 99. 8%；使用电视上网的比例为 25. 9%；使用台式电脑、笔记本电脑、平板电脑上网的比例分别为 34. 2%、32. 8%和 28. 5%。既包括传统的技术性风险，也包括新的内容性风险和数据性风险。其中数据性风险包括数据匮乏或者失控导致的风险。这些都增加了风险治理的难度。

（3）安全风险的程度提高

网络安全威胁开始具有全局性特征，技术性风险、内容性风险、信息风险等同处于高度风险状态之中。智能互联网时代是以数据为核心的时代，对数据安全的保护处于网络安全保护的核心地位。但是数据又处于实时生成并动态扩散的状态中，云技术计算的加入，使得数据目标高度积累，单个数据目标被侵害的风险呈几何倍数增加，而一旦侵害成功，其造成的后果也是严重的。例如，韩国自 2007 年 7 月开始实施互联网实名制，而到了 2011 年 7 月，当时韩国一家著名门户网站和一家社交网站被黑客攻击，约有 3500 万名网民（韩国 2010 年的总人口为 4800 余万人）的个人信息外泄，包括名字、身份证号码、生日甚至地址。此次事件直接导致韩国网络实名制制度的废除。① 2021 年，中国电信、中国移动和中国联通总计监测发现分布式拒绝服务（DDoS）攻击 753018 起，较 2020 年同期下降 43. 9%。2021 年，工业和信息化部网络安全威胁和漏洞信息共享平台收集整理信息系统安全漏洞 143319 个。其中，高危漏洞 40498 个，中危漏洞 86217 个。②

---

① 朱景：《网络实名制的全球先行者，韩国为什么失败了?》，载南方报网，https：//appnews. zol. com. cn/506/5062098. html（最近访问时间 2022 年 11 月 8 日）。

② 第 49 次《中国互联网络发展状况统计报告》。

（4）安全风险的控制弱化

智能互联网时代的安全风险开始更多地表现为一种跨地域、跨国性的安全风险，一国网络安全的威胁源很可能来自其他国家，这就使本国对其网络安全的控制力度大大降低。同时在世界范围内，信息霸权导致的技术鸿沟越发明显。西方发达国家利用自身在信息网络中的技术优势、人才优势以及话语优势，加大对发展中国家的网络渗透，而发展中国家囿于自身技术能力，在网络安全对抗中处于弱势。

（5）安全风险的后果严重

在智能互联网时代，网络已经全方位渗透入社会生活中，物联网技术的发展，使得整个社会都被纳入数字之网。一个网络与现实空间相互依存、相互影响的双层社会已经形成。因此，网络造成的安全风险更加具有扩散性。在 2013 年 12 月，若干北美银行因用户银行卡信息与个人数据泄露而损失逾 2 亿美元，并且其最终损失总额很有可能远超这一数据。2014 年 6 月，黑客从某大型欧洲银行的客户账户中窃取了逾 50 万欧元。更典型的例子是，2010 年一种名为“震网”的蠕虫病毒入侵了伊朗布什尔核电站，20%的离心机报废，伊朗大约 3 万个网络终端被感染。“震网”蠕虫病毒侵入西门子为核电站设计的工业控制软件，意在夺取核电设备的控制权。这一事件意味着，网络攻击正在从开放的互联网向封闭的工业控制网络蔓延，工业控制系统在互联网时代同样面临网络安全的挑战，而工业控制系统的安全一般又和基础设施的安全密切联系在一起，工业控制系统信息安全，这个不为常人所知的领域一旦遭遇黑客攻击或者自身出现故障，将对整个城市造成灾难性的后果。① 为此我国的工业和信息化部在“震网”事件出现后出台了《关于加强工业控制系统信息安全管理的通知》（工信部协〔2011〕451 号）。

二、三代网络环境下网络安全的侵害指向及其表征

网络几十年来的发展历程，既是网络不断社会化、深度社会化的过程，也是网络从扁平化走向立体化的过程。从层级的结构看，网络目前已经形成了相互

① 张家年：《国家安全保障视角下安全情报与战略抗逆力融合研究——伊朗核设施遭“震网”病毒攻击事件的启示》，载《情报杂志》2018 年第 2 期。

联系又相对区分的三层结构。网络的第一层级是物理层面的计算机网络，第二层级是数字化的信息资源网络，第三层级是现实的社会关系网络。网络的三层结构并不是同步发展起来的，而是存在先后的发展差异，甚至后来者居上。但正是这种发展的差异化导致在不同的发展时期，网络犯罪的侵害指向是不同的。

（一）网络的纵向层级结构

1. 网络的第一层级：物理层面的计算机网络

物理层面的计算机网络是网络的第一层级，指的是构成网络的物理设备及其连接方式。在早期由于计算机主机价值昂贵，因此形成了以单机计算机为中心的连接系统。到了 20 世纪 70 年代，多个终端计算机网络开始互联互通，形成了多主机的互联网，同时网络主机的任务开始明确分为资源终端和通信终端，或者单独构成一个通信网络。在该通信网络的基础上逐渐形成了我们目前所知的公共计算机网络。

众所周知，互联网最早是以一种技术形态的面目出现的。这要从互联网的起源说起。如前所述，现在互联网的前身叫作阿帕网，这是隶属美国国防部高级计划署的一个网络，高级计划署的英文缩写就是阿帕（ARPA），阿帕网起源于 20 世纪五六十年代的“冷战”，其设计思想是要求网络在遭受严重破坏的条件下（如某些节点不能工作和某些线路中断），仍然能够保持运行，阿帕网最早只有 4 个电脑主机节点，到了 1976 年，阿帕网发展到了 57 个节点，电脑用户发展到了 2000 多个。60 年代广泛使用的网络都是中央控制式的。这种网络有一个明显的弱点：如果中央控制系统受到攻击，整个网络就会瘫痪。后来新的网络理论提出了分组交换的理论，即网络通信不再像过去那样直接将数据由发送地传送到目的地，而是网络的不同节点让数据像接力赛一样传送，现在的互联网仍然遵循这一基本的数据传输原理。1970 年，网络工作小组又制定了最初的主机对主机的通信协议——“网络控制协议”，用来控制网络信号的传输。但是随着阿帕网规模的扩大，怎样使不同类型的电脑按照共同的方式和共同的标准接入阿帕网成为关键的问题。1973 年，网络专家提出了至今仍在使用的 TCP/IP 协议（传输控制协议、网络间协议），这个协议是 Internet 最基本的协议、Internet 国际互联网的基础，简单地说，就是由网络层的 IP 协议和传输层的 TCP 协议组成的。TCP/IP 定义了电子设备（如计算机）如何接入因特网，以及数据如何在它们之间传输的标准。TCP/IP 是一个四层的分层体系结构。高层为传输控制协议，它负责聚集信息或把文件拆分成更小的包。低层是网际协议，它处理每个包的地址部分，使这些包正确地到达目的地。1977 年美国国防部高级计划署组织了一次远距离的网络通信并获得了成功，证明了 TCP/IP 协议的有效，这为后来互联网的爆炸性发展打下了坚实的技术基础。1983 年，阿帕网正式将其网络核心协议由 NCP 变为 TCP/IP 协议，1986 年美国国家科学基金会建立了大学之间互联的骨干网络，1987 年中国初步接入了国际互联网。1990 年整个网络向社会公众开放，后面的历史就被我们熟知了。

随着计算机和通信技术的飞速发展，网络的快速普及，当前网络的连接方式已经非常复杂，因此采用一定的连接标准就显得非常重要了，目前的网络就是网络体系结构化的产物。

2. 网络的第二层级：数字化的信息资源网络

网络的第二层级是数字化的信息资源网络，这也是目前网络应用的主流。基于网络海量存储的特性和信息的快速传递，早期的网络主要是作为军方与科研机构的信息交流工具使用的。时至今日，信息交流依然是网络的最重要属性。从早期的电子邮件、BBS，到后期的微博再到今天的微信等即时通信软件，都是建立在网络的信息交流属性上的。在数字化的信息网络资源网络中，个人可以使用娱乐、社交等多种应用，并享受网上贸易、资源共享等多种类型的服务。对企业来说，网络则是电子商务的载体，技术创新的平台。网络的第二层级的实现是以第一层级为基础的，没有网络技术的逐步扩展，网络的很多应用是无法实现的，数字化的信息资源网络是网络最主要的层级结构。

3. 网络的第三层级：现实的社会关系网络

网络不但是数字化的信息资源网络，也逐渐成为一个由虚拟到现实的社会关系网络，而这又是和网络 2.0 时代齐头并进的。所谓现实的社会关系网络，是指以网络为纽带和连接因素，人们在超越现实空间之外又组成了新的关系网络，同时这一网络关系与现实关系并行不悖甚至高度交叉融合。网络第三层级的实现至少依赖两个条件：（1）技术应用的进步推动了网络人际互动性的增强。早期的网络主要是信息网络，在网络 1.0 时期网络仍然以信息应用为主，普通网民只是网络信息的被动接收者，不但与门户网站缺乏信息反馈机制，普通网民之间的沟通机制也没有超越现实空间。但是到了网络 2.0，随着多媒体的广泛应用，网络娱乐功能的大大扩展，以及交互式技术的推广适用，博客、微博等大行其道，网民开始成为网络的主体。过去网民与网站之间的纵向联系让位于网民与网民之间的横向联系，网民对网络的黏性增强，网民之间的互动性增强。网络关系与现实空间的重合度越来越高，在早期人们常说网络是虚拟社会，但是现在已几乎没有提“虚拟社会”了。（2）网络普及率的提高构成了网络社会关系的基数。网络对现实社会的影响力是以网络的深度社会化和网络的普遍参与性为前提的，截至 2021 年 12 月，我国累计建成并开通 5G 基站数达 142.5 万个，全年新增 5G 基站数达到 65.4 万个；有全国影响力的工业互联网平台已经超过 150 个，接入设备总量超过 7600 万台套，全国在建“5G+工业互联网”项目超过 2000 个，工业互联网和 5G 在国民经济重点行业的融合创新应用不断加快。[①] 从地域分布来看，经济发达地区的网络普及率要高于经济欠发达地区，网络的风吹草动都会对现实空间造成影响。网络形成自己独立的社会关系网络的标志就是，独立的网络意识形态的形成。网络空间中的一举一动不但会对现实空间造成直接的影响。与此同时，网络也会对现实空间中的某些行为产生发酵作用。

（二）三代网络环境下网络安全侵害的现实表征

三代互联网的应用模式和利益集聚方式不同，其网络犯罪的表现特征也各不相同。一代互联网时期的网络犯罪，是以技术性侵害为主，二代互联网时期的网络犯罪，就以利益性侵害为主，三代互联网时期的网络犯罪，其侵害种类和复杂程度都超过了以往任何时候。

1. 一代互联网：技术性侵害为主

一代网络时期的犯罪以技术性侵害为主，也就是我们熟知的黑客犯罪。早期黑客一般是指那种计算机技术高超，但是本人又不安分喜欢搞些恶作剧的人。我国政府相关部门对黑客的定义是：“对计算机信息系统进行非授权访问

① 第 49 次《中国互联网络发展状况统计报告》。

的人员。”[①] 在单机局域网时代，网络的数量较少，并且不为社会公众熟悉，这时的黑客犯罪主要是采取技术手段破解网络防火墙，侵入并控制网络计算机系统的犯罪行为，犯罪手段及其破坏性的高低与技术能力成正比，属于典型的高技术犯罪。黑客犯罪要求具有较高的技术能力，这在无形中提高了犯罪门槛，但是后期随着技术的普及，尤其是傻瓜式黑客工具的大量出现，[②] 黑客犯罪有泛滥的趋势，但是整体上仍然保持了技术性侵害的底色。

2. 二代互联网：技术性侵害与利益性侵害的混合

在二代网络时期，技术性侵害也就是黑客犯罪虽然依然广泛存在，但是利益性侵害日渐成为人们关注的焦点。而技术性侵害与利益性侵害也并非对立的，前者是对犯罪的手段特性的描述，后者是对犯罪的主观动机的描述。这一时期的利益性侵害，多数情况下仍然要借助技术手段才能实现，因此它其实也是传统黑客犯罪向现代黑客犯罪的转变。在早期的单机互联网时代和网络 1.0 时期，科研机构和大型门户网站垄断了网络资源，这些网站存储的资源对普通人没有吸引力并且侵入需要较高的技术实力，但是在网络 2.0 时期，个人成为网络应用的主流，网络开始成为各种利益的交汇地，网络犯罪也非常明显地从炫耀个人技术转为侵夺他人权益。例如，网络游戏的繁盛催生了大量的盗窃账号、游戏装备等虚拟财产的犯罪，并引发了理论和实务界长时期的关于虚拟财产是否属于财产以及该如何保护的讨论。网络银行的快速普及也使得盗窃网银密码的犯罪行为大行其道，以至于出现有人负责犯罪、有人负责销赃、有人负责提供技术支持的网络犯罪产业链。直到今天，电信诈骗、网络赌博、传销等犯罪行为等无一不是围绕不法利益展开，甚至演变为新型的信息跨国犯罪。犯罪是以非法的方式改变合法的利益分配规则，有利益的地方必有犯罪，这是不以人的意志为转移的，网络空间中的利益型犯罪在很长时间内都会是网络犯罪的主流形态。

3. 三代互联网：利益性侵害与秩序性侵害的混合

在三网融合的智能互联网时代，网络犯罪的特点再次发生了迁移，变为利益性侵害与社会关系侵害的混合，同时第三代互联网的利益性侵害与第二代互

---

① 1997 年公安部《计算机信息系统安全专用产品分类原则》第 3.6 条。

② 李怀胜：《网络传授黑客技术的刑法学思索——以“黑客学校”现象为背景》，载《中国刑事法杂志》2009 年第 10 期。

联网亦不相同。二代互联网时期的利益性侵害以内容侵害为主。而在三代互联网时期，利益性侵害虽然依然大量存在，但专门针对数据的侵害开始大行其道，似有超越利益性侵害风头的倾向，目前异乎猖獗的公民个人信息犯罪就是数据犯罪的变种。为了严厉制裁出售、非法提供和非法获取公民个人信息的犯罪，2009 年的《刑法修正案（七）》增设了出售、非法提供公民个人信息罪与非法获取公民个人信息罪，但是伴随着信息犯罪的快速演变，短短六年时间之后该罪已无法满足司法实践打击此类犯罪的现实需要，为此《刑法修正案（九）》不得不对本条进行修改。

互联网进入第三代之后，网络空间中的秩序性犯罪日渐突出，并且涵盖范围几乎遍及传统刑法的各个领域。网络空间中的秩序性犯罪主要包括：（1）危害国家安全型的犯罪。（2）涉恐涉爆的危害安全型犯罪。恐怖主义是当今人类社会的共同敌人，恐怖主义犯罪也是对国家和民族危害性最大的犯罪类型，并且恐怖主义开始与网络因素结合，出现了网络恐怖主义这一犯罪变种。犯罪分子利用网络传播宗教极端思想，煽动民族分裂、民族仇恨的音频、视频，加剧了恐怖主义思潮的蔓延态势。（3）网络传播虚假信息类犯罪。网络传播虚假信息包括在网络上诋毁他人人格、名誉，对他人商品声誉、商业信誉进行造谣，从事有偿发帖、删帖等“公关行为”。传统空间中虽然也存在造谣诽谤等行为，但是受到信息传递的物理限制，很难造成较大的社会危害性。但是在网络中，一方面缺乏信息的事前审查与甄别机制，另一方面信息传递可以在瞬时内大范围传播开来，因此虚假信息类犯罪在网络空间中可以说“如鱼得水”。在二代互联网以前，网络犯罪还主要表现在对网络本身的侵害，网络犯罪的现实辐射效应有限，但是在三代互联网时期，“双层社会”已经形成，网络空间的风吹草动都会对现实空间产生影响，这无疑加大了国家对网络的治理难度。

三、三代网络环境下网络安全的法律监管体系调整

网络开启了人类社会的一场伟大变革，但越是如此网络对传统规则的挑战就越剧烈和严峻。最近几十年来，信息技术一刻也没有停止其发展的步伐，网络虽然逐步渗透进千家万户的生活，但是网络自身却从来没有形成固定的利益模式。从早期的局域网时代再到现在的智能互联网时代，网络的利益格局不断

发生着重组和迁移，因此网络安全保护的法律策略也需与时俱进。

（一）网络安全保护的法律体系的进展

1. 网络应用早期：建立基础的网络安全保护体系

网络应用早期是指网络 1.0 及之前的时期，在我国大致为 2000 年之前。这一时期关于网络安全的立法有以下几个特点：①法源形式上以行政法规和部门规章为主，法律层次较低。从 1994 年中国正式接通国际互联网开始到现在，针对互联网的专门法律只有 3 部，分别是《全国人大常委会关于维护互联网安全的决定》《电子签名法》《全国人大常委会关于加强网络信息保护的决定》。行政法规 10 部，分别是《计算机信息系统安全保护条例》《计算机信息网络国际联网管理暂行规定》《计算机信息网络国际联网安全保护管理办法》《互联网信息服务管理办法》《计算机软件保护条例》《外商投资电信企业管理规定》《互联网上网服务营业场所管理条例》《信息网络传播权保护条例》《出版管理条例》《电信条例》。②立法的主要目标是建立基础性、框架性的网络安全体系。例如，《信息系统安全保护条例》确立了网络安全的分级保护制度，国务院《计算机信息网络国际联网管理暂行规定》对国际联网也规定了“统筹规划、统一标准、分级管理、促进发展”的原则。这个阶段的网络安全立法主要处在摸索阶段，因此不但法规本身篇幅较短，法条规定也相对笼统。

2. 网络应用的成熟期：侧重内容安全的网络安全保护体系

网络在我国进入全面普及和快速发展的阶段后，同时在应用层面网络也进入了 2.0 时代，因此这一时期也是网络应用的成熟期。随着网络受众面的极大扩展，网络安全的法律治理将重点聚焦在网络内容的安全上。为了适应网络安全的常态化治理，国家互联网信息办公室与工业和信息化部独自或者联合出台了一系列的部门规章，并且应用范围主要集中在网络内容的治理上，包括网络域名管理、信息服务、新闻服务管理、著作权保护、视听节目服务管理等。在法律层面，修订后的《著作权法》将信息网络传播权从复制发行权中剥离出来，成为著作权的独立权能，此举也是为了实现与相关国际公约的接轨。

这一时期的立法在制度设计上从粗疏走向精细，从原则化走向可具操作性。

3. 网络应用的最新阶段：应当关注复合型安全的保护体系

我国目前进入了深度应用的网络发展阶段，三网融合、大数据、云计算、物联网等概念方兴未艾，有的正在从理论走向现实。在网络对社会生活各个角落无孔不入的背景下，网络空间与现实空间由原本虚拟社会与现实社会的对立，变为两者的全面融合。大数据采集、挖掘技术的成熟，不但激发了大数据蕴含的巨大经济利益和社会财富，更使大数据可能成为新的安全危险来源。各种网络虚假信息在网络上的肆虐，更给现实社会秩序造成了严重的威胁。网络安全与国家安全具有了更强的契合度，同时网络安全也超越了以前的信息安全、内容安全等范畴，而具有更加丰富的内涵。这个阶段也是安全风险全面提升的阶段，因此相应的法律治理重点也开始转向复合型网络安全。例如，为了打击网络造谣等违法犯罪活动，最高人民法院、最高人民检察院出台了《最高人民法院、最高人民检察院关于办理利用信息网络实施诽谤等刑事案件适用法律若干问题的解释》，指明了寻衅滋事罪在网络空间中的适用策略，《刑法修正案（九）》不但对原有的编造、传播虚假信息犯罪体系进行调整，还将利用网络传播极端主义，恐怖主义的视频音频行为作为犯罪处理。2010 年修订的《保守国家秘密法》针对网络泄密行为作了专门性规定，强化了信息系统的保密管理责任，以及增加了不得将涉密计算机接入互联网等一些禁止性规定。

党的十八大以来，我国的网络安全立法明显提速，2017 年 6 月 1 日施行的《网络安全法》，2020 年 1 月 1 日施行的《密码法》，2021 年 9 月 1 日施行的《数据安全法》，2021 年 11 月 1 日施行的《个人信息保护法》等法律的出台，基本构建了我国网络安全的法律体系，初步解决了有法可依的问题。①

（二）网络监管体系的调整历程

网络监管是国家对网络空间行使权力的重要体现，根本上是国域内的法权问题，因此网络监管是对国家网络空间主权观念的重要支撑。网络监管体制，是指网络监管的职责划分和权力分配的方式和组织制度，包括监管主体、监管对象、监管内容、监管依据、监管模式等诸多方面的内容。在网络监管问题上，世界各国从维护本国利益出发，根据网络的发展阶段和变化特点、监管需求等不断

① 关于党的十八大以来我国网络法治建设的成就介绍，可参阅 2023 年 3 月 16 日国务院新闻办公室发布的《新时代的中国网络法治建设》白皮书。

调整其网络监管政策，进而形成了具有不同模式和风格的网络监管体制。

影响和衡量我国网络监管体制的因素有很多，包括网络监管的领导体制、制度体系、监督主体和对象等网络监管体制自身的因素，以及互联网产业状况、国际国内政治经济背景等外部状态。其中贯穿网络监管体制变革的主要变量就是产业安全和产业发展的矛盾。我国自 1994 年全功能接入国际互联网以来，就正式开始了对网络的监管，至今大致经历了四个阶段。①

1. 监管的初步形成阶段（1994—1999 年）

我国的信息化领导体制最早出现于 20 世纪 80 年代初。早在 1982 年，国务院就成立了计算机与大规模集成电路领导小组，1984 年，为了加强对电子和信息事业的统一领导，该小组改为国务院电子振兴领导小组，当时的主要注意力集中在计算机和集成电路领域。随着信息网络技术革命的兴起，专门的领导和监管机构的建立势在必行。1993 年，国务院批准成立国家经济信息化联席会议，统一领导和组织协调信息化建设。1996 年，正式成立国务院信息化领导小组，1999 年，该机构更名为国家信息化领导小组。其主要职责是，组织协调国家计算机网络与信息安全管理方面的重大问题；组织协调跨部门、跨行业的重大信息技术开发和信息化工程的有关问题等。

在这个阶段，我国也开始了网络法律法规的初步建立。1994 年国务院《计算机信息系统安全保护条例》是我国第一部涉及互联网管理的行政法规，主要是针对计算机系统安全，但同时也首次涉及了国际联网管理规定。此外，我国又陆续出台了几个行政法规和部门规章。包括 1996 年国务院《计算机信息网络国际联网管理暂行规定》，1997 年国务院《计算机信息网络国际联网安全保护管理办法》，1998 年国务院信息化领导小组《计算机信息网络国际联网管理暂行规定实施办法》。这些政策法规创制了中国互联网监管的初步制度，其中一些制度至今依然沿用。包括：（1）国际出入口信道专营制度。（2）联网许可的接入、备案制度。（3）计算机信息系统等级保护制度。（4）“九不准”制度。即《计算机信息网络国际联网安全保护管理办法》第 5 条规定：“任何单位和个人不得利用国际联网制作、复制、查阅和传播下列信息：（一）煽动抗拒、破坏宪法和法律、行政法规实施的；（二）煽动颠覆国家政权，推翻社会

① 王融：《中国互联网监管的历史发展、特征和重点趋势》，载《信息安全与通信保密》2017 年第 1 期。

主义制度的；（三）煽动分裂国家、破坏国家统一的；（四）煽动民族仇恨、民族歧视，破坏民族团结的；（五）捏造或者歪曲事实，散布谣言，扰乱社会秩序的；（六）宣扬封建迷信、淫秽、色情、赌博、暴力、凶杀、恐怖，教唆犯罪的；（七）公然侮辱他人或者捏造事实诽谤他人的；（八）损害国家机关信誉的；（九）其他违反宪法和法律、行政法规的。”“九不准”制度奠定了互联网内容监管的框架和底线需求，对以后网络立法影响巨大。

2. 监管体制的正式确立阶段（2000—2007 年）

以 2000 年《互联网信息服务管理办法》的颁布为标志，中国的网络监管体制进入了新的发展阶段。在监管机构方面，2001 年重组了国家信息化领导小组，同时在国务院建立国务院信息化工作办公室。2003 年，在国家信息化领导小组下又设立了国家网络与信息安全协调小组，进一步加强了中央对网络监管的领导协调。同时，以原信息产业部、公安部以及其他内容监管部门为代表的监管主体地位开始明确。

随着网络的快速发展，对网络的监管需求和监管范围都在同步扩展。网络内容和应用层面的监管重要性大大提升，其标志性的法律文件即《互联网信息服务管理办法》，这部行政法规成为各监管主体进行规章立法的直接法律依据。此后，《互联网文化管理暂行规定》《互联网新闻信息服务管理规定》等陆续出台。此外，2001 年首次提出了我国互联网管理的十六字方针：“积极发展，加强管理，趋利避害，为我所用。”

3. 监管体制的优化与调整阶段（2008—2013 年）

2008 年次贷危机之后，许多国家重视互联网的经济引擎作用，出台互联网发展战略，网络的地位大大提升，同时网络新型业态开始出现，网络不正当竞争、电子商务、网络支付、税收、个人信息保护等新的互联网问题对监管体制造成很大冲击。在移动互联网的大潮下，网络的意识形态属性也日趋明显。网络监管开始进入优化和调整并存的阶段。

2010 年确立了沿用至今的新的网络监管架构：网信部门主管互联网信息内容，工业和信息化部门负责互联网行业管理，公安部门负责规范和打击互联网违法犯罪。国家互联网信息办公室在整个网络监管体制中的牵头和协调作用日益突出。2013 年党的十八届三中全会指出，“要坚持积极利用、科学发展、依法管理、确保安全的方针，加大依法管理网络力度，完善互联网管理领导体制”。新的网络监管“十六字方针”取代了2001年提出的旧“十六字方针”，同时也揭开了网络监管体制新一轮调整的序幕。

4. 监管体制的升级阶段（2014年至今）

党的十八大以来，网络安全受到空前重视，2014年2月，习近平总书记在中央网络安全和信息化领导小组第一次会议上指出，“没有网络安全就没有国家安全，没有信息化就没有现代化”。网络监管体制在经历了前一个阶段的调整弱化后，再次提升到前所未有的高度，进入重构升级阶段。其标志就是2014年中央网络安全和信息化委员会成立，同时国务院对国家互联网信息办公室做出职能授权。此后，随着国家互联网信息办公室作为网络安全和信息化的统筹协调地位的确立，我国的网络立法步伐也明显加快。一方面，立法层级显著提升，改变了过去网络监管领域长期以来行政法规甚至部门规章占主导地位的局面，全国人大常委会专门的网络立法开始增多。另一方面，通过专门立法和兼顾立法相结合的方式，出台或者修订了一些网络立法。包括《网络安全法》《电子商务法》《反恐怖主义法》《国家安全法》《食品安全法》《广告法》等法律的出台，以及部门规章的大量出现，我国的网络立法体系基本成型。

随着云计算、大数据、物联网、人工智能等新一代信息技术的方兴未艾，网络不仅是信息工具，还成为重要的创新要素，“包容审慎”成为对网络新型业态的监管原则。同时，随着网络主权观念在世界范围的兴起，各国高度重视本国的网络安全以及数据安全，国家间的网络不互信情绪加重。这些网络的内外因素都加剧了监管的难度和复杂性。

四、我国网络安全立法的范畴、理念及其模式构建

坦率地讲，虽然我国网络安全立法的必要性毋庸置疑，但是相应的理论储备并没有达到较为充沛的地步，这体现在对有关网络的监管模式、网络安全的评判标准、网络犯罪的发生规律乃至网络安全的基本内涵的认识都在进一步深化过程中，相关理论研究也是分歧大于共识。这里笔者也仅对有关网络安全立法的范畴、理念等问题谈些粗浅看法。

（一）“网络安全”的范畴及其与“信息安全”的概念差异

在网络领域，“网络安全”和“信息安全”是经常提及的概念，许多学者对其术语并没有严格区分，而是基于习惯使用，两者语义虽然接近，但是在内涵上仍有差别。

关于信息安全，我国1994年《计算机信息系统安全保护条例》，所谓信息安全是指防止信息被故意地或偶然地非法授权泄露、更改、破坏或使信息被非法系统辨识、控制，即确保信息的保密性、完整性、可用性、可控性、不可否认性等。从内涵上看，网络安全和信息安全具有较大的重合性但又有区别。信息安全除包括网络信息安全外，还包括广播、电影、电视等信息传播渠道的安全，除包括国家和公共利益的安全外，还包括个人隐私信息的保障，而网络安全除包括网络信息的安全外，还包括网络底层系统、底层协议、网络硬件等网络基础设施的安全。可见，网络安全与信息安全是一种交叉关系。而全国人大常委会的立法规划表述中，使用的是网络安全法而非信息安全法，这表明了立法机关的倾向性态度。

（二）立法理念上，如何统筹网络秩序与权利的关系

在对网络安全的法律体系的构筑中，实际上不仅包括网络秩序的成分，也包括网络权利的成分。一方面，个人的网络隐私利益和个人信息安全也是网络信息安全的一部分；另一方面，秩序价值的过分关切也可能会威胁到网络的活力和创新力。在立法中该如何确定网络安全的判断标准、审查程序、认定机构等，使之既维护网络秩序的稳定，又不扼杀网络的活力，因为二者对社会整体利益的提升同等重要。

（三）立法策略上，如何统筹前瞻性与稳健性的关系

最近几十年来，网络和信息化技术是人类发展最为迅速的技术门类之一。网络在我国短短20多年的时间里，就先后走过了网络1.0、网络2.0时代，如今正稳步迈入电脑屏、手机终端屏、电视屏三网融合的时代。与网络的快速发展相伴随的，是网络空间中各种脱序、失范行为的快速推陈出新，这就给网络

法律规则的确定化带来挑战。通常而言，法律具有天然的滞后性，同时为保证法律规范的普适效力，纳入法律规范中的行为通常在现实社会中具有持续性的存在。然而在网络空间中经常出现这样的情况：当一国的立法经过复杂而冗长的立法程序将某种网络行为纳入本国法律进行规制时，却惊奇地发现该种行为在网络上已经趋于销声匿迹了，代之而起的是新型的、法律尚未关注的行为，法律生效后很快就实质性失效的情况在网络中更易发生。在网络立法领域，立法的前瞻性与稳健性的矛盾将会格外突出，这就要求立法者在审慎总结网络安全的现状与规律的基础上，能够精准预测未来一段时期内网络安全的发展趋势，并作出恰当的立法安排，以避免法律生效但事实上无效的窘况。

（四）立法模式上，如何统筹一元化模式还是多元化模式

立法规范模式，又称立法体例，是指一个国家或者地区立法所采取的方法、结构、体例及形态，一般是指法律以何种形态为表现。[①] 直白地说，就是法律规范的组合形式。

需要指出的是，立法规范模式的概念不同于立法体系，立法体系是指由不同立法机关所制定的具有不同法律形式和法律效力的法律规范所构成的法律形式体系，包括宪法、法律、行政法规、地方性法规、自治条例、单行条例和规章。立法规范模式的概念也不同于法律体系。法律体系是指“由一个国家的全部现行法律规范分类组合为不同的法律部门而形成的有机联系的统一整体”。[②] 实际上，立法规范模式与法律（形式）渊源的关系密切，法律的形式是立法规范模式的基本元素。法律规范附着于法律条文，法律条文承载法律规范，由一系列具有内在联系的法条构成的外部表现方式，即为法律渊源。就刑法部门来说，在奉行成文法主义的国家，刑法渊源包括刑法典、单行刑法和附属刑法，而在判例法系国家，判例也是刑法渊源的一种。因而所谓刑事立法规范模式，是指刑事立法过程中采取的以何种法律形态来表现刑法规范的体系结构。刑事立法规范模式实际上涉及的是刑法典和其他刑法渊源之间的关系，并因此有一元和多元的规范模式之分。如果在刑事立法中仅采取刑法典形式的，即为一元

---

① 竺效、杨飞：《境外社会工作立法模式研究及其对我国的启示》，载《政治与法律》2008年第10期。
② 《中国大百科全书·法学》，中国大百科全书出版社1984年版，第84页。

的刑事立法规范模式。如果在刑法典之外，兼采单行刑法、附属刑法等其他法律形式的，就称为多元的刑事立法规范模式。多元模式的典型代表是德国和日本。现行德国刑法典渊源于 1871 年 5 月 15 日的《德意志帝国刑法典》。“二战”之后在原英美占领区的基础上成立的德意志联邦共和国开始了“纯洁”刑法典。1969 年颁布的第一部刑法改革法对刑法总则进行了彻底修改，其后又颁布了数部刑法改革法，并导致西德立法机关于 1987 年又颁布了新版本的刑法典。两德统一后，又对 1987 年颁布的刑法典做出了若干修改。根据 1998 年的第六部刑法改革法，德国又颁布了新版本的刑法典。在刑法典之外，德国还存在大量的单行刑法和附属刑法。例如，1974 年的《少年法院法》、1974 年的《军事刑法》、1975 年的《经济刑法》等，这些法律因为各种技术原因没有纳入刑法典中。显然，一元模式保守、单一而封闭，但是刑法规范具有高度的权威性；二元模式灵活、多元而开放，但是刑法规范的权威性显然不及一元模式。

党的十八大以来，网络安全是网络立法的重头领域，我国在 2016 年和 2021 年先后出台了《网络安全法》《数据安全法》两部法律，加上行政法规和部门规章的有效补充，我国网络安全领域的基本规则建构工作完成。从目前的网络安全立法情况来看，我国网络安全立法基本是以行政监管为主的，不过笔者认为，制定一部融合多种法律部门、融合实体与程序的综合性法律恐怕是更适当的。这是因为，网络安全中既有技术的因素又有法律的因素；既有行政规制的因素又有刑事犯罪的因素；在追责过程中既有实体的因素又有程序的因素。作为网络安全主要威胁形式的网络犯罪具有变异迅速、专业性更强等特点，网络安全的高度复杂性迫切需要一整套的法律反击策略和措施，依靠任何单一部门法的单打独斗都不足以完全应对网络安全的法律治理。当然，综合性法律并不排斥行政法规和部门规章的存在。随着网络对社会渗透程度的进一步加深，网络安全、数据安全的内涵和外延也在不断变化，部门规章可以充分发挥其灵活性和补充性的优势，并作为网络安全立法的先期性探索。

（五）新时代的网络安全立法述评

2023 年 3 月 16 日，国务院新闻办公室发布《新时代的中国网络法治建设》

白皮书。白皮书系统回顾与总结了党的十八大以来我国网络法治建设的非凡成就和历史经验。白皮书的发布标志着我国网络法治建设取得了重大阶段性胜利，同时也指明了今后网络立法的前进方向。十年来的网络立法，涵盖数字中国、数字社会、数字政府等各个领域，辐射企业、社会组织、个体等各类主体。网络立法的进程与网络深度嵌入经济社会生活的步履同频共振。白皮书全文 15000 字的篇幅中，“安全”一词出现了上百次。可以说，安全是十年来网络立法的基石和底色，是贯穿网络立法始终的筋骨和脉络，也是深刻理解十年来网络立法成就的一把钥匙。笔者认为，如果将党的十八大以来我国网络安全立法成就视为一幅徐徐展开的画卷的话，它具有以下三个鲜明特色：

从时间的横轴来看，坚持纲目并举。网络安全立法，深化探索保障安全的内涵，建构深度厚度兼具的网络安全立法。党的十八大以前，我国网络安全立法领域有《计算机信息系统安全保护条例》《计算机信息网络国际联网安全保护管理办法》等若干行政法规和部门规章。它们在相当长时间内发挥了我国网络安全的防波堤作用。面对不断迭代的网络生态和汹涌而来的网络浪潮，时有管涌风险。网络安全立法迫切需要构筑新的安全网，需要培养新的守门员。全国人大常委会 2016 年通过的《网络安全法》奠定了网络安全的框架性立法，2019 年通过的《密码法》构筑了网络安全的基石性立法，2021 年通过的《数据安全法》架设了网络安全的主干性立法。三大网络安全法律形成了网络安全领域的三足鼎立态势，它们既有效整合了过去分散在不同法律部门中的相对支离破碎的网络安全规范，又为今后的网络安全立法确定了基调，明确了指引。例如，2021 年出台的部门规章《网络安全审查办法》第 1 条即明确表示本办法根据《网络安全法》《数据安全法》等法律制定。可以说，上述三大法律让我国网络安全立法面貌焕然一新。至此在网络安全领域，我国基本实现了对内容安全和秩序安全，对入口安全和出口安全的保障，同时实现了由局域安全向广域安全，再到全域安全的建构进程。甚至基于网络互联互通的客观现实，中国积极参与全球互联网治理，推动网络犯罪国际公约的制定，发出《全球数据安全倡议》，这是更深层次的，更高格局的网络全域安全，充分体现了中国的大国担当。

从规范的纵轴来看，坚持体翼并行。网络安全立法，深化探索保障安全的形式，建构多体多面的网络安全立法。“徒法不足以自行。”在规范类型上，中国的网络安全立法坚持多点多面同时开花，这个领域既有最具权威性的法律奠定网络安全立法的基石，又有大量的行政法规、部门规章、地方性法规、司法解释、规范性文件、政策文件等作为法律的细化性举措、补充性举措和完善性举措。这些灵活多样的网络安全法律规范，充实与完善了网络安全的武器库、工具箱，构筑了有筋有骨、有血有肉的网络安全法律体系，将网络安全立法深入网络世界的“田间地头”，让法律的宏观性规定变成日常网络行为的可操作性指引。在规范后果上，网络安全立法打通了民事责任、行政责任、刑事责任的界限，实现了对网络违法后果的“全通道治理”。网络立法是“领域立法”，它没有传统部门立法的负累，可以根据网络安全治理的现实需要灵活配置多样化的法律责任，并实现贯通性治理。例如，公民个人信息保护、数据安全等领域都是如此，这也吸引了来自不同部门法的专家学者的共同研究和探讨。在规范内容上，网络安全立法实现从最初的系统安全、运行安全到以后的数据安全、内容安全的建构。党的十八大以来的网络安全立法，从点的安全推进到线的安全，再过渡到面的安全，又由平面安全向立体安全延伸。可以说在网络空间的方方面面，都有相应的安全规范，基本做到了无死角、无盲区，今后要进一步向无漏洞迈进。

从思想的立轴来看，坚持道术并用。网络安全立法，深化探索保障安全的理念，建构行稳致远的网络安全立法。党的十八大以来的网络安全立法，坚持以本为本，以基为基。这个本和基，是习近平法治思想指导下的总体国家安全观。总体国家安全观，是网络安全立法之道，是正道也是大道，是十年来网络安全立法之灵魂、之根基、之保障，保障了网络安全立法之垂范久远，意蕴绵长。2012 年 12 月 28 日通过的《全国人大常委会关于加强网络信息保护的决定》是党的十八大以来网络安全立法的开端。而 2014 年中央网络安全和信息化领导小组第一会议作出的“没有网络安全就没有国家安全，没有信息化就没有现代化”的论断成为今后网络立法的基调。总体国家安全观指导下的网络安全立法，统筹协调安全与发展的关系，做到了在安全中保障发展，在发展中维护安全，安全与发展齐头并进，并行不悖，安全与发展水乳交融。一些保障网络运行、推动产业发展、维护个体权益的网络法律，立法同时也处处贯彻了安全的理念，如《电子商务法》《个人信息保护法》等，避免为安全而安全。网络安全立法是网络世界的交通警、信号灯，是“关键基础设施”，完备的网络安全立法不但不会阻滞网络发展，反而会让网络信息高速公路通行更加顺畅，让全体人民充分共享网络发展权益。例如，为推动数字经济发展，推动经济社会的数字化转型，我国构筑了平台安全、算法安全、算力安全、数据安全四位一体的安全制度；作为内核安全制度；构筑了网络运行安全和网络基础设施安全制度作为外核安全制度；构筑了以《数据出境安全评估办法》为代表的数据跨境流动制度作为动态安全制度；构筑了《汽车数据安全管理若干规定（试行）》等行业安全制度。基本做到了外在体系完备，内在规范齐全。

实际上，以上三点还不足以完全概括我国网络安全立法全貌。笔者还可试举一二。例如，我国网络安全立法坚持了稳健立法与急用先行并重的方针。对于具有根本性、全局性的网络安全制度，坚持战略定力、细致探索和逐步推进，进而实现水到渠成。《网络安全法》《数据安全法》《密码法》等法律的出台就经历了这个过程。但对于一些人民反响强烈，立法需求迫切的法律，则急用先行，快速推动，如《反电信网络诈骗法》从起草到通过，前后不过一年的时间。党的十八大以来，我国各地方的网络安全立法在整个网络法治建设过程中书写了浓墨重彩的一笔，这些先期地方性探索不仅为全国性立法做了彩排和预演，积累了地方性经验，探索了地方性样本，同时也展现了地方性特色。总之，党的十八大以来的网络安全立法，实现了从体系阙如到系统完备的转变，实现了从域外引介到本土探索的转变。不仅展现了中国网络立法的鲜明特色，也彰显了中国式制度文明的新风范。

第二章 数据安全的法益内涵与刑法规范转向

人类改造自然的历史，也是一部波澜壮阔的奋斗史。在人类文明长达万年的演进和发展历程中，科学技术充当了推动文明升级的内生动力和根本驱动力，而生产工具和能源利用方式则是文明形态的外在表现和直观特征。如果说对人力、畜力的使用是农业文明的标志，对电力、磁力和化石能源的使用是工业文明的标志，对数字的使用则是数字文明的最主要特征。自“二战”以来，信息技术和互联网的发明与广泛运用，包括最近十余年方兴未艾的云计算、大数据、物联网、金融科技与其他新的数字技术，在很大程度上已经摆脱了工具理性的束缚，转而开始制约乃至型构人类社会的基本关系网络和组织形态。以网络为代表的现代科学技术的不断发展和深度社会化，正在全方位地改变着人类的社会面貌和生活，技术成为新的社会范式。在此背景下，一种新的经济形态——数字经济应运而生。如果说农业文明和工业文明都是对人类外在物（水力、煤炭、石油）的运用，而到了数字文明时代，作为数字经济最重要养料的数据则是人类自身创造之物，这预示着，数字文明和数字经济会给人类历史带来更加深刻的社会性变革。就国家而言，数字经济将成为国力竞争的新赛道、国家命运的新战场。

为了实现、维护和促进数字经济的高效、有序发展，各国在产业规划、政策指导、法律保障等各个层面出台大量政府性文件和法律规范，力图全方位为数字经济发展提供支持和帮助。在我国，促进数字经济发展也上升到了国家战略的高度，国家不但要在正向促进、鼓励、支持数字经济的发展，为数字经济发展协调与聚集各类资源，也要在反向扫除阻碍、制约数字经济的各类障碍、困难、风险、隐患。在此背景下，数据安全获得了空前关注，由此也引发了刑法层面关于数据安全法益以及刑法应对思路的探讨。

一、数据安全的时代变迁历程与数据安全法益内涵

随着信息技术的快速发展与深度迭代，网络和信息化在推动经济社会发展、促进国家治理体系和治理能力现代化、满足人民日益增长的美好生活方面发挥着日趋重要的作用。2017 年 12 月 8 日，习近平总书记在主持中央政治局第二次集体学习时指出，“大数据是信息化发展的新阶段”。2018 年 5 月 26 日，习近平总书记在致 2018 中国国际大数据产业博览会贺信中重申，“全面实施国家大数据战略，助力中国经济从高速增长转向高质量发展”。当前，数据、大数据已经成为数字经济中的高频词汇和关键词汇。马克思主义政治经济学认为，生产力是具有劳动能力的人和生产资料相结合而形成的改造自然的能力。生产力是以生产工具为主的劳动资料，引入生产过程的劳动对象，具有一定生产经验与劳动技能的劳动者。它是社会发展的内在动力基础。此外人类运用各类专业科学工程技术，制造和创造物质文明和精神文明产品，满足自身生存和生活的能力。人类社会从原始农业社会到近代工业社会，再到信息化社会，其生产力要素和生产资料的内容一直在发生更迭，其中科学技术一直是贯穿不同时代的支配性力量，是形塑不同社会风貌的关键变量。如果说新一代信息技术所带来的科技革命代表的是数字经济时代的先进生产力，那么数字（数据）则当之无愧地成为数字经济的关键生产要素。特别是近年来以大数据、人工智能为代表的新一代信息技术迅猛发展，数字经济已成为引领全球经济社会变革、推动我国经济高质量发展的重要引擎。农业经济和工业经济以土地、劳动力、资本为关键生产要素，数字经济则以数据为关键生产要素。

在数字信息技术日新月异的发展趋势下，数据已成为数字经济发展的核心生产要素，是国家重要资产和基础战略资源。数据具有爆发式增长、海量集聚、取之不竭等特征，是数字经济的关键要素。数据已成为各经济体实现创新发展、重塑人们生活乃至国家经济社会发展的重要支撑和动力。数据安全包括数据存储、处理安全、所涉及技术和基础设施的安全以及数据权属带来的安全。在全球合作日益密切的背景下，数据安全对于提升用户信心、保护数据、促进数字经济发展至关重要。当前数据价值愈加凸显，数据安全风险与日俱增，数据泄露、数据贩卖等数据安全事件频发，为个人隐私、企业商业秘密、

国家安全等带来了严重的安全隐患。从这个角度而言，保障数据安全，就是保护数字经济的基础和命脉。没有数字安全，数字治理也就无从谈起。

（一）从系统安全到数据安全：安全风险的时代转向

众所周知，网络经历了从 1.0 到 2.0 再到 3.0 的时代转向，在此过程中，网络安全风险也发生了同步的时代转向。刑事立法与刑事司法，应当适应新的网络安全风险的特点，据此采取有针对性的举措。

1. 数据安全与相关概念的区别

在理解数据安全时，要正确理解网络安全、数据安全、系统安全、信息安全几个概念之间的关系。首先看系统安全，《计算机信息系统安全保护条例》第 3 条规定："计算机信息系统的安全保护，应当保障计算机及其相关的和配套的设备、设施（含网络）的安全，运行环境的安全，保障信息的安全，保障计算机功能的正常发挥，以维护计算机信息系统的安全运行。"根据该定义，系统安全是包括信息安全、网络安全的最广泛的安全定义，系统安全主要指软硬件信息系统如操作系统、云系统、终端系统、应用软件系统的安全运行，保证系统不受恶意代码和其他恶意攻击，确保系统正常运行和合法使用。因此，《计算机信息系统安全保护条例》第 4 条也规定："计算机信息系统的安全保护工作，重点维护国家事务、经济建设、国防建设、尖端科学技术等重要领域的计算机信息系统的安全。"但是随着网络的发展，网络安全开始从系统安全中脱离出来，原本作为系统安全的下位概念的网络安全，逐渐变为系统安全的上位概念。工业和信息化部 2010 年出台的《通信网络安全防护管理办法》第 2 条第 3 款规定就体现了这一转变："本办法所称网络安全防护工作，是指为防止通信网络阻塞、中断、瘫痪或者被非法控制，以及为防止通信网络中传输、存储、处理的数据信息丢失、泄露或者被篡改而开展的工作。"1997 年《刑法》第 285 条的非法侵入计算机信息系统罪，第 286 条的破坏计算机信息系统罪保护的就是系统安全。根据《最高人民法院、最高人民检察院关于办理危害计算机信息系统安全刑事案件应用法律若干问题的解释》第 11 条，本解释所称"计算机信息系统"和"计算机系统"，是指具备自动处理数据功能的系统，包括计算机、网络设备、通信设备、自动化控制设备等。据此，系统安全成为网络安全的一个组成部分。信息安全，按照 ISO（国际标准化组织）的定义是：为数据处理系统建立和采用的技术、管理上的安全保护，为的是保护计算机硬件、软件、数据不因偶然和恶意的原因而遭到破坏、更改和泄露。信息安全，通过对数据处理系统环境的管理，来降低数据被破坏、泄露的风险，数据安全是系统运行安全的要素。系统安全也是数据安全的必要前提。随着数据的价值凸显，数据成为独立的侵害对象。对抗性样本、数据污染等行为不但造成数据自身的破坏，也会触发系统的损害。

2. 数据安全的特点

2022 年 7 月 8 日，中国信息通信研究院发布的《中国数字经济发展报告（2022 年）》显示，数字经济作为国民经济的“稳定器”“加速器”作用更加凸显。2021 年，我国数字经济发展取得新突破，数字经济规模达到 45. 5 万亿元，同比名义增长 16. 2%，高于同期 GDP 名义增速 3. 4 个百分点，占 GDP 比重达到 39. 8%，数字经济在国民经济中的地位更加稳固、支撑作用更加明显。产业数字化继续成为数字经济发展的主引擎。2021 年，我国数字产业化规模为 8. 35 万亿元，同比名义增长 11. 9%，占数字经济比重为 18. 3%，占 GDP 比重为 7. 3%，数字产业化发展正经历由量的扩张到质的提升的转变。2021 年，产业数字化规模达到 37. 18 万亿元，同比名义增长 17. 2%，占数字经济比重为 81. 7%，占 GDP 比重为 32. 5%，产业数字化转型持续向纵深加速发展。① 在网络深度嵌入社会生活，数据在经济发展中的比重逐步提升的背景下，数据安全发展出了四个维度：数据安全与数字经济深度绑定；数据安全与实体产业深度融合；数据安全与物理空间深度关联；数据安全与信息技术高度依赖。

可以从以下三点理解数据安全的变化趋势：

（1）从安全特性上看，由静态安全到动态安全。当前数据犯罪存在从静态安全向动态安全过渡的过程，在静态安全的法益模式下，刑法注重按照数据类型实现对数据安全的保护，在动态安全的法益模式下，刑法则注重对数据流动安全的保护。静态安全注重对数据类型的保护，只要完成对数据的个别化的保

① 苏德悦：《2021 年我国数字经济规模达 45. 5 万亿元占 GDP 比重达到 39. 8%》，载《人民邮电报》2022 年 7 月 11 日。

护，即可实现安全目的，而动态安全则强调对数据的流程和全生命周期的保护。这种变化的背后，是网络安全形势的变化。基于内外网区隔的边界防御随着移动互联网、云计算等的下沉，转变为主要是对人的设备、身份的攻击。传统防护模型在新网络态势中不再适用，不再以边界作为信任条件，内外网访问都要授权、认证，控制、评估，网络中心化的安全转化为身份中心化的安全策略。数据本身具有多重属性、复用性以及流动多样性等不同于以往传统生产要素的特性，因而，数据在其共享流转利用过程中的安全风险也被不断放大，尤其是近年来，围绕数据泄露、数据权属纠纷、数据跨境流动展开的数据安全事件层出不穷，时常见诸报端，成为威胁公民个人信息安全、阻滞数据产业发展、引发国家安全风险的重大问题。①

（2）从法益内涵上看，由单一安全到多元安全。在信息化条件下，数据的价值获得充分开放，由此导致数据安全承载的利益开始多元化。近年来，除了传统渠道的数据泄露以外，医疗数据、政务数据、生物识别信息等高价值的敏感数据成为不法分子侵害的重点目标。政务数据不但具有较高的经济价值，还具有不菲的社会价值乃至国家安全价值，因而成为黑客分子侵害的主要对象。此外，医疗数据的价值开始凸显，这类数据泄露，容易诱发电信网络诈骗犯罪活动，且严重侵害患者隐私。为此，我国包括《刑法》在内的多部法律，专门对人类遗传资源等数据的出境作了规定。生物识别信息是另一类特殊的数据，它不但具有专属性、识别性，还具有可靠性、唯一性、不可替代性等特点，也正因如此，一旦泄露造成的损害也是不可逆的。此外，数据达到一定规模后，会产生单个数据无法替代的价值，“数据的价值并非来源于额头流汗和投入，大多数是来源于因为数据具有相当规模而具有的商业利益价值，只有突破一定的流量临界点，这种价值才有可能迸发出来”。② 对数据集合的侵害，同样能够侵害到多元的价值和利益。

（3）从风险指向上看，由个体安全到国家安全。数据的个体安全比较好理解，主要体现在大规模的数据泄露和个人信息倒卖，这对个人的人身、财产与

① 陈兵、胡珍：《数字经济下统筹数据安全与发展的法治路径》，载《长白学刊》2021 年第 5 期。

② 梅夏英：《在分享和控制之间：数据保护的私法局限和公共秩序构建》，载《中外法学》2019 年第 4 期，第 863 页。

生命安全造成极大危害。中国互联网络信息中心第51次《中国互联网络发展状况统计报告》显示，截至2022年12月，有19.6%的网民遭遇个人信息泄露。2020年苏州警方破获的一起泄露、贩卖公民个人信息的黑色产业链，查获非法获取的各类公民个人信息数百万条。2022年6月，许多高校使用的学习通软件中的个人注册信息被泄露，涉及1.7亿条学生信息。数据安全不但关乎个人利益，还关乎国家安全。2022年7月6日，中共中央办公厅、国务院办公厅公开发布《关于依法从严打击证券违法活动的意见》。该意见提出，完善数据安全、跨境数据流动、涉密信息管理等相关法律法规。抓紧修订关于加强在境外发行证券与上市相关保密和档案管理工作的规定，压实境外上市公司信息安全主体责任。大型互联网企业掌握着大量的个人数据，且许多公司的业务与网络基础设施息息相关，如果对这些数据不加监管而任由其出境，将会对国家安全造成巨大危害。而西方国家正在利用自己的信息技术优势，加大网络空间的信息搜集和对他国数据的获取。我国的《网络安全法》和《数据安全法》的出台，标志着数据出境规则的基本确立。

（二）数据犯罪确立的逻辑基础：数据安全法益的确立

1. 数据安全的法益内涵与历史变迁

刑法中的数据犯罪，是围绕数据安全展开的，数据安全的法益内涵，在法律上存在一个逐步确认和扩大的过程。2002年美国《联邦信息安全管理法案》正式以保密性（confidentiality）、完整性（integrity）、可用性（availability）三性概括了信息安全这个术语的内容。国际标准化组织联合技术委员会ISO/IEC JTC1（信息技术）分委员会SC27（安全技术）在2013年9月26日发布的信息安全管理体系标准ISO/IEC 27001：2013在引言总则里界定了信息安全管理体系的目的，就是保持信息的三性，合称CIA三性。保密性是指对数据的访问权限，只有被授权的人才能使用。一般来说，这意味着只有一个或多个授权人或系统可以进入一个数据集，而其他人是看不到的。完整性，特别是与数据相关的完整性，指的是保证数据没有在未经授权的方式下改变。完整性是为了确保一组数据将无法被一个未经授权的当事人修改（或完全删除）。可用性是只在计算机服务的“运转时间”内，确保服务的可用。服务可用性通常是通过控制计算机、网络和存储来实现高可用性。① 根据《网络安全法》的章节设定，《网络安全法》确定的网络安全的范围，包括网络运行安全和网络信息安全，对于信息安全的界定，《网络安全法》采纳了 ISO/IEC20071 的界定，本法第 76 条第 2 项规定，"网络安全，是指通过采取必要措施，防范对网络的攻击、侵入、干扰、破坏和非法使用以及意外事故，使网络处于稳定可靠运行的状态，以及保障网络数据的完整性、保密性、可用性的能力"。数据安全的 CIA 三性，是从静态角度对数据安全的界定，体现了大数据、云时代之前数据安全的特点，《数据安全法》对数据安全的理解显然要更进一步。《数据安全法》第 3 条第 3 款规定，"数据安全，是指通过采取必要措施，确保数据处于有效保护和合法利用的状态，以及具备保障持续安全状态的能力"。《数据安全法》界定的数据安全的法益，包括数据的静态安全以及动态安全，即保障持续安全状态的能力。

在前置法层面，数据安全法益的独立化已经完成，但是在刑法层面才刚刚起步。目前刑法关注的数据类型包括三类：一是计算机信息系统功能数据，二是公民个人信息，三是其他类型数据。计算机信息系统功能数据是与计算机信息系统安全直接绑定的数据，这类数据内生于计算机信息系统，本身就是计算机信息系统的一部分，其法律规范为 1997 年《刑法》规定的相关计算机犯罪。例如，《刑法》第 286 条破坏计算机信息系统罪的成立要求对计算机信息系统功能进行删除、修改、增加、干扰，并"造成计算机信息系统不能正常运行，后果严重"，一般而言，只有是计算机信息系统功能数据的，才能达到造成计算机信息系统功能不能正常运行的效果。而《刑法修正案（七）》增设的非法获取计算机信息系统数据、非法控制计算机信息系统罪，则只强调"获取计算机信息系统中存储、处理或者传输的数据"，并不要求对系统功能的干扰和破坏。《刑法修正案（七）》增设的原非法获取公民个人信息罪（现已变更为侵犯公民个人信息罪），则开始对其他类型数据以及公民个人信息强化保护。可见，数据安全法益存在一个从附属于网络安全法益到独立化的过程。《网络安全法》的出台，标志着立法正式承认数据安全法益；《数据安全法》的出台，

---

① ［美］Mark Rhodes-Ousley：《信息安全完全参考手册》（第二版），李洋、段洋、叶天斌译，清华大学出版社 2014 年版，第 69—70 页。

又意味着数据安全法益从网络安全法益的独立。其背后的现实动因是，随着数据在社会经济发展中的作用日渐提升，数据安全的独立性更加凸显，甚至超越了网络安全。

2. 数据安全犯罪的类型

按照上述数据安全法益的界定，数据犯罪的罪名有：《刑法》第 177 条之一妨害信用卡管理罪，《刑法》第 219 条侵犯商业秘密罪，《刑法》第 253 条之一侵犯公民个人信息罪，《刑法》第 285 条非法侵入计算机信息系统罪，非法获取计算机信息系统数据、非法控制计算机信息系统罪，提供侵入、非法控制计算机信息系统程序、工具罪，《刑法》第 286 条破坏计算机信息系统罪，《刑法》第 286 条之一拒不履行信息网络安全管理义务罪。并不是《刑法》中出现“数据”两字的，就是数据犯罪。例如，《刑法》第 134 条之一危险作业罪是《刑法修正案（十一）》增设的罪名，其罪状有“篡改、隐瞒、销毁其相关数据、信息”的表述，但本罪不是数据犯罪，危险作业罪中的数据和信息，保护的是数据与信息的真实性，而非数据的保密性、完整性和可用性。尽管数据真实性与数据的完整性、可用性存在一定关联，但是两者是各自独立的法益类型。数据犯罪和其他犯罪不是排斥关系，而是基于不同的立场做出的分类标准，如侵犯商业秘密罪，传统上属于侵犯知识产权犯罪的组成部分，但是不妨碍它也同时作为数据犯罪体系的成员。传统的数据犯罪是依附性的，只有数字化之后才独立了，也才有独立的必要性与可行性。

二、数据安全罪名体系的二元转化路径与逻辑脉络

为演足保护数据安全，打击数据犯罪的需要，我国刑法同时在立法层面和司法层面，对数据保护进行规范转向。这种转向并非带有整体规划性质，而是带有“临事适变”的特点。

（一）数据保护的规范转向之一：从附属保护到独立保护

“数据犯罪”是进入大数据时代才出现的概念，但是这不等于在大数据时代之前司法实践中就没有数据犯罪，而是数据犯罪依附于其他犯罪，并服从于其他犯罪的法益类别与规范目的，只是在此过程中，数据保护也逐渐开始了独

立化的过程。

1. 计算机犯罪罪名：附属于系统安全的数据类别

《刑法》第285条第2款非法获取计算机信息系统数据、非法控制计算机信息系统罪要求“获取该计算机信息系统中存储、处理或者传输的数据”，《刑法》第286条第2款破坏计算机信息系统罪要求“对计算机信息系统中存储、处理或者传输的数据和应用程序进行删除、修改、增加”，这两个罪名构成了对计算机信息系统数据保护的主要罪名。破坏计算机信息系统罪是1997年《刑法》确立的罪名，其立法的着眼点在于计算机信息系统安全，对计算机信息系统内的数据的删除、修改和增加的操作，必须达到后果严重的程度。根据《最高人民法院、最高人民检察院关于办理危害计算机信息系统安全刑事案件应用法律若干问题的解释》第4条规定，破坏计算机信息系统功能、数据或者应用程序，具有下列情形之一的，应当认定为《刑法》第286条第1款和第2款规定的“后果严重”：（一）造成十台以上计算机信息系统的主要软件或者硬件不能正常运行的；（二）对二十台以上计算机信息系统中存储、处理或者传输的数据进行删除、修改、增加操作的；（三）违法所得五千元以上或者造成经济损失一万元以上的；（四）造成为一百台以上计算机信息系统提供域名解析、身份认证、计费等基础服务或者为一万以上用户提供服务的计算机信息系统不能正常运行累计一小时以上的；（五）造成其他严重后果的。可见，司法解释对删除、修改、增加数据的危害后果的认定，并非从数据自身的完整性、保密性、可用性角度出发，而是更关注数据破坏对系统功能的影响。非法获取计算机信息系统数据、非法控制计算机信息系统罪是《刑法修正案（七）》规定的罪名，本罪的设立是为了解决《刑法》第285条第1款非法侵入计算机信息系统罪保护范围过窄的弊端，将所有的计算机信息系统均纳入刑法的保护范围之内，但是其立法的侧重点，依然是计算机信息系统安全。根据欧洲理事会《关于网络犯罪的公约》第一章对有关术语的定义，“计算机数据”是指“任何有关事实、信息或概念以能在计算机性信息系统中进行处理的表现形式，包括能确保计算机执行某项功能的程序”。该定义依然是围绕计算机信息系统展开的。然而在大数据时代，虽然计算机信息系统安全依然占据着基础性地位，但是诸如网页浏览记录、下载记录、关键词搜索记录、购物记录等能够表明行为人消费习惯、生活特点和行为轨迹的数据才是更有商业价值的，但是这类数据无法纳入上述两个罪名的保护范围内。

2. 商业秘密犯罪：实现对企业数据的一定程度保护

商业秘密，是指不为公众所知悉，具有商业价值，并经权利人采取相应保密措施的技术信息、经营信息等商业信息。《民法典》第 123 条明确将商业秘密列为知识产权的客体。商业秘密是企业的核心资产，是企业竞争力的集中体现，一旦泄露，将会给企业造成巨大损失甚至会导致企业破产，因而我国从民法到《反不正当竞争法》再到《刑法》，建立了一套针对商业秘密的保护措施。随着 OA 办公等系统的普及和运用，企业的商业秘密多以数据的方式存储在计算机信息系统中，这就形成了以数据形式体现的商业秘密。对这类数据化的商业秘密按照侵犯商业秘密罪处罚是没有问题的。数据化的企业信息虽然有助于提升企业的办公效率以及整体的企业竞争力的优化，但是也给企业数据的保密和安全带来巨大挑战，因为企业进行数据化的不仅包括商业秘密，还包括其他类型的数据，诸如结构化数据与非结构化数据、外部数据与内部数据等。企业据此建立了自己的完整的数据资产，也就是资产数据化。而企业数据的类型和种类繁杂，除了属于企业秘密的数据之外，还有大量的非商业秘密的企业数据，这类数据同样对企业具有巨大的商业价值，但是因为不属于商业秘密，因而无法纳入侵犯商业秘密罪的框架中。类似的问题还有政府掌握的“国家秘密”“情报”以外的其他数据，目前也无对应罪名处罚。

3. 公民个人信息犯罪有成为一般数据犯罪的趋势

侵犯公民个人信息罪是《刑法修正案（七）》增设，《刑法修正案（九）》修改的罪名，其立法初衷是应对公民个人信息的大规模泄露导致的对公民合法权益的损害，以及遏制后续的电信网络诈骗犯罪等行为。公民个人信息是数据的重要类型，因而本罪也是数据犯罪体系的组成部分。就静态安全而言，刑法保护的数据类型比较有限，主要是计算机系统相关的数据、公民个人信息数据和商业秘密、国家秘密类数据，数据类型的涵盖范围过窄。例如，物联网广泛采用的 RFID 电子标签，与应用系统间的数据传递本质上是一种有发送数据的信号发射，信号发射中有数据交换，但呼叫中接收方是不确定的，也不是非公开的。在刑法上的“传输数据”概念中，数据传输是有目的性的、非公开的、仅发送者和接收者有支配权利。因此，RFID 系统中由物端产生的数据难以解释为“计算机信息系统中存储、处理和传输的数据”，这种可能包含重要数据内容的网络数据（如可嵌入设备和智能医疗设备所传输的人体健康数据、移动终端的地理位置数据等）形式无法通过对现有“计算机信息系统数据”的概念和对“计算机信息系统”的扩张解释纳入刑法保护之中。就动态安全而言，《数据安全法》明确了数据生命全周期的七种方式，分别是数据的收集、存储、使用、加工、传输、提供、公开等，其中数据的收集是指从公开或者特定渠道获取数据的行为，包括数据的流转以及数据的采集，数据的存储是采取合理、安全、有效的方式将数据保存到某些介质上并能保证有效的访问，数据的使用是对数据价值的开发、利用以及转化过程，数据加工是指对数据存储形式、形态样貌等进行重新塑造，数据传输是向特定对象输送数据的特定过程，数据提供是向特定对象传递数据，数据公开是向不特定对象或者社会公众将数据公之于众的过程。这七种行为方式涵盖了数据的全生命周期，侵犯公民个人信息作为防范流转型的数据犯罪，对于数据滥用造成的危害无能为力，也对数据的二次流转无能为力。数据犯罪概念的提出，源于大数据时代数据的价值获得重视，理论和实践上有必要对数据予以专门保护，但是也要注意到，我国的网络犯罪罪名体系基本成型于前数据时代，“数据犯罪”并非立法者的刻意为之，而来自司法实践的附会以及学者的归纳总结，来自传统计算机和网络犯罪罪名在大数据时代的扩大解释。这从数据安全法益从网络安全法益独立出来的进程就可以看出。尽管可以将传统犯罪类比或者攀附为数据犯罪，但是在数据犯罪体系中缺乏主干型罪名也是不争的事实。为了让侵犯公民个人信息罪承担数据犯罪的一般功能，司法解释选择扩大公民个人信息的范围，借助“间接识别”理论，将一些不直接和公民个人发生关联的信息作为公民个人信息，进而依照侵犯公民个人信息罪处罚。另外则是扩大侵犯公民个人信息罪的行为方式，将非流转型的危害行为作为犯罪处理，对此本书第五章有专门分析。

（二）数据保护的规范转向之二：从信息犯罪到数据犯罪

数据保护的第二条规范保护路径，是从信息犯罪到数据犯罪的规范转换路径。从信息向数据的立法转向的背景是，数据对信息具有包容关系，在大数据时代，数据承载的信息价值具有多元性与复合性特点，难以用单一的法益类型容纳进来，仅包括信息，难以实现对数据价值的充分保护。

信息和数据是两类密切相关但又不同的能量表现方式。所谓信息，指音信、消息、通信系统传输和处理的对象，泛指人类社会传播的一切内容。人通过获得、识别自然界和社会的不同信息来区别不同事物，得以认识和改造世界。在一切通信和控制系统中，信息是一种普遍联系的形式。1948 年，数学家香农在题为《通讯的数学理论》的论文中指出："信息是用来消除随机不确定性的东西。"① 信息和数据的关系是由保护的场景、法律模式、调整方法、利益归属等来决定的，因此有的语境中区分两者的含义，有的则不区分，不同的概念取舍取决于采取了何种制度安排。信息也有多元的价值，但是在刑法中，对信息的保护是单一的，也就是保密以及不公开。其具体区别包括两点：（1）信息保护必须有实在的利益，而数据保护未必。"信息的本质意义，则意味着对事件特定性的确定，存在于这个世界对确定下的描述与量度，都可以成为信息。"② 信息是作为内容的数据，而数据是作为状态的信息。刑法中的信息犯罪包括两大类型，一是国家秘密、情报类的信息犯罪，二是商业秘密类的信息犯罪，这类信息直接附着国家安全或者企业的经济价值等法益内容。而数据犯罪所保护的数据，其法益内容以及法益类型需要经过数据挖掘、整理等流程才会暴露出来。"信息和数据最大的差异在于，信息所包含内容及内容指向的具体法益是确定的，而数据通过处理获得的内容，以及内容指向的具体法益并不确定，而是一种抽象的法益可能性。"③ 这也就意味着，对数据犯罪的保护，单纯从数据类型着手是不现实的，必须立足于数据应用的场景。（2）信息保护主要是权限，而数据保护的范围更宽泛。信息的保护在于保密，即不公开，因此只是权限的保护，而数据的保护不仅包括不公开，还包括完整性，对于非结构化的数据，不在于是否公开，而在于后续的处理。数据安全保护数据形式，信息安全保护信息内核。

当然，数据犯罪与信息犯罪也不是截然对立的，两者有着千丝万缕的联

---

① 李源粒：《网络个人数据安全刑法保护研究》，载《重庆邮电大学学报》2015 年第 6 期。

② 杨蓉：《从信息安全、数据安全到算法安全——总体国家安全观视角下的网络法律治理》，载《法学评论》2021 年第 1 期。

③ 田刚：《数据安全刑法保护扩张的合理边界》，载《法学论坛》2021 年第 2 期。

系。从罪名体系的范围来看，信息犯罪与数据犯罪具有一定的重合，侵犯商业秘密罪既是信息犯罪的罪名体系的内容，也是数据犯罪的罪名体系的内容。此外，在保护模式上，信息犯罪与数据犯罪也是一致的。信息犯罪重在保护“信息不被没有知悉权利的人知悉，这是信息罪名体系的根本利益”，[①] 而数据的保密性，同样也是数据法益的内容之一，但毕竟数据犯罪的法益外延大于信息犯罪，因而在信息犯罪的框架下，无法完全满足数据犯罪的保护需求，妥当的办法，自然是数据犯罪的另起炉灶。

三、回应数据安全关切的数据犯罪体系的完善路径

可以看出，我国刑法对数据犯罪的保护是存在缺失和不足的，无法适应数字经济时代保护数据的现实需求。数字经济背景下，数据的价值和作用受到全面关注与提升，民法和行政法层面为保护数据已经开始建立较为完善的法律规范，刑法逐渐成为整体法秩序保护上的“阿喀琉斯之踵”，是木桶效应上的最短板。延续计算机网络犯罪的数据保护犯罪路径以及继续扩大适用侵犯公民个人信息罪，在保护的行为半径与对象半径上进行双重扩张，自然可以在更大程度上缓解数据犯罪规范不足的刑法焦虑，但是最根本的路径，还在于建立独立的数据犯罪罪名体系。

（一）关于数据犯罪的财产化保护路径的反思

对于数据犯罪的刑法保护思路的转向，理论上有一种观点认为，可以按照财产犯罪的模式对数据进行保护。这种观点认为，在网络已经渗透到社会生活各个方面的今天，人们可以通过网络进行商务、消费、创作等各种活动，产生的数据普遍被认为是有价值的。因此，大数据从本质上讲仍然是一种财产，具有与一般物理财产相同的财产属性：经济价值性、稀缺性、能够被人力所控制等。论者还提出了其他一些理由，如对于将“数据”作为财产予以扩张解释的思路在司法解释上早有尝试。为了严厉打击收购、代为销售或者以其他方法掩饰、隐瞒计算机信息系统数据、控制权的犯罪行为，2011 年《最高人民法院、

① 王倩云：《人工智能背景下数据安全犯罪的刑法规制思路》，载《法学论坛》2019 年第 2 期。

最高人民检察院关于办理危害计算机信息系统安全刑事案件应用法律若干问题的解释》第7条第1款规定："明知是非法获取计算机信息系统数据犯罪所获取的数据、非法控制计算机信息系统犯罪所获取的计算机信息系统控制权，而予以转移、收购、代为销售或者以其他方法掩饰、隐瞒，违法所得五千元以上的，应当依照刑法第三百一十二条第一款的规定，以掩饰、隐瞒犯罪所得罪定罪处罚。"最高人民法院、最高人民检察院研究室负责人对于这一规定的制定思路予以如下说明："一是计算机信息系统数据、控制权是一种无形物，属于'犯罪所得'的范畴，理应成为掩饰、隐瞒犯罪所得罪的对象。将计算机信息系统数据、控制权解释为犯罪所得，符合罪刑法定原则。二是作出这种解释，也是司法实践的现实需要。从危害计算机信息系统安全犯罪的现状来看，掩饰、隐瞒计算机信息系统数据、控制权的现象十分突出，不予以打击将无法切断危害计算机信息系统安全犯罪的利益链条，难以切实保障计算机信息系统安全。"① 也就是说，最高司法机关对于网络数据的财产性质已经基本予以认可，尽管这一解释只是基于打击侵害计算机信息系统数据犯罪产业链的目的，但在某种程度上仍然为"大数据"的财产化保护提供了借鉴思路。

尽管数据财产化的思路曾经是数据犯罪保护模式的一种非常有力的思想，而且民法学界也一直试图进行数据财产化的论证，但是笔者认为，数据财产化的保护思路因其内在路径的一些缺陷，已不适宜作为数据犯罪保护的一般模式。其具体理由如下：

（1）数据的所有权属存在争议。数据财产化保护，无论是民法保护还是刑法保护，其逻辑前提应当是数据所有权的明确化，但这恰恰是数据权利保护的难点。数据不同于普通的有形产品。

第一，数据权利界定的难点。数据不同于普通的有形物质。进入大数据时代，数据的生产特点发生了一些变化，这使得数据的权属界定成为难点。数据的生产不是单方面排外的结果，数据的生产链条上存在多个参与主体，数据是多个主体共同参与完成的结果。例如，一个运动轨迹数据，需要运动者和数据记录仪器、数据存储者等多个主体共同完成，这就给数据所有权的划分造成困境。与其他财产不同，数据的全生命周期由多个参与者（数据提供者、数据收

---

① 杨维汉：《"两高"司法解释：收购代销黑客"赃物"担刑责》，载《北京晨报》2011年8月30日。

集者、数据处理者等）对数据进行支配，每一个参与者在各自环节赋予数据不同价值。在大多数情况下，数据发挥作用、产生价值需要数据控制处理者（如网络平台）对数据进行采集、加工、处理和分析，因此，数据提供者对于数据的各项权利需要数据控制处理者的支持和配合才可有效行使。赋予某一参与者专属的、排他性的所有权不可行，需要在数据提供者、数据控制处理者等参与者之间进行协商和划分，确定各权利之间的边界和相互关系。数据所有权一直是学者们梦寐以求建立的概念，但是数据生成场景的复杂性，导致即使数据所有权的概念能够成立，其内涵也与传统所有权不同。数据的特点（如无限性和兼容性）使数据产权外延内的“所有权”和一般民法对所有权（对财产享有使用、收益和处分的排他性权利）的界定不同。对于通常意义上的所有权，所有权人几乎完全拥有占有和使用该物的权益，且一般是在没有妥善保管物导致侵权事实发生的情况下才会存在责任问题。数据权在数据的全生命周期中有不同的支配主体，权利人需承担更多的义务和责任，不仅要对数据泄露和数据侵权等事件承担责任，而且需要在日常数据收集和处理等工作中履行相应的义务。

（2）数据的经济价值难以估量。数据的所有权化是数据财产化的第一步，第二步就是数据经济价值的估量，而在此问题上同样存在诸多障碍。财产犯罪在刑法中是典型的数额犯，犯罪数额的大小不但影响量刑轻重也会影响犯罪成立，并且是行为社会危害性的最重要体现，故财产的数额估值就是一件非常重要的事情，2013 年《最高人民法院、最高人民检察院关于办理盗窃刑事案件适用法律若干问题的解释》第 4 条专门就盗窃的数额认定提出具体意见。但目前的难点在于，数据的经济价值难以估量，这也是经济学上数据要素市场理论研究的重点问题，经济学者针对数据要素资源分散多元、流通风险大的特点，提出建立数据要素“资源—元件—产品”的三级市场体系，通过数据资源市场实现原始数据的归集，通过数据元件市场解决数据流通的安全、确权、定价等关键问题，通过数据产品市场完成数据要素价值的转化。① 除此之外，也有的学者认为，面对数字经济多层次、数据产品多样性、数据要素交易方式多模式以及数据交易所创新的需要，应当建立多层次的数据要素市场，从全国性市场与

① 参见陆志鹏：《数据要素市场化实现路径的思考》，载《中国发展观察》2021 年第 14 期。

区域性市场、场内市场与场外市场、一级市场与二级市场、综合市场与专业市场、数据要素跨境市场五个层次打造数据要素市场体系。以上观点是否合理暂且不论，[1] 这也可以看出数据的经济价值估量的困难。

在刑法上，数据经济价值估值困难的案件主要存在于网络虚拟财产犯罪中。2009 年 1 月，在网络公司工作的田某在玩某款游戏时发现了系统漏洞，于是组织其他 3 个同事一起疯狂盗刷该游戏的金币，并在网上向玩家销售。到 4 月案发时，一共盗刷了 1300 亿游戏金币，销赃获利 50 余万元。受害的游戏公司在掌握一定证据后向警方报案。为查明该起特殊案件的犯罪金额，警方向物价局申请鉴定。经鉴定，物价局以市场法确定该游戏中的 1 亿币等于 350 元，计算出 1300 亿游戏金币的价格为 45. 5 万元。警方遂以该鉴定依据，以 4 人涉嫌盗窃向检察机关移送该案。但检察机关没有采纳物价局的鉴定报告，检察机关认为，物价局依据的 1 亿币等于 350 元的标准，是按照市场法确定某一天的成交价，然后再乘以总数得出的价格，这与嫌疑人实际销赃款不符，也不能认定为“市场价”。如果按照游戏公司的标准对游戏币定“市场价”，那么实际上是赋予了游戏公司定价权。由于不认同虚拟财产的“市场价”，检察机关最终采用折中方案，以 4 名犯罪嫌疑人的销赃金额作为盗窃犯罪的犯罪数额起诉至法院。[2] 在司法实践中，目前对虚拟财产的价格的认定主要采取四种方式，一是虚拟财产的交易价格，具体又包括交易平台显示的一般价格与玩家私下交易的价格两种价格标准，二是采取游戏厂商给出的官方交易价格，三是按照行为人获得的违法所得收入计算，四是按照受害人的损失数额计算。2022 年北京市朝阳区人民法院判决的一个案件显示，2020 年 10 月 16 日，凌某胜、凌某瑞因通过技术手段侵入计算机信息系统盗取某数字资产交易平台（×× Global ×× Ltd.）账户内虚拟货币共计泰达币 620000 个、以太币 12687. 9956 个、比特币 149. 99627927 个（总计价值人民币 5000 余万元，后退回虚拟货币价值人民币 4800 余万元），被提起诉讼。二人在交易平台出售部分虚拟货币，实际获利共计人民币 200 余万元。根据诉讼文书，两名主犯在发现平台系统合约账户向现货账户划转的过程中存在负数漏洞后，通过篡改网络请求包将金额改为负数，

---

① 欧阳日辉：《我国多层次数据要素交易市场体系建设机制与路径》，载《江西社会科学》2022 年第 3 期。
② 《盗卖 1300 亿游戏币价值难定警方求助物价局》，载《河南法制报》2009 年 9 月 29 日。

使账户余额增加，并在较短时间内提现，从而非法获利。判决书认为，“本案不以 5000 余万元的平台交易价值来认定两人的犯罪数额，但被告人盗窃虚拟货币后变卖获利 200 余万元是客观和现实的，因此本案以销赃数额作为对被告人定罪量刑的基础”。[①] 本案采取的是违法所得标准。而本案之所以引起关注，在于中国人民银行等部委发布的《关于防范比特币风险的通知》《关于防范代币发行融资风险》等文件规定，比特币、泰达币、以太币等虚拟货币不具有法偿性和强制性等货币属性，不属于货币。而法院认为，“但上述规定未对虚拟货币作为虚拟商品的财产属性予以否定，我国法律、行政法规亦并未禁止比特币的持有和转让”，“从性质上看，比特币是一种特定的虚拟商品”，比特币作为一种特殊的虚拟货币，其货币性以及经济性一直饱受关注，北京市朝阳区人民法院判决的案例，可以作为某种司法导向性意见，但是也能看出虚拟财产以及数据估值的复杂性。

（3）数据财产化是早期司法的主流观点，目前不受最高司法机关支持。我国虚拟财产犯罪最早出现于21 世纪初期，是进入网络 2.0 时代后随着网络游戏的发达而逐步出现的犯罪，诸如盗窃 QQ 靓号、手机靓号、游戏装备等案件都曾引发司法实践关于罪名选择的争议，不过按照盗窃罪定罪是司法实践的主流做法。但自从 2013 年《最高人民法院、最高人民检察院关于办理盗窃刑事案件适用法律若干问题的解释》出台之后，司法实践中对虚拟财产按照盗窃罪定罪的案件明显减少。对于盗窃虚拟财产的行为，如确需刑法规制，可以按照非法获取计算机信息系统数据等计算机犯罪定罪处罚，不应按盗窃罪处理。主要考虑：其一，虚拟财产与金钱财物等有形财产、电力燃气等无形财产存在明显差别，将其解释为盗窃罪的犯罪对象公私财物，超出了司法解释的权限。其二，虚拟财产的法律属性是计算机信息系统数据，对于非法获取计算机信息系统数据的行为当然可以适用非法获取计算机信息系统罪定罪量刑。其三，对盗窃虚拟财产的行为适用盗窃罪会带来一系列棘手问题，特别是盗窃数额的认定，目前缺乏能够被普遍接受的计算方式。而最高人民法院、最高人民检察院《关于办理危害计算机信息系统安全刑事案件应用法律若干问题的解释》对非

① 朱英子：《5000 万元虚拟货币被盗案：北京法院承认财产属性，以销赃数额定罪量刑》，载《21 世纪经济报道》2022 年 5 月 11 日。

法获取计算机信息系统数据罪明确了具体定罪量刑标准，适用该罪名可以罚当其罪，实现罪责刑相适应。其四，从境外刑事立法和司法来看，鲜有将盗窃虚拟财产的行为以盗窃罪论处。

（4）数据具有多元价值，按照数据财产化的评价思路，可能会遮蔽数据的多元价值。数据的类型复杂多样，诸如结构化数据、非结构化数据、公共数据、个人数据等，不仅其外观和样态不同，保护的需求和隐含的利益也有差异。数据权利具有多样性特征，不同类型的权利在内容上存在较大差异，在数据周期的产业链条上，个人、企业和政府有关部门等不同的数据权益主体对数据有不同的诉求，个人要求数据能够保护隐私和个人经济利益，不希望被个性化推荐、数据画像等频繁打扰，企业要求数据能够产生经济价值，重视数据的经济利益转化，政府要求数据能够服务社会公共管理，希望数据能够成为推动社会进步的工具。数据隐含了个人的人格利益、企业的知识产权、商业秘密以及政府的公共管理诉求等多种价值。单纯用财产来衡量数据的价值，恐怕会有所偏颇。

（二）关于完善数据犯罪体系的具体思考

当前刑法已经基本形成了数据静态安全和动态安全的双轨制保护模式，数据的静态安全是以侵犯公民个人信息罪和侵犯商业秘密罪为核心，是以特定类型的数据保护为基本特色，数据的动态安全以原有的计算机网络犯罪为核心，是以依附于计算机信息系统安全的特定类型的数据为核心。可见，无论是侵犯公民个人信息罪还是计算机犯罪，都是以特定类型的数据为纽带展开刑法保护。笔者认为，应当在三个方面完善数据犯罪体系，一是在数据类型的横轴上，要将特定类型的数据保护扩展为一般类型的数据；二是在数据侵害的纵轴上，要将保护数据局部生命周期的行为类型扩展为对数据全生命周期的保护；三是在主观方面，建立数据过失与数据故意并存的双重罪过模式。

1. 数据横轴：扩展数据犯罪的应然数据类型

在本书第五章，笔者分析了我国近年来在刑事司法领域对“公民个人信息”概念的扩张趋势，指出刑法选择扩大公民个人信息的范围，将之纳入公民个人信息犯罪的框架中的一个重要的原因是，我国刑法缺乏独立的数据犯罪体系，侵犯公民个人信息罪承担了部分数据犯罪的功能。如果说在《数据安全法》出台之前，不对数据和信息做法律意义上的区分还有可能，但在《数据安全法》出台之后，数据与信息保护的二元模式已经在我国确立，再要求侵犯公民个人信息罪承担数据犯罪的基本职能就不具有合理性了，而且在侵犯公民个人信息罪的框架下，公民个人信息的外延也不是可以无限扩张的。随着万物互联时代的到来，数据的类型早已超越了信息的范畴，当前智能穿戴设备、智能家居、工业互联网普遍适用，这些设备均具有数据收集功能，诸如大量射频数据等无法纳入现有的数据范畴。因此，扩展数据犯罪的对象类型势在必行。

2. 数据纵轴：建立对数据犯罪的全生命周期保护

《数据安全法》第 3 条指出，数据处理，包括数据的收集、存储、使用、加工、传输、提供、公开等，涵盖了从数据产生到数据使用的所有环节，是对数据全生命周期的界定。本书第四章指出我国的侵犯公民个人信息罪重在处罚公民个人信息的不法流转，而对信息的滥用则缺乏必要关注。很明显，单纯的数据流转行为也是对法益的侵害，但是它的侵害性体现在数据的后续滥用行为上，也就是说，是数据滥用行为的危害性上溯到数据不法流转环节，为了遏制下游的数据滥用行为，才需要对上游的数据不法流转进行处罚，单纯的数据不法流转的危害性并不明显和直接。例如，购买他人的个人信息仅仅侵害他人的隐私权，但如果利用这些信息实施诈骗，则给当事人造成的就不仅仅是人格利益的损失了。因此，建立对数据的全流程刑事保护应当是数据犯罪体系的下一步完善方向。对此本书后续章节已做分析。

3. 数据过失：建立故意与过失并重的双重罪过模式

刑法中的过失犯罪，包括一般过失与业务过失，其中业务过失要求行为人负担更重的注意义务和注意能力。过失犯罪是现代科学技术的产物，是近代工业革命之后，机器大工业的有效运作，要求组织体内部的所有环节各司其职，紧密配合，一个环节怠于行使职责，则可能导致整体的产业链条的中断，因而过失犯罪对于保障现代器物文明的作用日益凸显。进入网络时代，各类网络条件下的损害对过失犯罪提出了新的要求。例如，新兴技术的运用，必然刺激法律归责理论的更新，法律中的自然因果律、疫学因果关系等都是归责原理与科学技术互动的结果。当前算法引发了新的归责难题，算法因果的非直观性和不可知性动摇了传统归责理论的根基。自动驾驶造成事故伤害，算法自我迭代创设重大风险，算法设计具有重大疏忽等，以及结果损害的注意义务分配等都不同于传统刑法。在南京的某宝反向刷单案中，辩护人认为，“行为与后果之间介入某宝公司降权处罚的因素，不具有刑法上的因果关系”。算法归责的难题是过失犯罪的新挑战。再如，在各类网络主体中，互联网公司是履行数据安全义务的最主要主体，互联网公司在业务活动中掌握着大量公民个人数据以及企业商业数据，其数据的质量、数量以及一旦泄露造成的危害都是个人主体无法比肩的。此外，《网络安全法》《数据安全法》出台后，互联网具有履行相应网络安全保障义务和数据安全保障义务的现实需求，数据合规是企业稳定发展的内生型需求，互联网企业既然留存了大量的个人数据，就应当为数据安全承当应有的责任，而数据的刑事合规又称为企业数据合规的最后一道防线。从主观方面看，数据的刑事合规包括故意和过失两个层面，而我国目前的计算机网络犯罪以及侵犯公民个人信息罪，无一例外都是故意犯罪。但是这并不意味着没有过失犯罪存在的空间。例如，《刑法》第 286 条之一规定的“拒不履行信息网络安全管理义务罪”，是指网络服务提供者不履行法律、行政法规规定的信息网络安全管理义务，经监管部门责令采取改正措施而拒不改正，致使违法信息大量传播，或用户信息泄露并造成严重后果，或刑事案件证据灭失情节严重，或有其他严重情节的行为。“拒不改正”可能是故意不改正，也可能是过失而未改正。“从刑事法的角度讲，因为合规管理与责任、注意义务违反等问题的内在关联，以刑罚激励推动企业自我规制是一个合理的选择。一个可行的方向是：通过管理过失以及刑罚激励，赋予特定人员保证人义务等方式，对合规管理进行‘多面夹击’。”当然，过失犯罪罪名的增设，绝不仅是为了满足数据合规或者某种特定网络犯罪现象归责的需求，而是补足数据安全犯罪法律体系的关键一环。

中　编　个人信息安全的刑法规制

第三章　侵犯公民个人信息犯罪的保护法益

在当前的网络时代，互联网已经深度嵌入我们的生活，在网络深度渗透社会生活的背景下，社会公共领域与个人私生活领域的界限逐步模糊，其黏合剂就是公民个人信息。不仅是我们日常的行为需要运用（交出）各种个人信息，网络平台的日常运作也需要合法运用我们的个人信息，在此过程中，公民个人信息存在泄露、滥用等各种重大风险。当前《民法典》《网络安全法》《个人信息保护法》等各种法律、行政法规、部门规章等开始建立系统性的公民个人信息保护的法律体系，其中也包括《刑法》的侵犯公民个人信息罪。很显然，对侵犯公民个人信息罪的保护法益的内涵理解，将会直接影响到本罪的处罚范围。而现实情况是，如何界定侵犯公民个人信息罪的法益，刑法学界观点纷呈，目前并没有权威性的统一观点，这在其他罪名中是比较少见的，其症结在于公民个人信息法律保护体系的不断变革与公民个人信息犯罪的罪情变化，迫使刑法持续修正原有观点。在数字经济时代，数据已经成为推动经济发展的重要因素，侵犯公民个人信息罪作为公民个人信息法律保护体系的兜底性、保障性条款，必须兼顾信息利用与信息保护之间的平衡，这也是本章思考侵犯公民个人信息罪的保护法益的出发点。

一、侵犯公民个人信息罪的法益内涵对定罪的影响

对侵犯公民个人信息罪的法益内涵的讨论，不是无意义的学术争鸣，它将直接影响到本罪成立的范围，这源自法益理论的刑事政策机能和解释机能。法

益的刑事政策机能，要求刑法的处罚范围具有合理性。犯罪的基本后果是惩罚性痛苦，刑罚与公民的基本权利息息相关，因而犯罪的发动必须慎之又慎，这就要求犯罪圈应当适度。既不能过度扩大刑罚的范围，导致没有社会意义和处罚必要性的行为进入刑罚权的范畴内，这将造成社会生活的萎缩和公众不必要的恐惧；也不能过度缩小刑法圈，将值得处罚的行为排除在刑法之外，这同样不利于社会生活和公众利益的保护。法益的解释机能，是指法益具有作为犯罪构成要件解释目标的机能，即对犯罪构成要件的解释结论，必须符合这种犯罪构成要件的行为确实侵犯了刑法规定该犯罪所要保护的法益，从而使刑法规定该犯罪、设立该条文的目的得以实现。①

就侵犯公民个人信息罪而言，对本罪不同的法益定位，会直接影响到犯罪的认定。例如，随着数字经济的发展，电商店铺的经济价值开始凸显，转让、继承电商店铺的现象开始增多。一些人在网络空间中收购他人的身份证号、手机号等信息，然后用于注册电商账号，再将这些账号转卖他人牟利，他人可能将买来的电商账号用于合法经营，也可能用于电信网络诈骗等违法犯罪活动。为了规避法律风险，出卖者同样会要求出让个人信息者签订授权协议书，来制造“知情同意”的假象。而出卖者多是农民工、老年人等弱势群体，他们根本不在乎自己的个人信息会被用于什么地方。对于这类案件，有的学者认为出卖者构成犯罪，其主要观点是：买卖店铺违反了网络实名制，买卖店铺行为被电商所禁止，信息自决权不能否认出卖者的行政违法性也不能否认购买者的刑事责任，公民个人信息具有公共属性。② 上述几个理由不是都能成立的，首先，国家互联网信息办公室发布的《互联网用户账号名称管理规定》确立了“后台实名、前台自愿”的网络实名制原则，但《互联网用户账号名称管理规定》并没有禁止电商账号买卖，电商账号具有人格权与财产权的双重属性，电商账号之所以能够成为交易的对象，是因为交易者看重其附着的经济属性，看重电商产生的市场经济关系以及由此培养的稳定客户群体，而非电商账号的人权属性。在电商账号完成交易后，完全可以进行登记权属的变更，至于实践中一些购买者没有进行登记变更，这属于购买者的另一个违法行为，不能据此否认买

① 张明楷：《法益初论》，中国政法大学出版社2003年版，第216页。

② 高艳东：《经同意买卖个人信息也属违法犯罪》，载《检察日报》2018年8月15日。

卖电商账号的合法性。其次，电商平台与经营者之间是合同法律关系，电商平台的禁止性规定无法构成经营者完整的刑事违法性的来源。况且随着数字经济的发展，一些电商平台已经逐步接受了电商账号可以继承、离婚分割等。另外，如果信息自决权不能否认出卖者的行政违法性也不能否认购买者的刑事责任，那为何还要承认信息自决权？笔者并非反对此类案件有罪的意见，而是不赞同论者的论证思路，如果坚持侵犯公民个人信息罪的保护法益是个人信息自决权，则有罪观点是无法成立的。这也可以看出，对侵犯公民个人信息罪的法益的不同理解，是会影响到犯罪成立范围的。类似的案例还有：

案例一：2016 年 1 月至 2017 年 5 月，在征得某宝店铺所有人同意的基础上，被告人宋某、黄某将该某宝店铺（店铺中含个人身份信息、支付宝账号、支付宝账号密码和绑定的银行卡等个人信息）出售给被告人邓某牟利，被告人邓某随后在网络上搜寻买家，将某宝店铺出售牟利。2017 年 7 月 7 日及 19 日，公安民警分别将被告人邓某及宋某、黄某抓获，从三人住处缴获作案用的电脑、手机一批。经检查提取，从被告人邓某电脑中提取了 5096 组公民个人信息，从黄某的电脑中提取了 715 组公民个人信息，从宋某的电脑提中取了 1312 组公民个人信息，其间，被告人宋某获利约 20000 元，黄某获利约 10000 元。[①] 一审法院认定三被告构成侵犯公民个人信息罪。

案例二：已公开个人信息的保护问题。2020 年 5 月至 7 月，吴某在天眼查、企查查等网站下载公开的各地企业工商登记信息，梳理分类后共出售 1.8 万余条信息，获利 1 万余元。公安机关以涉嫌侵犯公民个人信息罪立案侦查，后移送检察院审查起诉。检察官认为，公安机关根据 2017 年《最高人民法院、最高人民检察院关于办理侵犯公民个人信息刑事案件适用法律若干问题的解释》第 3 条规定的“未经被收集者同意，将合法收集的公民个人信息向他人提供的”，属于提供公民个人信息，从而认定吴某的行为涉嫌本罪。但《民法典》自 2021 年 1 月 1 日起正式施行，给案件处理带来了新变化。《民法典》第 1036 条第 2 项规定，合理处理该自然人自行公开的或者其他已经合法公开的信息的，行为人不承担民事责任。但是该自然人明确拒绝或者处理该信息侵害其重大利益的除外。根据这一规定，既然没有证据证实吴某出售合法公开信息的行

① 案号：广东省江门市中级人民法院（2018）粤 07 刑终 267 号。

为遭到权利人拒绝或侵害其重大利益，就不应当认定为构成侵犯公民个人信息罪。为此，检察机关建议公安机关撤案。①

案例三：网络爬虫问题。2015年11月至2016年5月，武汉元某科技有限公司（以下简称元某公司）为了提高其开发的智能公交“车来了”应用程序在中国市场的用户量及信息查询的准确度，由时任该公司法定代表人兼总裁的邵某霜授意技术总监陈某，指使公司员工刘某红、刘某朋、张某等人利用网络爬虫技术大量获取竞争对手深圳市谷某科技有限公司（以下简称谷某公司）同类公交信息查询软件“酷米客”应用程序的实时公交信息数据后，无偿使用于其“车来了”应用程序，并对外提供给公众进行查询。谷某公司以元某公司的上述行为违背了商业道德和诚实信用原则，构成不正当竞争为由诉至法院。法院没有追究元某公司的刑事责任，而是认定构成不正当竞争。②

可以看出，法益理论不是可有可无的东西，它对定罪有实在的理解，具体到侵犯公民个人信息罪的法益，它可以分解为以下几个问题：知情同意原则在犯罪成立中的地位，“违反国家有关规定”对法益的影响，等等。

二、侵犯公民个人信息罪的法益内涵的争论及述评

“法益概念为刑法的保护对象提供经验的、事实的基础，法益是作为人们的生活利益而成为保护对象的。不管是在解释论上还是在立法论上，法益概念都起着指导作用。”③ 侵犯公民个人信息罪的法益决定了本罪的解释范围。同时公民个人信息已经不是纯粹的刑法概念，而是各个部门法共通的法律概念，在刑法层面对侵犯公民个人信息罪的法益的理解，也不能脱离整体的法秩序，而在民法上，关于个人信息的法益定位，也是一个悬而未决的课题。民法层面对个人信息的性质认定，存在一个发展变化的阶段，早期学者多从人格权、财产权等传统权利属性出发界定个人信息权，而后期随着理论研究的深化，包括《民法典》《个人信息保护法》等法律的出台，相关观点出现了明显的分化。

① 卢志坚、白翼轩、田竞：《出卖公开的企业信息谋利：检察机关认定行为人不构成犯罪》，载《检察日报》2021年1月20日。

② 案号：广东省深圳市中级人民法院（2017）粤03民初822号民事判决书。

③ 张明楷：《刑法理论与刑事立法》，载《法学论坛》2017年第6期。

笔者此处也将涉及民法学界关于个人信息的法益性质的讨论，因为民法对个人信息法益的认识，对刑法学界有直接的影响力，而在某种程度上，侵犯公民个人信息罪的法益属性与个人信息的法益属性是重合的。

（一）在个人法益范畴对公民个人信息的讨论

在个人法益范畴中对公民个人信息法益属性的讨论，目前学术界有八种代表性观点。

1. 财产权说

财产权说是比较早期的观点，这种观点认为：（1）将信息财产与传统财产相比，认为其具有无形性、法定性、专有性、地域性、时间性、非绝对性特征，是具有一定财产价值、以可交换的信息为对象的、独立存在的一种新型财产权。[①]（2）个人信息是可以被所有人占有、使用、收益、处分的"物"，所有人是该个人信息的创造者或者享有者，拥有对其个人信息直接支配、控制并排除他人干涉的权利。个人信息财产权是主体对其个人信息的商业价值进行支配的一种新型财产权，它能且只能存在于对个人信息进行商业性使用的条件下。在信息时代，个人信息具有潜在的商业价值故而都应该受到财产权的保护；对个人信息进行确权应该根据其体现的价值而定，当其维护主体人格利益时，应该给予其人格权的保护；当其维护主体财产利益时，就应该给予其财产权保护。[②] 在财产权说的基础上，有的学者进一步引入产权的观念。在区分物、知识财产和信息财产三种财产关系的基础上，指出信息财产是一种新类型民事法律关系客体，信息财产权、物权和知识产权是信息社会财产权的三大组成部分。个人信息是一种财产利益，波斯纳（Posner）的隐私经济学理论是此种观点的代表。信息主体对他们的信息拥有产权，并应该允许他们就这些拥有产权的信息进行交易。波斯纳认为，"社会中的自然人为了达到一定的商业或者其他的目的愿意付出金钱去买卖那些个人信息；依据所有权原理，所有权人可以对个人信息进行使用、处分等；而且所有者是该信息的产生者"。[③] 财产权说目

---

① 陆小华：《信息财产权：民法视角中的新财富保护模式》，法律出版社 2009 年版，第 145 页。
② 刘德良：《个人信息的财产权保护》，载《法学研究》2007 年第 3 期。
③ 李中一：《网络环境下个人信息的刑法保护研究》，吉首大学 2013 年硕士学位论文，第 5 页。

前的支持者不多见，这种观点不符合对公民个人信息的主流认识，也无法实现对个人信息权益的充分保护。

2. 隐私权说

隐私权说是早期比较有影响力的一种学说。这种观点认为，侵犯公民个人信息罪所保护的法益是隐私权（消极的隐私权）。在制定保护个人信息的法律时，立法者必须选择一种权益作为保护的重点，这是对立法价值的一种预设。侵犯公民个人信息罪在刑法中的位置充分证明了立法者对个人信息隐私权保护的立法初衷和价值追求。该观点认为个人信息应当分为隐私和其他个人信息两个类型，其中不属于隐私的部分不能成为该罪的保护对象。① 有的学者更进一步强调网络隐私权的概念。这种观点认为，“网络隐私权”是指在网络空间内，公民可以自由支配个人的私密事情，并且不被他人知晓、复制、搜集并传播的权利。目前刑法对于隐私权的保护可以说是一种不完整的方式，具体表现为对“个人信息”的保护。就“个人信息”而言，应当区分“公开”和“未公开”的信息，只有“未公开”的信息才属于“隐私”的范畴。诚然，“隐私”并不限于“信息”，生活中存在大量的通信隐私、居住隐私、身体隐私等都属于“隐私”的范畴。因此，“隐私”是一个外延更加宽泛的概念，当然，如果限定在“信息”的界限内，那么“隐私”仅指“未公开”的信息。可见，目前刑法对公民“个人信息”的保护实际上只是对有关信息“隐私权”内容的部分保护，即“未公开”的信息。② 很显然，如果依照该观点，则已公开的个人信息无法纳入本罪的保护对象。对隐私权的另一种论证路径是本罪在刑法中的体系性位置。例如，有的学者认为，非法获取公民个人信息罪（现已变更为“侵犯公民个人信息罪）强调通过打击非法取得涉及公民隐私性信息的行为，实现对公民人身权、财产权、隐私权的保护。也正因如此，该罪被规定在《刑法》分则第四章中，由此可以确定该罪的法益就在于公民人身权利，具体而言

① 蔡军：《侵犯个人信息犯罪立法的理性分析——兼论对该罪立法的反思与展望》，载《现代法学》2010 年第 4 期。

② 徐翕明：《“网络隐私权”刑法规制的应然选择——从“侵犯公民个人信息罪”切入》，载《东方法学》2018 年第 5 期。

是“公民的人格尊严和隐私权”。[①] 值得注意的是，一批支持隐私权说的民法学者和刑法学者后期都更改了自己的观点，如张新宝教授早期认为，公民个人信息权应当属于隐私权，公民个人信息受到侵犯时应当通过隐私权的途径寻求救济。“个人数据的保护主要是对数据主体隐私权的保护。”主要理由是：第一，之所以保护个人信息是因为侵犯公民个人信息可能侵犯到公民的人格尊严，破坏公民的私生活安宁。而如果该信息不属于隐私，则他人即便获取也不会影响到信息主体，不会对其产生冒犯。第二，我国《侵权责任法》（《民法典》施行后本法已失效）第 2 条已经正式确立了对隐私权的保护，而通过对隐私权的扩张解释，足以将个人信息法所要保护的各种信息囊括进隐私的概念，因此无须再创设独立的个人信息权。[②] 但现在张新宝教授认为民法保护的是个人信息权利。[③] 此外，张明楷教授在 2016 年出版的《刑法学》教科书中认为，该罪侵犯的法益是民主权利中的名誉隐私权，公民个人信息也因此限于包括公民姓名、年龄等能够识别公民个人身份或者涉及公民个人隐私的信息、数据资料。[④] 但是张明楷教授在 2021 年出版的《刑法学》教科书中，则认为侵犯公民个人信息罪的保护法益是信息权。[⑤]

3. 人格权/人格尊严说

齐爱民教授认为，个人信息所体现的是公民的人格利益个人信息的收集、处理或利用直接关系到个人信息主体的人格尊严。人本身是目的，人应该自治、自决，凡是与人格形成与发展有关的情事，本人有权自己决定，并在此范围内，排除他决、他律或他治。个人信息的收集、处理或利用直接关系到个人信息本人的人格尊严，个人信息所体现的利益是公民的人格尊严的一部分，具体说就是本人对其个人信息所享有的全部利益。个人信息自决权保护模式就是保护个人信息的全部利益，赋予本人对其个人信息收集储存、处理的决定权。[⑥] 高富平教授认为，从刑法结构上看，尽管侵犯公民个人信息罪是新增罪名，但

① 周海洋：《出售、非法提供公民个人信息罪和非法获取公民个人信息罪的理解与适用》，载《中国审判》2010 年第 47 期。

② 张新宝：《隐私权的法律保护》，群众出版社 2004 年版，第 139 页。

③ 张新宝：《中华人民共和国民法总则释义》，中国人民大学出版社 2017 年版，第 220 页。

④ 张明楷：《刑法学（第五版）》，法律出版社 2016 年版，第 921 页。

⑤ 张明楷：《刑法学（下）》（第六版），法律出版社 2021 年版，第 1199 页。

⑥ 齐爱民：《个人信息保护法研究》，载《河北法学》2008 年第 4 期。

没有作为独立条款，而是在私自开拆、隐匿、毁弃邮件、电报罪中新增一条。可见，该罪与开拆、隐匿、毁弃邮件、电报罪具有相似相通之处。该说的主要观点建立在此前提之上，认为侵犯公民个人信息罪的法益应当与私自开拆、隐匿、毁弃邮件、电报罪具有同质性，即侵犯公民个人信息行为所保护的法益是公民人格尊严与个人自由，从出售或提供公民个人信息的实质违法性角度出发，应当将个人信息限缩在具有危害该法益的“公民个人信息”。个人隐私只是人格尊严的组成部分。①

4. 二元属性说

二元属性说立足于私法益，认为公民个人信息不是单一的法益，而是由多个法益组成的，只是多种法益都属于私法益的范畴。例如，有的学者认为：“人格权是公民个人信息的法益基础，但也不排除其所包含的财产因素。”②“从数据的本质及衍生角度来看，所有足以对数据主体构成识别的基础数据具有人格权属性，而数据处理者因网络用户活动而搜集整理产生的增值数据具有财产权属性。”③

5. 信息权说/综合说

（1）个人信息权说

个人信息权说在民法学界是比较有力的主张。杨立新教授认为，尽管原《民法总则》④ 第 111 条规定了“自然人的个人信息受法律保护”，却没有具体规定为法益保护抑或权利保护，但是，从法律所保护的客体即个人身份信息的独立性、社会实践保护个人身份信息的必要性，以及从比较法的基础上进行分析，对于个人身份信息的保护，一是不能用法益保护方式，因为其显然不如用权利保护为佳；二是不宜以隐私权保护方式予以保护，因为隐私权保护个人身份信息确有不完全、不完善的问题。真正实现对个人信息的完善保护，就必须把原《民法总则》第 111 条规定的个人信息解读为个人信息权。个人信息权是

---

① 高富平、王文祥：《出售或提供公民个人信息入罪的边界——以侵犯公民个人信息罪所保护的法益为视角》，载《政治与法律》2017 年第 2 期。

② 崔聪聪、巩珊珊等：《互联网治理与法律研究：个人信息保护法研究》，北京邮电大学出版社 2015 年版，第 135 页。

③ 丁道勤：《基础数据与增值数据的二元划分》，载《财经法学》2017 年第 2 期。

④ 已失效，现参见《民法典》总则编。

自然人对于自己的个人信息，自我占有、自我控制、自我支配，他人不得非法干涉，不得非法侵害。因而个人信息权是排他的自我决定权，是绝对权。① 王利明教授认为，个人信息权主要是指对个人信息的支配和自主决定权。个人对于自身信息资料的一种控制权，并不完全是一种消极地排除他人使用的权利。个人信息权是一种主动性的权利，权利人除了被动防御第三人的侵害之外，还可以对其进行积极利用。个人信息权作为一种积极的权利，在他人未经许可收集、利用其个人信息时，权利人有权请求行为人更改或者删除其个人信息，以排除他人的非法利用行为或者使个人信息恢复到正确的状态。② 刘艳红教授认为，按照法典体系的进路来看，从侵犯公民个人权利、民主权利罪一章的立法定位出发，认为侵犯公民个人信息罪属于自然犯，进而得出刑法所保护的系个人法益的结论。本罪具体保护的个人法益，不是以隐私权为代表的传统个人权利而是在网络信息时代作为新型权利的个人信息权。侵犯公民个人信息罪的对象为个人信息，网络时代个人信息不仅仅具有人格属性更具有财产属性，隐私权说等传统权利涵盖不了信息财产价值的属性；个人信息权是一种新型的综合性权利，可以有效体现对公民人格利益以及信息的财产利益的综合保护。③ 因此，一种涵盖各种信息，包括积极使用并许可他人使用的权利和消极防御他人侵害的权利，并且兼具人格权与财产权的新型权利呼之欲出——个人信息权。在权利内涵上，个人信息权是个人以其自身信息为权利客体。在权利内容上，包括积极使用并许可他人使用的权利和消极防御他人侵害的权利。在权利性质上，个人信息权兼有人格权和财产权的特点。黎宏教授认为，本罪的保护法益是公民个人的信息权，其内涵既包括个人隐私不受侵犯的权利，也包括限制他人非法收集、转让和出售他人信息的权利。④ 个人信息作为一种权利客体或行为对象，所涉权益内容广泛，从隐私权、名誉权逐渐发展成为一个权利系统，包括知情权、同意权、访问权、可携带权、收益权、更正权、处理权、删除权

① 杨立新：《个人信息：法益抑或民事权利——对〈民法总则〉第111条规定的“个人信息”之解读》，载《法学论坛》2018年第1期。

② 王利明：《论个人信息权的法律保护——以个人信息权与隐私权的界分为中心》，载《现代法学》2013年第4期。

③ 刘艳红：《侵犯公民个人信息罪法益：个人法益及新型权利之确证——以〈个人信息保护法（草案）〉为视角之分析》，载《中国刑事法杂志》2019年第5期。

④ 黎宏：《刑法学各论》（第二版），法律出版社2016年版，第269页。

等一系列子权利。个人信息权并不限于隐私权。个人信息自决权的核心内容就是信息主体的知情同意权。[①] 冀洋博士认为，侵犯公民个人信息罪属于个人法益犯罪，是具有绝对私人属性的具体人格权，法益本体是个人信息权，它是原《民法总则》第111条规定的具体人格权，通过赋予其超个人属性的方式实现入罪扩张解释，与法益论发展趋势相悖。公民个人有权积极利用其个人信息，“同意”构筑了信息自由与刑法介入之间的分界，在被害人教义学上类比身体、生命法益而否认个人信息法益自决权的理由并不充分。[②]

（2）个人信息自决权

个人信息自决权是源自德国的法学理论和主张。认为本罪保护法益是个人信息自决权的学者认为：①个人信息不等于个人私有信息，个人对其信息并不具有完全的排他性支配权。侵犯公民个人信息罪的法益观应该从私法角度转向公法角度，刑法保护个人信息的目的不是确权，而是规避风险。公法上的个人信息受保护权既不是私法上的个人信息自决权，也不是超个人的信息公共安全。[③] ②民法保护个人信息权，具有谦抑性的刑法应当保护信息自决权这一核心权利。具体来说，是个人信息权中的个人信息自决权，其核心内容是个人有权自行决定其个人信息是否公开、对谁公开、公开到何种程度。[④] ③应当承认个人信息权的独立权利地位，尊重公民对个人信息享有的防御和处分等具体权能。公民个人信息权在刑法的视域下对其价值进行取舍衡量之后，其具体内容实际更接近于一种信息自决权，即“主体对于信息所包含的内容、所呈现的形式以及所依附的载体等要素享有选择和决定权，即对于以上要素有自我意志的实施和排除他人妨碍的权利”[⑤]，从而在刑法中实现对个人信息权“消极防御”和“积极利用”两个不同属性侧面的周全保护。[⑥]

---

① 张勇：《APP个人信息的刑法保护：以知情同意为视角》，载《法学》2020年第8期。

② 冀洋：《法益自决权与侵犯公民个人信息罪的司法边界》，载《中国法学》2019年第4期。

③ 欧阳本祺：《侵犯公民个人信息罪的法益重构：从私法权利回归公法权利》，载《比较法研究》2021年第3期。

④ 刘艳红：《民法编纂背景下侵犯公民个人信息罪的保护法益：信息自决权》，载《浙江工商大学学报》2019年第6期。

⑤ 李谦：《侵犯公民个人信息罪的法解释学释义》，载《北京邮电大学学报》2017年第1期。

⑥ 曾粤兴、高正旭：《侵犯公民个人信息罪之法益研究》，载赵秉志主编：《刑法论丛》（2018年第3卷·总第55卷），法律出版社2018年版，第219—220页。

（3）信息知情权说

有学者认为，从法条出发，明确“流通”的经验基础，结合文义解释和自然法方法，可得出信息流通权这一形式法益；再以《个人信息保护法》为背景作必要性遴选，可知所保护的法益为流通知情权。[①]

6. 非权利说

我国《民法典》第四编为人格权编，但是不同于该编规定的生命权、肖像权、名誉权等直接使用“权”进行定义的情形，对于个人信息则使用了“隐私权和个人信息保护”的表述方式，这表明立法者还没有完全承认个人信息权。受此影响，民法学界一些学者否认公民个人信息属于权利，进而提出了非权利说。也有学者认为，从我国《民法典》对个人信息保护的规定来看，可以明确的是，自然人对其个人信息享有的是作为民事权益的人格权益，而非公法上的权利。自然人就其个人信息享有的人格利益和经济利益都可以通过作为人格权益的个人信息权益予以涵盖并保护，无须再确认作为财产权的个人信息权益。权利主体对其个人信息并不享有如同物权那样的排他支配权，也无权要求他人如同尊重物权那样尊重其个人信息。[②] 原《民法总则》只是规定了个人信息应当受到法律保护，而没有使用个人信息权这一表述，表明《民法总则》并没有将个人信息作为一项具体人格权利，但本条为自然人的个人信息保护提供了法律依据。[③]

7. 个人信息安全说

这种学说认为，侵犯公民个人信息罪的保护法益并不是集体法益，而是个人信息安全，即公民个人的姓名、住址、电话、指纹等身份信息不被违法使用而附带保障的人身、财产安全。首先，自法益侵害说取代权利侵害说后，个罪的保护法益不再以权利表述；其次，从法益保护的真实性、价值性出发，法益侵害是一种利益或状态的损害，是表明社会损害性的客观存在；再次，从法益保护的规范性出发，个人信息安全说更加符合《刑法》及司法解释的规定；最后，认定侵犯公民个人信息罪的保护法益为个人信息安全更为合理。司法实践

① 自正法、韩铁柱：《流通知情权与侵犯公民个人信息罪的法益及其刑事保护边界》，载《内蒙古社会科学》2020 年第 5 期。

② 程啸：《论我国民法典中个人信息权益的性质》，载《政治与法律》2020 年第 8 期。

③ 王利明主编：《中华人民共和国民法总则详解》，中国法制出版社 2017 年版，第 465 页。

证明，大量的个人信息被泄露，主要是基于电信诈骗或其他商业用途，强化民事或行政救济等并不具有可行性，因而个人信息安全具有法益保护的真实性、必要性。[①] 还有观点认为，本罪的犯罪客体是公民个人的信息自由和安全。公民的个人信息安全和自由，是指公民自由支配其个人信息，不容他人侵犯的权利。由公民个人信息自由和安全的主观特点所决定，如果公民个人允许有关单位及其工作人员将其个人信息出售或者提供给他人，或者有关单位及其工作人员依法将信息提供给他人，并且没有危害到国家或者公共利益的，则不构成对公民个人信息自由和安全的侵犯，因而不构成该罪。[②]

8. 公民个人生活安宁说

这种观点认为，刑法视野中的公民个人信息判断应以“私人生活安宁”为标准，即任何与公民个人相关的信息，一旦泄露，就可能威胁到私人生活安宁的，都是公民个人信息。[③]

（二）在公共法益的范畴对个人信息法益的讨论

1. 超个人法益说

该说认为：（1）侵犯公民个人信息罪保护的公民个人信息不仅具有人格权的个人法益，还具有超出个人法益的公共法益属性。一方面，从侵犯公民个人信息罪的罪名设置来看，在个人信息前加上公民一词，潜在表明了其超个人法益。公民个人信息不仅直接关系个人信息安全与生活安宁，而且关系社会公共利益、国家安全乃至于信息主权；所以公民一词表明公民个人信息不仅是一种个人法益，而且具有超个人法益属性，还需要从公民、社会、国家的角度进行解释。另一方面，刑事立法宗旨以及侵犯公民个人信息犯罪的现实状况也表明了“公民个人信息”的超个人法益属性。[④]（2）侵犯公民个人信息罪的法益应是超个人法益，即个人信息安全的社会信赖。并不是只要对个人信息自决权造成侵害的行为都会破坏社会成员对个人信息安全的信赖，只有达到某种程度的

① 姜涛：《新罪之保护法益的证成规则——以侵犯公民个人信息罪的保护法益论证为例》，载《中国刑事法杂志》2021 年第 3 期。

② 赵秉志主编：《刑法修正案最新理解适用》，中国法制出版社 2009 年版，第 119 页。

③ 胡胜：《侵犯公民个人信息罪的犯罪对象》，载《人民司法》2015 年第 7 期。

④ 曲新久：《论侵犯公民个人信息犯罪的超个人法益属性》，载《人民检察》2015 年第 11 期。

侵害行为才会减损社会成员的信赖，如司法解释规定的出售几千条个人信息的行为。这种信赖利益的主观化描述，实则是规范的平稳运行状态在心理层面上的反映。这种期待感也好，信赖感也好，其感受对象是社会规范本身。[①]（3）个人信息保护权并不是一项全面的、绝对的支配权。个人信息不仅关涉个人利益，而且关涉他人和整个社会利益，个人信息具有公共性和社会性。传统的个人信息个人控制理论是建立在个人主义观念下，忽视了个人信息的社会性、公共性，不仅不能全面反映个人信息的法律属性，而且不能适应大数据时代个人信息利用的新环境和新方式。[②]（4）侵犯公民个人信息罪的法益是"'公权（益）关联主体'对个人信息的保有"。这些"公权（益）关联主体"在向社会提供各种服务的过程中，会依法收集到大量的公民个人信息……公民个人信息一旦由这些渠道泄露出去，必将波及大量权利主体的利益，从而损害公权主体及公权（益）关联主体的形象和公信力。[③]

2. 公民信息安全说

这种观点认为，侵犯公民个人信息罪之法益的公共性十分明显，应将罪名更改为侵犯公共信息安全罪，并在立法上进行相应的章节调整。第一，其需保护性基于被害（人）数量的要求。第二，其需保护性应符合我国刑法的类型化要求。第三，其需保护性应与我国刑法的严厉程度相匹配。[④] 还有观点认为，侵犯公民个人信息犯罪的法益并不是公民个人的人身权利，而是社会的公共安全，具体来说是公共信息安全。第一，从犯罪对象与法益的关联角度，该类犯罪所侵犯的对象并非公民个人的人身权利。第二，从法益重要性的角度，侵犯信息安全的行为中只有侵犯公共信息安全的行为才需要被刑法制裁。第三，从法益保护紧迫性的角度，只有侵犯公共信息安全的行为才有必要予以独立规制。第四，从刑罚均衡的角度，该罪与《刑法》第四章的其他犯罪在刑罚配置

---

① 江海洋：《侵犯公民个人信息罪超个人法益之提倡》，载《交大法学》2018年第3期。

② 高富平：《个人信息保护：从个人控制到社会控制》，载《法学研究》2018年第3期。

③ 赵军：《侵犯公民个人信息犯罪法益研究——兼析〈刑法修正案（七）〉的相关争议问题》，载《江西财经大学学报》2011年第2期。

④ 王肃之：《被害人教义学核心原则的发展——基于侵犯公民个人信息罪法益的反思》，载《政治与法律》2017年第10期。

上明显失衡。①

3. 公共管理秩序说

这种观点为部分刑法学者所支持。该说认为，以隐私权、财产权或者其他类型的私权利，对大数据技术下的个人数据信息加以保护遇到了较大阻碍，现有的各类型权利均难以囊括数据的特殊法律属性，因此应该将个人数据信息作为公共物品来规制。对个人数据信息使用进行治理的主体应该是政府专门机构，治理的法律性质应该是公法，治理的目的是公共利益和公共安全，促进个人数据信息的自由共享。② 入罪标准设置为具有规模性、整体性的个人信息保护，而非单纯个体权利的保护，根据其立法目的以及规范方式，其法益应当评价为社会信息管理秩序。刑事立法的初衷是将公民个人信息权作为社会信息管理秩序中的内容来进行设定，公民个人信息只是法益中的物理内容，当其被赋予社会信息管理秩序的外衣时，其内涵才得以全部阐释。③

4. 信息专有权

这种观点认为，向他人出售和提供公民个人信息的行为所侵犯的独立法益，应当是法定主体的信息专有权。侵犯公民个人信息罪所保护的法益，是具备实质权利内涵的集体法益，具体为信息专有权。信息专有权要求个人数据占有主体采取措施为所占有的数据创设安全阀，阻止或妨碍无权限的行为人，使之不能处分被有权占有的个人数据。除了公民个体之间相关主体可以自主决定个人信息是否进入流动链条之外，当前大数据环境下，无论是面对国家行政主体还是网络服务提供者，公民个体都无法决定自己个人信息的走向。④

（三）在综合法益的范畴对个人信息法益的讨论

这种观点认为，公民个人信息不仅具备人身、财产属性，同时具备公共物品属性。这是由公民个人信息的不同种类，以及作为特殊公共资源的管理价值所决定的。一方面，公民个人信息的生成者是公民个体，这就无法回避个人利

① 皮勇、王肃之：《大数据环境下侵犯个人信息犯罪的法益和危害行为问题》，载《海南大学学报》2017 年第 5 期。

② 吴伟光：《大数据技术下个人数据信息私权保护论批判》，载《政治与法律》2016 年第 7 期。

③ 凌萍萍、焦冶：《侵犯公民个人信息罪的刑法法益重析》，载《苏州大学学报》2017 年第 6 期。

④ 敬力嘉：《大数据环境下侵犯公民个人信息罪法益的应然转向》，载《法学评论》2018 年第 2 期。

益的法益属性；另一方面，公民个人信息经大规模聚集后的分析利用，可以为社会公共管理提供参考，这就无法回避社会公共利益的法益属性。①

以上对公民个人信息的性质的讨论中，隐私权说来源于美国，美国也是隐私权概念的肇始国，发展出了庞大的隐私权体系，并且更侧重隐私权的“私”的一面，即个人生活的安宁利益，而我国的隐私权理论来源于大陆法系，更侧重于隐私权的“隐”的一面，即个人生活不被他人知晓的权利。《民法典》第1032条第2款规定：“隐私是自然人的私人生活安宁和不愿为他人知晓的私密空间、私密活动、私密信息。”《民法典》第1034条第3款规定，“个人信息中的私密信息，适用有关隐私权的规定；没有规定的，适用有关个人信息保护的规定。”也就是说，公民个人信息具有隐私权的成分，对此可以按照隐私权进行保护，但是此规定也明示了，隐私权无法完全涵盖公民个人信息的内涵。将公民个人信息作为一种财产权尤其是财产所有权的观点，是传统私法理论在公民个人信息领域的延伸，但财产所有权的观念几乎被学界抛弃。个人信息的产生是自然人、网络平台等多方主体共同运作的产物，如个人的上网痕迹，有赖于个人的上网行为、网站的自动化数据处理等多方因素才可以被产生、记录与保存，多元主体共同实现信息的生产过程。随着信息化的发展，公民个人信息的范畴也处于不断变动与逐步扩展中，尤其是大量的行为数据被纳入公民个人信息的范畴，不能草率地认为它们属于某个主体。为了解决数据利用与数据保护的关系，有的学者提出，数据作为天然的公共品服从固有的互惠分享的原理，在此基础上数据法理论应实现思维模式上的转换，即实现从基于稀缺的法律到基于充裕的法律、从私益保护面向到公益保护面向和从数据控制的强化到数据控制的谦抑的观念转变，由此在确立“分享”作为数据法基本价值取向的理论前提下，探讨数据受局部控制的正当理由，以此涵摄现有的各种数据控制理论学说，并消除现有理论上各种“权利”之间的冲突。② 关于公民个人信息的人格权观点，民法学界主要在个人信息属于一般人格权还是具体人格权方面存在争议。一般人格权是指人格自由、人格平等、人格独立等内容，它是人格权的抽象，不是具体人格权的简单结合。具体人格权是指生命权、健康权、肖

① 高楚南：《刑法视野下公民个人信息法益重析及范围扩充》，载《中国刑事法杂志》2019年第2期。
② 梅夏英：《在分享和控制之间：数据保护的私法局限和公共秩序构建》，载《中外法学》2019年第4期。

像权、隐私权等。[①] 从《民法典》的体例安排来看，似乎认可公民个人信息属于具体人格权。至于在人格权的框架下，公民个人信息属于人格权利还是人格利益，学术分歧又在所难免。有观点认为，个人信息权益是一项包含人格法益、财产法益和程序性法益在内的综合权益。[②] 还有观点认为，个人信息权益，是指个人基于个人信息所享有的实体性权利和利益，以及在个人信息处理活动中依法享有的保护此等权利和利益的程序性权利。实体性权利和利益包括人权、人格尊严、通信自由和通信秘密、隐私权、名誉权、姓名权、肖像权等，具有综合性特征。程序性权利指的是不具有实际的人身、财产等利益内容，但是在个人信息处理活动中个人享有的用以保护上述实体性权利和利益的权利，包括同意权、删除权、复制权、更正请求权等。[③] 如果承认公民个人信息属于人格权利，则要求明确化的法律保护和绝对化的控制，如果承认公民个人信息属于人格利益，则是否保护要依照具体场景而定。很显然，在现代的法律框架下，很难实现对公民个人信息的权利保护。而且公民个人信息兼具人格与财产属性，将之比照人格权或者财产权都无法周延对公民个人信息的保护。

可以看出，民法学界对公民个人信息性质的持续争议也导致刑法学界对侵犯公民个人信息罪的法益属性无法达成一致意见。除了理论上的讨论有待进一步深化之外，公民个人信息的商业应用现状也对法律保护模式造成直接冲击，侵犯公民个人信息罪的法益，就在这“事实与规范之间”来回往复。

三、确定侵犯公民个人信息罪的法益的路径与方法

公民个人信息的经济价值、社会价值、安全价值等，已获得社会公认，公民个人信息被侵犯的现状也不容乐观，保护公民个人信息成为社会各界的共同呼声。因此，如何有效、充分地保护公民个人信息，就成为不容忽视的法律命题。但是，公民个人信息的保护，也应当放在具体的场景中考察，追求对公民个人信息的绝对保护是不现实的，因为公民个人信息具有公共属性，这就意味着不可能单纯从私法益的角度思索公民个人信息保护。对侵犯公民个人信息罪

① 王利明、杨立新主编：《人格权与新闻侵权》，中国方正出版社 2010 年版，第 81 页。
② 江必新、李占国主编：《个人信息保护法条文解读与法律适用》，中国法制出版社 2021 年版，第 9 页。
③ 张新宝：《个人信息保护法释义》，人民出版社 2021 年版，第 20—21 页。

的保护范畴可以从两个方面厘定，一是控制“公民个人信息”的概念外延，将值得保护的信息纳入公民个人信息范畴中，对此需要对公民个人信息的“识别性”标准做内涵调控；二是对本罪的法益进行界定，明确侵犯公民个人信息的具体行为方式。

但对侵犯公民个人信息罪的法益讨论之前，必须确定一个讨论的标准。诚如有的学者指出的那样，如果一种法益学说能够为学界所广泛接受，便具有客观存在的属性，甚至可能会成为“法学家法”，即一种能够指导司法裁判并作为犯罪认定说理依据的权威学说。转型时期刑法的频繁修正会增设大量新罪，新罪的保护法益是什么，必定会引起学界的重大关注。比较有价值的研究是，选取学界开始关注并已经深入讨论的个罪为参照点，分析不同学者论证个罪之保护法益的逻辑与理由，从这种反思性批判中发展出新罪之保护法益的证成规则，以期能够为新增个罪之保护法益的界定提供可供遵循的法教义学标准，使新增个罪之保护法益的讨论走出“甲说、乙说、丙说、随便怎么说”的困境，使个罪之保护法益真正能够进入司法实践。[①] 要防止对本罪的法益类型的讨论陷入论证者的自我意图的确证，因为不管是何种观念，学者们总能找到成立的理论，但仅此就让相关问题的讨论陷入无意识的盲目。笔者认为，侵犯公民个人信息罪的保护法益，是一种双层次的复合法益，即个人信息权益与公共信息安全。笔者有以下三个理由：

（一）法秩序统一视野中上位法对公民个人信息法益的界定

关于侵犯公民个人信息罪的法律性质，刑法学界有的观点认为它属于自然犯，有的观点认为它属于法定犯，还有的观点认为它属于自然犯的法定化，这些争议的背后，既源自对公民个人信息的性质认识的分歧，也源自在法秩序统一视野下对侵犯公民个人信息罪的性质定位。笔者认为，当前公民个人信息已经成为贯穿刑法、民法、行政法的概念，[②] 任何部门法在建构对公民个人信息法律保护体系时已经无法摆脱其他部门法的影响和制约，只有各部门共同参与

---

① 姜涛：《新罪之保护法益的证成规则——以侵犯公民个人信息罪的保护法益论证为例》，载《中国刑事法杂志》2021 年第 3 期。

② 李怀胜：《侵犯公民个人信息罪的刑法调适思路》，载《中国政法大学学报》2022 年第 1 期。

的协同治理，才能更好实现公民个人信息法律保护目标。而刑法作为保障法、部门法的定位，侵犯公民个人信息罪的法益必然受到《民法典》《个人信息保护法》等上位法律的制约。[①]《个人信息保护法》在第一章总则用了六个条文（第5—10条）对个人信息保护法的基本原则作了规定，明确了在个人信息处理活动中应当遵循合法、正当、必要、诚信、目的限制、公开透明、质量、安全等八项原则。[②]《个人信息保护法》既坚持个人信息权益的维护，又兼顾公共信息安全与社会管理秩序。《个人信息保护法》第1条规定："为了保护个人信息权益，规范个人信息处理活动，促进个人信息合理利用，根据宪法，制定本法。"该法第1条虽然强调保护个人信息权益，但是同时也指出要规范个人信息处理活动，也就是说，保护信息权益并非本法单一的立法价值，而规范个人信息处理活动是对个人信息权益的克制。

《个人信息保护法》建立了以"告知同意"为核心的个人信息处理体系，"告知同意"是信息自决权和信息知情权在个人信息保护领域的具体体现，充分体现了个人自治原则。按照《个人信息保护法》的规定，处理个人信息应当事先充分履行告知义务，明确个人信息处理者的名称或者姓名和联系方式、个人信息的处理目的、处理方式，处理的个人信息种类、保存期限、个人行使本法规定权利的方式和程序、法律、行政法规规定应当告知的其他事项。对于应告知事项发生变更的，应当将变更部分告知个人。同时《个人信息保护法》还对敏感个人信息、已公开个人信息、跨境转移个人信息等提出了单独同意的要求，明确信息处理者不得过度收集个人信息，不得以个人不同意为由拒绝提供产品或者服务等，这些都是信息自决权在《个人信息保护法》中的体现，是对个人信息权益的充分尊重。但是也要看到，《个人信息保护法》在维护信息的公共安全方面也着墨较多。例如，《个人信息保护法》第4条规定个人信息属于已识别或者可识别的信息为个人信息，但是已经匿名化处理的除外。而大量的行踪轨迹、上网痕迹、支付记录等信息，并不属于个人隐私的范畴，个人也无法对此具有支配性，但是这些信息一旦泄露，可能被用于违法犯罪等其他活

① 《个人信息保护法》在法律位阶上低于《刑法》，但就个人信息的法律规范适用而言，无疑对侵犯公民个人信息罪有制约性，故而笔者认为《个人信息保护法》是侵犯公民个人信息罪的上位法。

② 程啸：《论我国个人信息保护法的基本原则》，载《国家检察官学报》2021年第4期。

动，故而纳入公民个人信息的保护范畴中，这就体现了对公共利益的维护。此外，《个人信息保护法》第三章用六条规定了个人信息跨境规则，个人信息需要出境的，应当通过国家网信部门组织的安全评估或者经专业机构进行个人保护安全认证等，对于关键信息基础设施运营者向境外提供个人信息的，还需要遵守更加严格的安全评估。境外国家对我国采取信息跨境流动的限制性措施的，我国根据实际情况对该国家或者地区对等采取措施。我国坚持数据存储的本地化原则，体现了国家安全与公共利益的导向。再如，《个人信息保护法》第 51 条规定，个人信息处理者应当根据个人信息的处理目的、处理方式、个人信息的种类以及对个人权益的影响、可能存在的安全风险等，采取措施确保个人信息处理活动符合法律、行政法规的规定，并防止未经授权的访问以及个人信息泄露、篡改、丢失。《个人信息保护法》第 52 条规定，处理个人信息达到国家网信部门规定数量的个人信息处理者应当指定个人信息保护负责人，负责对个人信息处理活动以及采取的保护措施等进行监督。这些规定对掌握了大量个人信息的网络平台和上游信息处理者提出了具体的安全处理和防止泄露的保障义务，加强批量信息的公共安全责任和安全管理义务，从源头治理网络信息安全。很显然，这种安全处理义务和信息防范义务，不是基于信息的个人利益，而是信息处理者的公共责任。

（二）公民个人信息的公共安全属性

当前学术界对公民个人信息的私法性研究得比较多，尤其是公民个人信息的财产价值，是网络平台高度关注的，也是数字经济时代着力挖掘的公民个人信息价值。但是，对公民个人信息的私法属性强调得再多，都无法否认公民个人信息的公法性，具体而言就是公民个人信息的公共安全价值。在当前公民个人信息广泛适用于网络平台、社会管理以及社会交往的背景下，公民个人信息的公共安全属性更应当得到彰显，也应当得到侵犯公民个人信息罪的保护。公民个人信息的公共安全属性，主要体现在以下四个方面：

第一，公民个人信息具有社会交往的价值和功能，是交流和表达的工具，这赋予了公民个人信息的公共属性。公民个人信息的认定标准是识别性，即将某人与其他人相区隔的功能，这就具备了以公民个人信息来标定个人的可能性，如通过给予每个公民以居民身份证号码，就能将身份证号码作为识别个人的手段。而个人身份的独立性，恰恰是实现社会交往的前提。同时，公民个人信息还可以对个人进行“刻画”，也就是数据画像。公民个人信息的数量越多，对个人形象刻画得也就越准确。在某种程度上，公民个人信息的经济价值，也是其社会交往功能的派生物。

第二，公民个人信息无法独占，只能被分享，公民个人信息具有天然的流动性。公民个人信息难以被任何一个主体单独占有，这是公民个人信息的一个重要属性，也是公民个人信息确权难题产生的事实基础。公民个人信息的产生是多元主体共同参与的产物，如居民身份证号码是国家赋予个人的，电话号码是电信公司分派给个人的，任何主体均难以实现对个人信息的独占，包括自然人自己。信息的价值，也在于信息的流动性，信息技术的进步让个人信息的大规模产生、记录、收集、整理成为可能，并催生了大数据时代。公民个人信息的共享性，也是其公共性的一个体现。

第三，公民个人信息是政府管理的重要手段，公民个人信息具有重要的管理职能，信息的利用具有广泛的社会利益。政府通过对信息的编码、重组、分析和利用，实现对社会的管理和服务，其中也包括公民个人信息。例如，人脸信息属于敏感个人信息，但需要看到其承担了重要的认证功能，是社会身份制度的一个主要组成部分和延续，因此，强化相关保护在多大程度上会阻碍此类信息的生产和使用就会成为问题。① 身份认证信息是一种十分特殊的个人信息，具有普遍性、唯一性和稳定性的特点，这种类型的信息起源于现代国家对主权范围内各类治理要素进行精确管理的需求，是由主权权利创设出来的，不完全归属于个人。② 另外，政府不但能从数据的大规模集合中挖掘潜藏的有价值信息，还可以从信息中开发出新的社会管理工具。

第四，单个的公民个人信息，其私法性突出，而公民个人信息的集合，则公法性特色鲜明，且与公共安全关系密切。大数据的价值，就在于海量数据的集合蕴含了单个数据无法阐明的信息，故此单独的公民个人信息可能微不足道，但是海量的公民个人信息，就会对公共安全乃至国家安全产生直接影响。

---

① 胡凌：《刷脸：身份制度、个人信息与法律规制》，载《法学家》2021 年第 2 期。

② 胡凌：《功能视角下个人信息的公共性及其实现》，载《法制与社会发展》2021 年第 5 期。

在大数据时代，数据成为数字经济深化发展的核心引擎，数据是国家基础性战略资源。据统计，2019 年数字经济占到中国 GDP 的三成以上，但是与此同时数据安全也面临着风险，尤其是政务数据、医疗数据、生物识别信息等高价值特殊敏感数据，其泄露的社会安全风险更加明显。这些数据中，相当一部分是公民个人信息。更有甚者，个人信息的非法出境，对我国国家安全的负面影响更加深远。上市公司苏州药某某德公司未经许可将 5165 份人类遗传资源（人血清）作为犬血浆违规出境，违反了《人类遗传资源管理暂行办法》第 4 条、第 16 条的规定。科学技术部根据《人类遗传资源管理暂行办法》第 21 条及《行政处罚法》有关规定，对苏州药某某德公司进行警告，没收并销毁该项目中人类遗传资源材料。[①] 2022 年国家互联网信息办公室发布的《数据出境安全评估办法》第 4 条规定："数据处理者向境外提供数据，有下列情形之一的，应当通过所在地省级网信部门向国家网信部门申报数据出境安全评估：（一）数据处理者向境外提供重要数据；（二）关键信息基础设施运营者和处理 100 万人以上个人信息的数据处理者向境外提供个人信息；（三）自上年 1 月 1 日起累计向境外提供 10 万人个人信息或者 1 万人敏感个人信息的数据处理者向境外提供个人信息；（四）国家网信部门规定的其他需要申报数据出境安全评估的情形。"之所以对信息的数量作出规定，除了出境安全评估的必要性之外，也在于公民个人信息集合对公共安全或者国家的影响非单个公民个人信息所能比拟的。

（三）侵犯公民个人信息罪的法定犯属性

侵犯公民个人信息罪的首要条件是"违反国家有关规定"，根据 2017 年《最高人民法院、最高人民检察院关于办理侵犯公民个人信息刑事案件适用法律若干问题的解释》第 2 条规定，违反法律、行政法规、部门规章有关公民个人信息保护的规定的，应当认定为《刑法》第 253 条之一规定的"违反国家有关规定"。关于侵犯公民个人信息罪属于自然犯还是法定犯，理论界有不同看法，有的学者认为本罪属于自然犯，有的学者认为本罪属于法定犯，还有的学者认为本罪属于自然犯的法定化。自然犯与法定犯的区分，最早是由意大利学

① 科学技术部行政处罚决定书（国科罚〔2016〕1 号）。

者加罗法洛提出的，加罗法洛认为，侵害了“怜悯感或正直感是实质要素”，“在一个行为被公众认为是犯罪前所必需的不道德因素是对道德的伤害，而这种伤害又绝对表现为对怜悯和正直这两种基本利他情感的伤害”，“我们可以确切地把伤害以上两种情感之一的行为称为‘自然犯罪’”。[①] 现代学者认为，“根据犯罪性质上区别，可以将犯罪分为自然犯（刑事犯）和法定犯（行政犯）。自然犯是指在法律规定之前，该行为在性质上具有违背社会伦理的犯罪行为。法定犯是指依据法律被禁止才被认为是犯罪的行为，是基于行政监管之目的而被规定为犯罪的行为”。[②] 当然，也有的学者认为在现代刑法中，自然犯与法定犯的区分意义已经不大，一方面，国家法律大量吸收社会伦理规范，伦理犯也具有法定犯的内容；另一方面，法定犯的上位社会规范经过长期的教化与研习，也具有社会伦理的意义。当然，自然犯与法定犯之间界限的日益模糊，并非完全是其自身的问题，它与法益的精神化和抽象化直接有关，也与社会伦理秩序的泛道德化以及风险社会预防刑法观的盛行等有密切关系。[③] 因此，尽管自然犯与法定犯的区分具有相对意义，但是并没有完全失去价值。

笔者认为，侵犯公民个人信息罪是法定犯，其并非自然犯的法定犯化，而是法定犯的自然犯化。其理由主要在于：（1）侵犯公民个人信息罪在刑法中的体系性位置对于界定本罪的法益具有参考价值，不具有决定意义。我国现行的《刑法》的章节结构是在 1997 年决定的，目前的章节安排只代表了 1997 年立法者对刑法法益的理解水平，不代表此后无法产生新的法益内容，尤其是目前经历了 11 次刑法修正案，新的罪名有时为了能够与现有罪名体系融合，会安排在与之最相类似的罪名附近。但一个罪名的法益内涵，不是完全由这个罪名处在《刑法》章节决定的，而是由罪名的规范性目的决定的。而且有些罪名的法益会随着实践发生改变，如生产、销售、提供假药犯罪按照刑法的体系性位置，其法益内涵是商品质量秩序，但是重大药品犯罪的出现，让本罪具有维护公共安全的属性。（2）公民个人信息的公共安全属性，决定了本罪不可能是单纯的自然犯。欧盟国家没有严格区分个人信息（personal data）与数据（data），

---

① ［意］加罗法洛：《犯罪学》，耿伟、王新译，中国大百科全书出版社 1996 年版，第 44 页。

② ［日］大谷实：《刑法总论》（第三版），成文堂 2010 年版，第 45 页。

③ 刘艳红：《侵犯公民个人信息罪法益：个人法益及新型权利之确证》，载《中国刑事法杂志》2019 年第 5 期。

但中国不但颁布了《个人信息保护法》，还颁布了《数据安全法》，且《个人信息保护法》也有大量的个人信息安全的成分，这表明我国高度重视数据的公共安全。侵犯公民个人信息罪是以法定犯为主的犯罪。《最高人民法院、最高人民检察院关于办理侵犯公民个人信息刑事案件适用法律若干问题的解释》第3条根据公民个人信息的不同类型，设定了差异化的入罪标准，其设定的标准并不在于这些信息对个人隐私权益的侵害程度有所不同，而在于社会管理层面，它们的价值是有所区别的。（3）《民法典》与《个人信息保护法》出台后，知情同意原则在犯罪成立中的地位被严重削弱。知情同意原则是个人信息自决权的核心，但根据《个人信息保护法》第13条，取得个人的同意是个人信息处理者处理个人信息的七种情形之一，除了知情同意，还有六种法定的不需要个人知情同意就可以处理个人信息的情形。也就是说，处理个人信息的合法性，来自法律的强行性规定。个人信息仅在概念上关联到个人，并不意味着该种信息的权益也完全归属于个人。例如，通过用户协议授权，零散个人信息的财产性收益会集中由数据控制者统一处理和分配。类似地，为了某种公共利益，个人信息的使用也可能超越一般性的告知—同意—授权模式。[1] 当然，公民个人信息的私法性也是不容否认的，但是其公法性是主流，故而侵犯公民个人信息罪是法定犯，而且是带有较浓自然犯特色的法定犯。

① 胡凌：《功能视角下个人信息的公共性及其实现》，载《法制与社会发展》2021年第5期。

第四章　公民个人信息的刑法保护轨迹反思

在信息化时代，海量的电子化数据每天不断地在网上生成、存储、转移与利用，数据的规模呈几何指数般增长。据国际信息技术咨询企业国际数据公司（IDC）的报告，2020 年全球数据存储量将达到 44ZB，到 2030 年将达到 2500ZB。[①] 同时得益于数据处理技术的进步，各类集合性数据、结构化数据和非结构化数据，成为商业机构追捧的重点。瑞士达沃斯世界经济论坛的报告毫不讳言地指出，“个人数据是新型石油，也是 21 世纪最具价值的石油”。[②] 数据管理不但是企业竞争力的核心指标之一，对提升国家社会治理和公共服务能力也有直接的价值和意义。在发生国家重大突发公共事件或者其他紧急事态时，如何实现社会利益与个人利益的平衡，互联网公司承接政府数据的数据共享行为是否具有合法性？

如果抛开公共卫生事件这样独特的历史时期，而转入常态化视角的话，我们依然会发现，对公民个人信息的侵犯不但在数量与规模上呈现激增态势，伴随着技术场景的多元化，侵犯公民个人信息的行为样态上也出现明显的复杂化趋势。除了电话营销、精准诈骗这类传统的滋扰与侵害行为，诸如针对个人的数据画像、价格歧视、深度伪造、强制推送等层出不穷。

基于个人信息对数字经济、政务辅助决策的巨大作用，个人信息不再是排他性权利的承载者，而是一种特定公开、多元共享的可识别的信息形式。在保障个人信息中的个体人格利益的同时，又要给社会以信息利用的充分空间，实现社会公共利益与个体利益的平衡。基于这样的目的，本章首先回溯

---

① 梅宏：《大数据：发展现状与未来趋势》，载中国人大网，http：//www.npc.gov.cn/npc/c30834/201910/653fc6300 310412f841c90972528be67.shtml（最近访问时间 2023 年 2 月 1 日）。

② World Economic Forum，Personal Data：the Emergence of a New Asset Class，http：//WWW.Weforum.org/dots/WEF_ITTC_PersonalDataNeWAsset_Report_2011.pdf.

刑法关于公民个人信息保护的演变轨迹，揭示其规制困境的症结和表现，并提出完善性思路，以构建数据主体、数据控制者、数据利用者多元共生的法律保护格局。

一、公民个人信息保护的刑法轨迹的演变历程

（一）立法层面：从间接保护到直接保护的模式转换

自 1997 年《刑法》修订以来，刑法对公民个人信息的保护，在保护模式上经历了从间接保护到直接保护的转变，在保护范围上经历了从单一内容保护到多元复合保护的转变。刑法保护策略的转变，与公民个人信息法益内容的不断更新密不可分。

1. 1997 年《刑法》：基于“身份盗窃”的个人信息间接保护模式

1997 年《刑法》对公民个人信息的保护是一种基于身份盗窃的间接保护模式。“所谓身份盗窃，是指利用窃取他人身份所实施的危害他人人身、财产安全的行为。”例如，冒用他人身份上大学等。1997 年《刑法》涉及身份盗窃的规定有第 196 条信用卡诈骗罪中的“冒用他人信用卡的”，这显然侵犯了他人对个体信息的专属使用权。此外还包括《刑法》第 224 条合同诈骗罪中的“冒用他人名义签订合同的”等情形，不管是冒用他人信用卡还是冒用他人名义签订合同的，都属于对他人身份的冒用和窃取。不过，1997 年《刑法》相关罪名在法益类型和具体对象上都有各自的指向性，并非对个体法益的专属保护，更不是专门保护个人信息，个人信息附着于物理介质上，刑法实际保护的是信息载体而非信息本身。身份盗窃是公民个人信息的间接保护模式，而 1997 年《刑法》对身份盗窃也是一种间接保护思路，其时公民个人信息还处于非常边缘化的境地。

2.《刑法修正案（五）》：从信用卡犯罪切入的直接保护模式

2005 年《刑法修正案（五）》增设的《刑法》第 177 条之一妨害信用卡

管理罪和窃取、收买、非法提供信用卡信息罪，[①] 表明在信用卡犯罪体系中，基本实现了对身份信息犯罪的独立规制。立法将信用卡犯罪的早期链条从信用卡犯罪中独立出去，“体现了从财产利益保护到信用工具制度保护再到卡身份信息的保护过程”。[②] 也就是说，仅仅是侵犯他人信用卡信息资料的，就可以独立构罪，而不再依赖于下游的信用卡犯罪。而依照后续关于公民个人信息的相关司法解释，信用卡信息属于公民个人信息的范畴，因此两个罪的立法价值在于：立法开始重视个人信息的独立保护价值，这是直接保护模式的开端。但是其保护范围仅限于信用卡信息，并非对个人信息的一般保护模式，且立法者并非专门为个人信息而设，依然是在其他犯罪完善中的附随之举。

3.《刑法修正案（七）》和《刑法修正案（九）》：正式确立与完善

随着智能互联网时代的到来，数据的价值得到充分认可，社会商业主体对他人信息有着旺盛的需求，信息犯罪的危害已经由过去的某个点（信用卡信息）向整个面（全方位的个人信息）铺开，另外，信息犯罪也开始脱离身份盗窃，向身份盗窃的上游演进，因而必须确立对公民个人信息的独立处罚体系。《刑法修正案（七）》第7条增设了《刑法》第253条之一的出售、非法提供公民个人信息罪与非法获取公民个人信息罪。《刑法修正案（九）》将两个罪进行合并，扩充了犯罪主体，整合为侵犯公民个人信息罪，形成了目前的罪刑格局。[③]

---

① 《刑法》第177条之一规定：“有下列情形之一，妨害信用卡管理的，处三年以下有期徒刑或者拘役，并处或者单处一万元以上十万元以下罚金；数量巨大或者有其他严重情节的，处三年以上十年以下有期徒刑，并处二万元以上二十万元以下罚金：（一）明知是伪造的信用卡而持有、运输的，或者明知是伪造的空白信用卡而持有、运输，数量较大的；（二）非法持有他人信用卡，数量较大的；（三）使用虚假的身份证明骗领信用卡的；（四）出售、购买、为他人提供伪造的信用卡或者以虚假的身份证明骗领的信用卡的。窃取、收买或者非法提供他人信用卡信息资料的，依照前款规定处罚。银行或者其他金融机构的工作人员利用职务上的便利，犯第二款罪的，从重处罚。”

② 林荫茂：《从信用卡犯罪看身份信息犯罪》，载《政治与法律》2008年第9期。

③ 《刑法修正案（九）》第17条规定，将《刑法》第253条之一修改为：“违反国家有关规定，向他人出售或者提供公民个人信息，情节严重的，处三年以下有期徒刑或者拘役，并处或者单处罚金；情节特别严重的，处三年以上七年以下有期徒刑，并处罚金。违反国家有关规定，将在履行职责或者提供服务过程中获得的公民个人信息，出售或者提供给他人的，依照前款的规定从重处罚。窃取或者以其他方法非法获取公民个人信息的，依照第一款的规定处罚。单位犯前三款罪的，对单位判处罚金，并对其直接负责的主管人员和其他直接责任人员，依照各该款的规定处罚。”

（二）司法层面：个案探索与规范解释的交替进行

行为类型的构造是由刑事立法实现的，但是“公民个人信息”的内涵探索，则是由司法完成的，2017 年《最高人民法院、最高人民检察院关于办理侵犯公民个人信息刑事案件适用法律若干问题的解释》的出台标志着上述探索的阶段化成果。

1. 刑法司法解释：“身份认证信息”的确认

2011 年《最高人民法院、最高人民检察院关于办理危害计算机信息系统安全刑事案件应用法律若干问题的解释》引入了“身份认证信息”的概念，该解释第 11 条，“身份认证信息”是指用于确认用户在计算机信息系统上操作权限的数据，包括账号、口令、密码、数字证书等。该司法解释虽然针对的是非法获取计算机信息系统数据、非法控制计算机信息系统罪等，但是由于身份认证信息是可以达到个人信息的“身份可识别性”标准的，它在无形中扩展了“公民个人信息”的内涵。

2. 刑法个案解释：“推定身份信息”的引入

司法实践对“公民个人信息”的外延也进行了积极探索。在“谢某出售公民个人信息案”中，关于手机定位信息是否属于公民个人信息，此前并无相关判例。法院认为，“手机定位是随着手机在社会生活中的广泛使用而出现的一种技术手段。其做法是通过特定的定位技术来获取移动手机或终端用户的位置信息（经纬度坐标），在电子地图上标出被定位对象的位置。通过对手机号码进行定位，定位人能够知道被定位人的大概位置。但这种位置可能会发生变化，故手机定位属于动态信息。从生活经验看，公民在某个时间内所处的具体位置在一般情况下并不具有明显的隐私性或者权益性，对于其本人或他人而言都并非值得关注的问题。但是，当公民从事某些活动不希望被他人获悉时，因其所处具体方位与所从事的活动之间具有直接联系，一旦被他人获悉，其所从事的活动也就相当程度被暴露，损害其利益，故其所处具体位置就具有明显的隐私性和权益性，属于刑法所保护的公民个人信息。此时，对公民的手机进行定位，就属于侵犯公民隐私的行为”。① 法院基于信息的隐私属性而将其认定为公民个人信息，体现了早期司法机关对公民个人信息属性的认识，即将个人信息视为个人隐私的一种类型。而在“胡某等非法获取公民个人信息案”中，法院认为，“被跟踪的车辆为专用公务车，该车的行驶路线、停车地点和时间等信息即反映了乘车人的日常活动情况。被告人胡某、王某获取的被害人的日常行动轨迹和活动地点等信息，涉及家庭住址、单位地址、经常出入的场所等公民隐私和生活习惯性内容，具有个人专属性，能反映出该公民某些个人特征，且信息内容关系到公民日常生活的基本安全性，信息的泄露会使公民彻底失去安全感，严重影响其日常生活。因此，该案中被害人的行踪属于刑法所保护的公民个人信息”。② 法院的裁判理由不再止步于信息的隐私性，而是从安全性和个人专属性的角度出发论证个人信息保护的价值，是司法机关对个人信息价值认识的进一步深化。

手机定位信息和位置信息与公民其他信息相加，可以达到识别自然人个人身份的程度，属于“推定身份信息”，可以被纳入公民个人信息的范畴中。司法个案的思维逻辑，在于承认推定身份信息作为公民个人信息范畴的价值。结合刑法典的规定，从 1997 年《刑法》修改至今，《刑法》中先后出现了“信用卡信息”“个人信息”“身份信息”“身份认证信息”“推定身份信息”“公

① 本案基本案情是，2009 年 3 月至 12 月，时任北京某通信技术有限公司运维部经理的被告人谢某，利用中国移动通信集团北京有限公司授予其所在公司开展手机定位业务的权限，先后多次为被告人刘某、程某、张某等人提供的 90 余个手机号码进行定位，非法获利人民币 9 万元。其中，刘某从谢某处非法获取手机定位 40 余个，并将其中部分转卖给程某，刘某还从程某处非法获取通话清单等信息近 10 条。程某通过刘某从谢某处非法获取手机定位 30 余个，后用于公司调查或转卖给他人，程某还从他人处非法获取座机名址、移动手机名址等公民个人信息近 10 条，后转卖给刘某。张某从谢某处非法获取手机定位 10 余个。《刑事审判参考》2011 年第 6 集（总第 83 集），法律出版社 2012 年版，第 51 页。

② 本案基本案情是，2011 年 10 月初，马某、刘某（均另案处理）以每月支付人民币 3000 元报酬、包吃包住等条件，雇用被告人胡某驾驶小汽车对广东省 B 市某机关领导所配专用公车进行跟踪。为此马某、刘某向胡某提供了录音笔、望远镜、摄像机、密拍器等器材。同年 11 月中下旬，胡某向马某提出聘请王某，胡某与王某相互配合进行跟踪、记录。马某遂以同样待遇雇用王某。后胡某、王某一起驾驶小汽车对目标车辆在 B 市行驶的路线、停车地点进行跟踪和记录，并将记录的行驶路线、停车地点等信息交给马某、刘某。同年 12 月，为了便于跟踪，胡某、王某购买了 2 个通过互联网使用的汽车定位器，趁目标车辆停在一地下停车场时将定位器秘密安装在该车底盘处。胡某、王某通过互联网查询定位器的实时位置，获取了目标车辆每天所有行驶路线、停车位置的即时信息，直至案发。经鉴定，上述汽车定位器属于窃听专用器材。参见：《刑事审判参考》2014 年第 4 集（总第 99 集），法律出版社 2015 年版，第 53—56 页。

民个人信息”等概念，刑法不断丰富对公民个人信息内涵的认识。

（三）公民个人信息保护的刑法轨迹的基本逻辑

从 1997 年《刑法》修改至今，刑法坚持了两条腿走路的公民个人信息保护的演变路径。第一条路径是，在行为类型构造上，将侵犯公民个人信息的行为限定在不法流转这种单一场景中，无论是窃取、收买、非法提供信用卡信息还是出售、提供公民个人信息，立法高度关注个人对信息的自主可控性。尽管刑事立法从未涉及公民个人信息的权利性质之争，但是其强调隐私和隐私权的可控性、私密性，以及防范隐私不当转移的保护逻辑是内在相通的。

第二条路径是，通过扩展公民个人信息的范畴来扩大本罪的保护半径。公民个人信息当仁不让地成为整个刑法保护体系的关键词，并吸引了刑事司法的绝大多数精力。刑事司法对公民个人信息犯罪的打击，也主要聚焦于对公民个人信息的筛选和识别上，即对公民个人信息的“可识别性”的判断上。本质上这仍然是基于点的扩张，而非保护链条的拉长。并且，随着物联网和智能穿戴设备的普及，对个人信息的搜集将更加高效和频繁，预示着公民个人信息犯罪的危害性量级依然有较大的提升空间；借助大数据挖掘技术，多重来源的、碎片化的数据更易被拼接为完整的人体图像，不同属性和来源的数据更易被关联与聚合；数据开放和共享的场景下，诸如对个人的价格歧视、深度伪造等新的个人信息滥用场景不断涌现，已无法兼容现有的个人信息犯罪。由于刑法缺乏主干性的数据犯罪罪名，故而侵犯公民个人信息罪承担了数据犯罪的基本职能，又由于公民个人信息和数据在内涵和外延上的差异，因此刑法通过扩展公民个人信息的范畴来实现上述目的，这也是公民个人信息范畴扩大的诱因。

二、公民个人信息刑法保护的规范错位与不足

侵犯公民个人信息罪的法益保护立场依然是传统的隐私权保护路径，尽管理论上试图通过法益自决权、信息自决权、独立信息权利等概念调适本罪与数据开放时代的共享需求之间的矛盾，但任何理论的诠释都无法绕开基础罪刑规范的制约。侵犯公民个人信息罪的两个演变路径目前都受到现实罪情的极大挑战。

（一）防范流转型的犯罪模式无法适应数据滥用的犯罪场景

"《网络安全法》确立的公民个人信息违法类型模式有五种，分别是非法收集、非法使用、非法出售、非法提供和非法获取，然而侵犯公民个人信息罪的行为模式只有三种：非法出售、非法提供和非法获取。"① 侵犯公民个人信息罪只打击信息流转环节，对信息滥用则缺乏必要的关注，因此它是防范流转型的犯罪模式。数据的价值在于流动而不在于保存，数据是数字经济的基本燃料，为了抢占数据经济的产业高峰，世界各国高度重视数据开放共享工作。我国在2015年9月就发布了《促进大数据发展行动纲要》，提出"加快政府数据开放共享，推动资源整合，提升治理能力"。不论在实务中还是学术研究中，数据开放都是绝对的热点，有研究从对象、数据、程度、目的、途径五种视角对数据开放进行定义②：基于开放对象的视角认为，数据开放是指数据能够被任何人使用和重新分配，公众可以免费、无须授权、无差别地获取数据，强调开放的"非歧视性"和"开放授权性"③；基于数据种类的视角认为，数据开放是由公共机构开放其产生、收集的所有数据，包括信息数据、统计、气象、数字图书等，强调开放数据的全面性④；基于开放程度的视角认为，数据开放本质上是完整数据链的开放，即对包含所有事实、数据、信息、知识所组成的数据集的开放，强调开放的深度⑤；基于开放目的的视角认为，数据开放是为了实现数据的公开、共享和重用，以寻求数据最大限度的获取与重用，强调开放的后续效应与价值的最大挖掘⑥；基于开放途径的视角认为，数据开放是国家机关以及由法律授权行使公共管理职能的社会组织，按照法律规章和一定的互联网协议、技术、框架向公众公开其所掌握的、用于记录与公共利益密切相关的各类事实的物理符号，强调开放的主体和依循的规则。⑦ 跨层级、跨地域、跨

---

① 陈璐：《个人信息刑法保护之界限研究》，载《河南大学学报》2018年第3期。

② 余奕昊、李卫东：《我国地方政府数据开放平台现状、问题及优化策略——基于10个地方政府数据开放平台的研究》，载《电子政务》2018年第10期。

③ 高丰：《开放数据：概念、现状与机遇》，载《大数据》2015年第2期。

④ 余红、刘娟：《开放数据及其对图书馆信息资源共享的影响》，载《图书馆》2014年第4期。

⑤ 李佳佳：《信息管理的新视角：开放数据》，载《情报理论与实践》2010年第7期。

⑥ 毕家瑜、刘玮：《智慧城市开放数据发展趋势分析及探讨》，载《电信科学》2016年第5期。

⑦ 沈亚平、许博雅：《"大数据"时代政府数据开放制度建设路径研究》，载《四川大学学报（哲学社会科学版）》2014年第5期。

系统、跨部门的数据开放已成为大数据时代的发展导向。不过公民个人信息的不法流转依然猖獗，而信息不当滥用行为更是大有“青出于蓝”的势头。

1. 过度授权、强制授权等完美绕开了信息流转的知情同意原则

侵犯公民个人信息罪规定了“违反国家有关规定”的构成要件，国家有关规定是本罪的违法性根据。[①] 这也决定了本罪作为法定犯的定位。根据2017年《最高人民法院、最高人民检察院关于办理侵犯公民个人信息刑事案件适用法律若干问题的解释》第2条规定，违反法律、行政法规、部门规章有关公民个人信息保护的规定的，应当认定为《刑法》第253条之一规定的“违反国家有关规定”。目前有关公民个人信息保护的法律、行政法规和部门规章包括《网络安全法》《数据安全法》《个人信息保护法》《民法典》以及众多的行政法规、部门规章，其范围大于《刑法》第96条规定的“国家规定”。依照《网络安全法》第41条的规定，公民个人信息的流转遵循“知情同意”原则，这也是包括欧盟《通用数据保护条例》(General Data Protection Regulation，GDPR）在内的许多国家公民个人信息流转的共同规范。个人信息流转的另一个合法性依据是国家的强制性规定，如《刑事诉讼法》第110条第1款规定，“任何单位和个人发现有犯罪事实或者犯罪嫌疑人，有权利也有义务向公安机关、人民检察院或者人民法院报案或者举报”。《个人信息保护法》第13条规定，“符合下列情形之一的，个人信息处理者方可处理个人信息：（一）取得个人的同意；（二）为订立、履行个人作为一方当事人的合同所必需，或者按照依法制定的劳动规章制度和依法签订的集体合同实施人力资源管理所必需；（三）为履行法定职责或者法定义务所必需；（四）为应对突发公共卫生事件，或者紧急情况下为保护自然人的生命健康和财产安全所必需；（五）为公共利益实施新闻报道、舆论监督等行为，在合理的范围内处理个人信息；（六）依照本法规定在合理的范围内处理个人自行公开或者其他已经合法公开的个人信息；（七）法律、行政法规规定的其他情形。依照本法其他有关规定，处理个人信息应当取得个人同意，但是有前款第二项至第七项规定情形的，不需取得个人同意”。本条规定不仅限于知情同意原则，而是为公民个人信息的全生命周期

---

① 刘艳红：《侵犯公民个人信息罪法益：个人法益及新型权利之确证》，载《中国刑事法杂志》2019年第5期。

适用提供了更充分的法律依据，当然知情同意原则仍然是其合法性的基础。但是在实践中，随处可见的应用程序过度索权和过度读取用户信息，用户面临着“用隐私换便利”或者不接受服务的两难选择。大型网络服务商在采集个人信息时可能会使用弹性条款和概括性授权的方式，用户在垄断性网络服务面前的可选择权非常有限。①《2019 全国网民网络安全感满意度调查统计报告》显示，37.4%的网友认为个人信息泄露非常多或比较多，58.75%的网友曾经遇到个人信息被侵犯。《数据安全法》第 32 条规定，“任何组织、个人收集数据，应当采取合法、正当的方式，不得窃取或者以其他非法方式获取数据。法律、行政法规对收集、使用数据的目的、范围有规定的，应当在法律、行政法规规定的目的和范围内收集、使用数据”。2021 年国家互联网信息办公室等四部门联合发布《常见类型移动互联网应用程序必要个人信息范围规定》，明确地图导航、即时通信、网络购物等 39 类常见类型应用程序（APP）必要个人信息范围，要求其运营者不得因用户不同意提供非必要个人信息，而拒绝用户使用应用程序（APP）基本功能服务。②

2. 在现代信息场景下，滥用个人信息已不必然以非法获取他人信息为前置条件

例如，深度伪造是依托人工智能发展起来的一项新技术，行为本质是对个人生物识别信息的滥用。合适的算法加上充足的个人生物识别信息，就能完美创造出以假乱真的视频和声音来。而网络上也从来不缺乏公众人物的各类视频和图像信息。而对于已公开的个人信息的使用的合法性规则，单纯依靠 2017 年《最高人民法院、最高人民检察院关于办理侵犯公民个人信息刑事案件适用法律若干问题的解释》第 3 条解决公开个人信息的使用的合法性是不够的。例如，2020 年 5 月至 7 月，吴某在天眼查、企查查等网站下载公开的各地企业工商登记信息，梳理分类后共出售 1.8 万余条信息，获利 1 万余元。公安机关以涉嫌侵犯公民个人信息罪对吴某立案侦查，并将该案移送到检察院。在本案中，虽然前述司法解释第 3 条规定，“未经被收集者同意，将合法收集的公民个人信息向他人提供的”，属于提供公民个人信息，应认定为犯罪，但是企业

① 范为：《大数据时代个人信息保护的路径重构》，载《环球法律评论》2016 年第 5 期。
② 《对手机 APP 过度索权说“不”》，载《人民日报》2021 年 4 月 8 日。

公开信息的行为，意味着已作出允许信息公开传播的意思表示，不应当再理解为“未经被收集者同意”。况且《民法典》第1036条规定，合理处理该自然人自行公开的或者其他已经合法公开的信息的，行为人不承担民事责任。但是该自然人明确拒绝或者处理该信息侵害其重大利益的除外。换言之，吴某的错误或许在于对个人信息的后续使用，但其信息收集行为是合法的。

3. 不当滥用行为对公民个人信息的侵害不亚于非法流转

在“可识别性”的共同特质下，公民个人信息内部也有不同样态的划分。身份证号码、家庭住址等信息具有高度的人身依附性，其产生由法律授予或者自然产生，而对于个人生活轨迹、购物习惯数据等，个人只是信息的参与创造者，在法理上不具有对这类数据的独占权。欧盟虽然创造了可遗忘权、可携带权等概念，试图在信息的多元化利用中平衡个体的利益，但是此举又给网络运营者增加了沉重的合规成本。海量的数据集合犹如一个巨大的金矿，如果没有法律的约束，很难遏制住企业不当滥用信息的冲动。例如，堂而皇之地对个人进行数据画像，搞价格歧视、大数据杀熟等，还美其名曰是正常营销行为。[①] 实际上，这种信息的不当滥用还是很低级的阶段。在美国，一款名为“按使用保险”（UBI）的大数据汽车保险正在迅速抢占市场。它的原理在于将用户的驾驶数据引入风险评估模型，包括用户的里程数、车况、周边环境、急刹车次数、治安环境、是否开车接打电话等所有可能想到的数据，然后据此给车主进行保险定价。一些人要么忍受极高的保费，要么不投保，这不仅给交通安全造

---

① 以价格歧视为例，商家通过设定一个门槛，如定时抢优惠券，凑单满减等复杂的方式，让消费者选择是否愿意用这种麻烦、耗时的方式购物。如果消费者选择了这种耗时的方式，那这个消费者就被打上了“没钱”的标签，那么商家可以降低一些价格。而如果消费者不愿意凑这个热闹，花时间去抢券，凑满减，那说明这部分消费者对价格不敏感，那么他们就被打上了“有钱”的标签，商家就可以原价甚至是提价卖给他们。这样就可以对不同的消费者设定不同的价格，让自己利益最大化。在传统空间中，这种价格歧视很难实现，原因在于商家很难获得充分的信息，而在网络空间中，这就变得易如反掌。价格歧视剥夺了消费者的知情权和公平交易权，被我国法律所禁止。2019年1月1日正式开始施行的《电子商务法》第18条第1款规定：电子商务经营者根据消费者的兴趣爱好、消费习惯等特征向其提供商品或者服务的搜索结果的，应当同时向该消费者提供不针对其个人特征的选项，尊重和平等保护消费者合法权益。这样，商家在扩大自己用户群的同时，尽可能地减少对于高级消费者降价的损失。在行为经济学中，这就是“不对称信息下的筛查”。双十一促销这么复杂的设定就是为了筛选不同消费能力的用户。

成隐患，也架空了保险制度的功能。①

单纯的信息非法流转并不会直接侵害个人法益，而后续的不当滥用则将前端的非法流转的不法性现实化，通过惩治不法流转来遏制不当滥用，或可实现法律的规范目的，但是，随着强制授权、过度授权以及合法获取、不当利用现象的增多，制裁不法流转已经丧失了对不当利用的制约功能，独立惩治不当滥用的必要性显著升高。

（二）“公民个人信息”关键词的展开及困境

公民个人信息是刑法保护体系的关键词，在刑法对侵犯公民个人信息罪的行为类型构造相对固化之后，刑法司法解释希冀通过扩张公民个人信息的概念来强化对公民个人信息的保护，只是，在现代信息技术条件下这种做法同样困境重重。

1. 公民个人信息的内涵：技术对可识别性标准的冲击

现代信息技术促进了数据价值的增长，却也让每个社会个体都可以被“数字化”，进入信息技术包裹的巨大监控之网中，戴维·布林所描述的“透明社会”越来越趋近于现实，而非仅仅停留在幻想中。② 个人信息的保护需求，源自技术进步带来的对信息价值的认可，但是技术却也在不断消解个人信息保护的定型规范的内核，使个人信息保护的规范目的越来越难以实现。《网络安全法》确立的公民个人信息的直接识别和间接识别的标准被《最高人民法院、最高人民检察院关于办理侵犯公民个人信息刑事案件适用法律若干问题的解释》所继承，但是在现代信息技术的冲击下，这两个识别标准都面临着巨大的危机。

首先看直接识别。识别的本义，是区分和辨认，通过识别，信息和个人之间建立直接的通道，进而两者的形象完全等同和融合起来。因此，识别还具有信息的筛选甄别功能，即将不具有识别性的信息从公民个人信息的范畴中排除

---

① Subramanian Arumugam and R. Bhargavi，A survey on driving behavior analysis in usage based insurance using big data，J Big Data 6，86（2019）.

② Brin，David. The transparent society：Will technology force us to choose between privacy and freedom?. Basic Books，1999.

出去。这样做的意义，一方面强化对个人信息自决权以及背后所代表的个人的价值与人格尊严的保护，另一方面为社会充分运用非个人信息的数据提供了法律空间，这部分数据，尽管也受到其他法律的约束，但是其保护的强度毕竟显著弱于公民个人信息。然而，随着数据挖掘包括人工智能深度学习技术的进步，原先不具有识别性的数据可能也具有了识别性。例如，地铁、十字路口抓拍的个人面部图像，原本只有治安的监控功能和治安、刑事案件的证据法意义，然而现在则基本实现了由场景监控到人的监控的转变。但身份可识别信息（identifiable）与身份不可识别信息（non-identifiable）之间的界限已经越来越模糊，[①] 技术进步对法律的挑战日趋明显。

其次看间接识别。数据开放的先决条件是数据脱敏，即去除信息的可识别性，经过处理后的数据无法被指引到特定的个人。GB/T 35273—2020《信息安全技术　个人信息安全规范》（国家市场监督管理总局、中国国家标准化管理委员会发布）将其具体又分为去标识化和匿名化。《最高人民法院、最高人民检察院关于办理侵犯公民个人信息刑事案件适用法律若干问题的解释》第 3 条将“经过处理无法识别特定个人且不能复原的”信息作为侵犯个人信息罪的出罪条件，为大数据的合理利用留下了合法空间。但是，在大数据环境下，任何所谓的“脱敏”“匿名”都是相对的。表面上已经去除了可识别性的信息经过大数据的挖掘尤其是与其他信息对比之后，依然可以重新建立对个人的数据画像。在所谓的“去识别”（de-identification）之后，通过一定的手段，特别是依赖公开来源信息，数据挖掘者可以实现“再识别”（re-identification）。[②] 例如，美国在线曾经将用户搜索信息删除用户名称和用户地址后附加上唯一数字编码发布，记者通过这些数据却识别出了部分用户。[③] 当然，对于再识别的个人信息也不是没有应对的方案，技术上的应对措施是要求对数据进行深度脱敏，彻底匿名化，不过这样做的代价可能是数据没有利用的价值；法律上的应对法案是再次获得用户的同意许可，不过这样做恐怕更加不现实。

---

① 岳林：《超越身份识别标准——从侵犯公民个人信息罪出发》，载《法律适用》2018 年第 7 期。

② See P. Schwartz & D. Solove, “The PII Problem: Privacy and a New Concept of Personally Identifiable Information”, *New York University Law Review*, Vol. 86 (2011), p. 1845.

③ 储陈城：《大数据时代个人信息保护与利用的刑法立场转换——基于比较法视野的考察》，载《中国刑事法杂志》2019 年第 5 期。

即使是原本不属于公民个人信息的数据，也可能基于多个不同来源数据的组合、匹配与碰撞，而重新生成新的公民个人信息。在此情况下，还要不要获得个人的同意授权就成为疑问，且不说法律操作的可行性，这类数据不是直接从公民个人处获得，而是企业再加工和创造的产品，凝结了企业的智力与经济投入，个人的同意授权就不再具有天然的正当性。此外，企业对个人数据画像的合法性范围未必有明晰的认识，而很可能陷入无意识的侵权甚至犯罪中。公民个人信息的识别性越来越具有场景的相对性，技术不断进步带来的识别性难题与定型规范之间的撕裂。

2. 公民个人信息的外延：《刑法》与《网络安全法》的规制不足

我国目前关于公民个人信息保护的法律体系虽然不够系统，法律规范的数量较多，原《民法总则》《网络安全法》《消费者权益保护法》《电子商务法》等均有关于公民个人信息保护的规定。由于侵犯公民个人信息罪规定了"违反国家有关规定"的构成要件要素，上述民法和行政法律就成为侵犯公民个人信息罪的违法性根据。[①] 这也决定了侵犯公民个人信息罪的法定犯的底色。不同于以保护人的自然情感和社会共同的伦理道德为目的的自然犯，法定犯是基于行政监管需要而设定的犯罪，它惩罚的是对行政义务的违反行为。对法定犯的处罚也是对其违反义务行为的矫正，不带有过多的伦理和道德非难因素。尽管自加罗法洛提出自然犯与法定犯的概念后，法定犯的概念得到了刑法学界的认可，且100多年来法定犯在世界各国刑法典中均处于强势扩张状态。然而，刑法的最终目的是维护良善与有尊严的人类生活，保障公权力不过度和肆意侵入公民个人的空间。法定犯虽然为了保护行政秩序的有效运转，防范和处置违反行政义务的行为，具有立法上的正当性和必要性。但是，作为法定犯上位法依据的行政法律规范，对法定犯不但具有违法性的解释功能，还具有立法的指导功能和处罚范围的限缩功能。

我国界定公民个人信息的行政法律，主要有《全国人大常委会关于加强网络信息保护的决定》和《网络安全法》。《关于加强网络信息保护的决定》第1条规定，"国家保护能够识别公民个人身份和涉及公民个人隐私的电子信息。

① 刘艳红：《侵犯公民个人信息罪法益：个人法益及新型权利之确证》，载《中国刑事法杂志》2019年第5期。

任何组织和个人不得窃取或者以其他非法方式获取公民个人电子信息，不得出售或者非法向他人提供公民个人电子信息”。可以看出，《全国人大常委会关于加强网络信息保护的决定》采取了“识别”+“隐私”的双标准模式界定公民个人信息（法条表述是“公民个人电子信息”），体现出我国早期立法尚未完全明了个人信息与个人隐私信息的各自内涵，因而将识别性和隐私性共同作为公民个人信息的标准。《全国人大常委会关于加强网络信息保护的决定》作为我国首部规定公民个人信息的专门性法律，其立法的前期探索意义值得肯定。《网络安全法》第 76 条第 5 项规定：“个人信息，是指以电子或者其他方式记录的能够单独或者与其他信息结合识别自然人个人身份的各种信息，包括但不限于自然人的姓名、出生日期、身份证件号码、个人生物识别信息、住址、电话号码等。”该定义较之《关于加强网络信息保护的决定》的区别在于：首先，不再将个人信息局限于电子化方式，以任何形式记录的个人信息均是法律保护的对象；其次，不再强调公民个人信息的隐私性，而是采用了单一的识别性标准；最后，将识别性标准由狭义扩展到广义，识别性包括直接识别和间接识别。

《最高人民法院、最高人民检察院关于办理侵犯公民个人信息刑事案件适用法律若干问题的解释》设立了独立的“公民个人信息”的界定模式。第 1 条认可了《网络安全法》的广义可识别性标准，但是同时又附加了“活动情况”信息。再结合《最高人民法院、最高人民检察院关于办理侵犯公民个人信息刑事案件适用法律若干问题的解释》第 5 条的规定，所谓的“活动情况”信息其实是一旦泄露可能影响人身、财产安全的各类信息，包括“行踪轨迹”“财产状况”“账号密码”等。

三、关于公民个人信息的刑法保护的策略转换

在《最高人民法院、最高人民检察院关于办理侵犯公民个人信息刑事案件适用法律若干问题的解释》出台之前，刑事司法领域还有一个司法解释性文件对公民个人信息做出界定，即 2013 年《最高人民法院、最高人民检察院、公安部关于依法惩处侵害公民个人信息犯罪活动的通知》，从刑事立法到刑事司法，从《最高人民法院、最高人民检察院、公安部关于依法惩处侵害公民个人信息犯罪活动的通知》到《最高人民法院、最高人民检察院关于办理侵犯公民

个人信息刑事案件适用法律若干问题的解释》，技术进步带来的公民个人信息范畴的泛化趋势警示我们，应当将注意力转移到个人信息滥用的后果上，注重对信息滥用风险的控制和评价。①

（一）行为类型构造：从信息的自主控制转向信息的自主使用

行政法高度关注个人信息的收集和不法使用，如在个人信息的收集方面，《全国人大常委会关于加强网络信息保护的决定》最先确立了合法、正当、必要的原则，此后又被《网络安全法》确认，原《民法总则》明确了对个人信息的七种不法形式：收集、使用、加工、传输、买卖、提供、公开，贯穿个人信息的收集、流转和使用所有环节。数据犯罪与信息犯罪界限的表征之一，就在于《刑法》只处罚针对公民个人信息的非法获取、出售和提供行为，其他诸如非法修改、非法删除、非法传播、非法使用个人信息的行为无法纳入公民个人信息犯罪的框架中，最后只能借助数据犯罪或者其他犯罪予以规制。而当前公民个人信息利用中，基于个人“数据画像”对个人进行堂而皇之的价格歧视、个性化营销，运用个人生物识别信息进行“深度伪造”，扰乱社会秩序等行为大行其道，更凸显了对公民个人信息进行全流程干预的必要性。

大数据时代的公民个人信息，糅合了个体人格利益、经济价值、社会公共利益等属性，传统的隐私权、财产权等权利属性均无法完全包容公民个人信息，故而将公民个人信息视为一种新型的独立权利的观念越来越受欢迎。另外，大数据时代要求信息有序流动、多边共有、开放共享，过于强调信息的自主控制而忽视自主使用的观念将禁锢数据价值的发掘。因此，刑法应当以公民个人信息的积极趋利替代消极抗争的权利姿态，适当降低自主控制的保护强度，同时将保护的延长线拉伸到信息的不当滥用。

当然，更进一步的是建立对数据全生命周期的保护体系。数据产业涉及数据整个生命周期以及价值变现的全部过程的所有相关产业。具体包括数据采集、数据存储、数据传输、数据管理、数据分析、数据挖掘、数据价值评估和交易等。数据安全的存在意义是保证数据在全生命周期得到妥善保护，最终实现价值变现并促进数字经济健康发展。因此，没有安全健康的数据产业做支

---

① 李怀胜：《公民个人信息的刑法保护思路》，载《中国信息安全》2017 年第 1 期。

撑，数据和数字经济就是空中楼阁，数据安全就失去了依托。随着对数据适用场景的不断丰富和拓展，数字要素生产与流转全生命周期的实践场景与法律保护范围也不断向两端延伸。根据GB/T 37988—2019《信息安全技术　数据安全能力成熟度模型》国家标准，数据的生命周期分为采集、传输、存储、处理、交换和销毁六个阶段。2017年6月1日生效实施的《网络安全法》第42条第1款明确了网络运营者不得泄露、篡改、毁损其收集的个人信息；未经被收集者同意，不得向他人提供个人信息。实际上以一种消极的方式确认了个人数据的上述使用场景。2021年1月1日生效实施的《民法典》第1035条规定，个人信息的处理包括个人信息的收集、存储、使用、加工、传输、提供、公开等，延续了此前《民法总则》的规定。2021年3月11日，十三届全国人大四次会议表决通过的《中华人民共和国国民经济和社会发展第十四个五年规划和2035年远景目标纲要》明确了六种数据应用场景，分别为数据采集、标注、存储、传输、管理、应用等全生命周期产业体系。2021年9月1日生效实施的《数据安全法》第3条明确的数据处理行为，包括数据的收集、存储、使用、加工、传输、提供、公开等。个人信息的处理包括个人信息的收集、存储、使用、加工、传输、提供、公开、删除等。综合上述法律，最广义的数字要素全生命周期，包括数字的生产、收集、存储、管理、使用、加工、传输、提供、公开、删除等流程（图1）。而数字的刑事安全风险，就存在于上述环节之中。现在的侵犯公民个人信息罪，还主要局限在打击信息的不法流转环节，对于信息的不法使用环节，存在不足。司法解释也没有为数据使用提供足够的规范空间。《最高人民法院、最高人民检察院关于办理侵犯公民个人信息刑事案件适用法律若干问题的解释》第3条规定，向特定人提供公民个人信息，以及通过信息网络或者其他途径发布公民个人信息的，应当认定为《刑法》第253条之一规定的“提供公民个人信息”。未经被收集者同意，将合法收集的公民个人信息向他人提供的，属于刑法第253条之一规定的“提供公民个人信息”，但是经过处理无法识别特定个人且不能复原的除外。

图1　数字要素生产与流转全生命周期

（二）规范射程界定：公民个人信息概念的部门法统一

当前，公民个人信息保护已经成为贯穿民法、刑法、行政法等各个部门法的高频词汇。原《民法总则》第111条关于“自然人的个人信息受法律保护”的表述确立了公民个人信息民法保护的基础。客观上，公民个人信息概念的扩张性、应用场景的复杂性、保护难度的递增性等特点要求不同部门法协调并进，但是各部门分别立法的现状又导致了立法部分与相关信息部门之间隔离，进而引起法律的规制落后于信息技术的实践。[①] 回顾十几年来公民个人信息保护的法律进展和不同部门法出台的先后次序，原《民法总则》在2017年10月1日才生效实施，《网络安全法》在2017年6月1日生效实施，而在刑法领域，即使不考虑1997年《刑法》的先期探索，即使从《刑法修正案（七）》确立两个独立公民个人信息罪名算起，至今也有十年时间了。因此，公民个人信息保护实际上走了一条“刑先民后”的发展路径。在相关规范初创的时期，刑法的提前介入有助于提升社会公众的规范意识，起到敲山震虎的作用。但是，在《网络安全法》等其他部门法的相关规范陆续建立的背景下，刑法应当回归其本源地位，由公民个人信息保护的“刑先民后”变更为“民先刑后”，其最关键的做法就是公民个人信息的刑法概念与行政法概念的统一。概念术语的调整牵涉法律规范的定位、法律的规制范围等一系列问题。例如，真正激活侵犯公民个人信息罪中“违反国家有关规定”的犯罪构成要件，发挥行政法对侵犯公民个人信息罪的上位法定型功能和违法性审查功能。另外，将“账号秘密”“财产状况”等不具有识别性功能的信息从公民个人信息中排除出去。尽管这类信息的滥用确实会造成公民个人权益的受损，但是这类基于信息的后续犯罪行为完全可以借助其他罪名予以有效规制。将其纳入公民个人信息范畴中，虽然坚持了预备行为实行化和法益保护前置的思想，但是运用侵犯公民个人信息罪保护这类信息，不符合信息自决权的法益初衷。

（三）法益边界衔接：公民个人信息的分类立法保护

识别性概念将所有的公民个人信息聚合在自己麾下，实际上，随着公民个

① 张文亮：《个人数据保护立法的要义与进路》，载《江西社会科学》2018年第6期。

人信息范围的扩大，公民个人信息内部不同类别信息的保护必要性强度是有差别的，保护力度也是可以有区分的。在其他部门法中，无论是公民个人信息的界定，还是具体场景下的保护要求，都开始进行公民个人信息的分级分类保护的探索。GB/T 35273—2020《信息安全技术　个人信息安全规范》（国家市场监督管理总局、中国国家标准化管理委员会发布）在"个人信息"的条目下，规定了"一旦泄露、非法提供或滥用可能危害人身和财产安全，极易导致个人名誉、身心健康受到损害或歧视性待遇等的个人信息"，即"个人敏感信息"。上述标准对敏感信息提出了收集、传输、信息共享等方面的特殊要求。另外，在个人信息场景应用方面，《居民身份证法》《反恐怖主义法》《征信业管理条例》等法律法规又作出了针对个人生物识别信息利用和管理的专门性规定。在行政法中对公民个人信息进行分级分类保护是必要的，而我国公民个人信息刑法保护规范中，"信用卡信息"—"个人信息"—"身份信息"—"身份认证信息"—"推定身份信息"—"公民个人信息"的立法传导路径也暗含了公民个人信息分类保护的路径是可行的。

公民个人信息刑法分类保护的基础是，不同类别的个人信息承载的价值（人的尊严价值、信息的经济价值）是不同的，如果在"可识别性"的大旗下一体保护，则可能出现本该强化保护的信息类别没有得到充分保护，本该兼顾数据使用需求和公共利益的信息类别也没有赋予社会充分自由。理论上一般认为，个人信息保护的法律基础源自《世界人权宣言》第 12 条，也就是说，个人有权自主决定个人生活，并享受不被他人侵犯和冒犯的权利。因此，尽管"可识别性"一再受到理论界的批评和现代信息技术的冲击而依然屹立不倒，就在于可识别性能够让信息指向特定主体，并将特定主体从其他主体剥离出去。保护个人信息，就是保护信息指向的主体利益，保护主体不受侵犯、自主决定、平等对待的权利。在此前提下我们会发现，越是不依赖其他信息而能够单独识别的个人信息，越是与个人的身份高度绑定，就越是趋近个人信息保护的本源价值。对这些信息，需要刑法予以保护。相反，越是需要现代信息技术深度挖掘，越是需要与其他信息结合进行关联识别的信息，反而为其腾出社会合理使用的法律空间，对这些信息，就应当在利益平衡的基础上，建立刑法的适度保护规则。

个人信息的过度匿名化和脱敏处理固然可以绕开"识别性"的技术局限，但是也面临个人信息的利用价值降低等问题，长远来看并不利于大数据产业和技术经济的发展。而且也应看到，再匿名化和碎片化的数据，都可能经由数据挖掘技术再现或者复原，追求绝对的数据脱敏处理不现实，也可能扼杀产业的活力。可行的做法，是适当限缩公民个人信息的范围，将那些已经通过合理手段进行脱敏化处理，但是依然有可能挖掘出个人信息的数据排除在公民个人信息范畴中。表面上，这降低了公民个人信息保护的强度和刚性，但是更科学有效的法律规则实际上更有助于法律权威性的提升。事实上，欧盟、日本等国家和地区都对公民个人信息坚持了一次识别标准。欧盟1995年《数据保护指令》前言第26条规定控制者和任何人采取所有合理的可能措施，也无法识别特定个人的信息即为匿名信息。可以看出，欧盟即使将隐私权置于至关重要的地位，在匿名化的问题上也没有完全迁就个人，还是考虑了技术现实以及产业界的经营负担。故而对《最高人民法院、最高人民检察院关于办理侵犯公民个人信息刑事案件适用法律若干问题的解释》第3条关于“但是经过处理无法识别特定个人且不能复原的除外”的数据脱敏化标准，不宜做过于硬性的要求，只要是通过正常、合理手段无法重新识别和重新复原的信息，即使事后通过特别技术手段再次还原的，依然要排除在公民个人信息的范畴外。

（四）优越利益衡量：紧急事态下知情同意原则的豁免

在两种不同的价值利益发生冲突时，一般的做法是比较两者利益的大小，优先保障较大的利益，在这种情况下做出的价值取舍能做实现利益的最优解，是免责的正当化事由。优越利益衡量是处理类似法律价值冲突的基本规则。在公民个人信息保护中，为了国家安全、社会公共利益和侦查犯罪等需要，需要有关部门或者个人主动披露数据。例如，《反恐怖主义法》第21条规定：“电信、互联网、金融、住宿、长途客运、机动车租赁等业务经营者、服务提供者，应当对客户身份进行查验。对身份不明或者拒绝身份查验的，不得提供服务。”这就要求在享受某些服务时，同时履行个人的信息披露义务。

在重大社会公共事件中，个人信息权益的限缩也是世界各国的共同做法。不过，这不等于可以肆无忌惮侵害个人信息，也不等于个人信息保护的豁免不需要事先明确的、有效的法律规则。例如，欧盟GDPR虽然确立了一般情况下个人的知情同意原则，但是 GDPR 第 6 条也规定了六种不需要数据主体同意即可处理的情形，包括处理是数据控制者为了公共利益或基于官方权威、处理对于保护数据主体或另一个自然人的核心利益所必要等。美国的《健康保险可携带性和责任法案》（health insurance portability and accountability act，HIPAA）也规定，在 12 种涉及公共利益的情形，可以直接披露或使用健康信息而不经个人同意，其中包括公共卫生活动、卫生监管活动、预防或降低对健康或安全的严重威胁等。

一般而言，在重大社会公共事件中，存在三方的利益诉求：一是疫病防控者，他们基于防控疫情的需要，需要搜集大量的疫情数据，包括患者的个人情况、行踪轨迹等，以便有针对性地开展疫情防控工作；二是患者，一方面有义务主动披露个人的相关信息以配合防疫，另一方面又具有个人隐私保护的需求；三是社会公众，有权及时和全面了解疫情数据，满足公众知情权利，便于准确评估感染风险并决定自我防护的等级。可以看出，在突发传染病或者其他重大公共事件中，主要存在两对利益冲突，即患者权益和疫情防控的冲突，患者权益与公众知情权利的冲突。在疫情暴发的紧急时刻，不特定社会成员的生命健康利益面临严重而迫切的威胁，对患者的跟踪性研究、相关数据的分析和可控程度的披露有助于疫情的防控以及药物开发等，此时患者的知情同意原则就要受到一定程度的限制。我国的《传染病防治法》第 12 条以及《突发公共卫生事件应急条例》第 21 条赋予了预防控制机构、医疗机构以及其他主体基于防控目的的数据共享与开放行为，它们可以作为未经个人同意的数据共享行为的正当化事由。当然，相关主体运用数据时仍应当坚持数据处理的公平性、最小性原则，力图将个人权益的损害压缩到最低限度。

第五章 侵犯公民个人信息犯罪的完善思路

2021年8月20日，十三届全国人大常委会第三十次会议表决通过了《个人信息保护法》，该法已于2021年11月1日起正式施行。《个人信息保护法》作为我国首部保护个人信息的综合性的法律规范，立足本国实践经验，兼采域外先进经验，妥善处理个人信息权益的民事保护与个人信息处理的行政监管两大核心内容，走出了一条具有中国特色的立法道路，是我国个人信息保护领域当之无愧的基干法。

至此，从《网络安全法》到《电子商务法》，再到《数据安全法》，以及结合《民法典》关于公民个人信息的保护规定，贯穿刑法、民法和行政法的公民个人信息法律体系已基本搭建完毕。尽管在法律位阶上，《个人信息保护法》尚不及刑法，但由于《个人信息保护法》上承《民法典》的规定，下对其他部门法有着实际的影响力，刑法和刑事司法解释关于公民个人信息保护的罪刑条款，必然存在如何与《个人信息保护法》协调的问题。

一、侵犯公民个人信息罪的立法历程与司法智慧

随着社会信息化进程的加快，个人信息的价值受到充分重视和关注，与此相应，个人信息的不法流转、泄露、收集、买卖等行为呈现增长态势，对公民个人信息进行法律保护是非常必要的。但在我国立法上，率先开启公民个人信息立法进程的，反而不是构成公民个人信息法律保护基础框架的民事法律部门，而是刑事法律部门。

（一）“刑先民后”的公民个人信息保护的立法历程

刑法体系中，专门对公民个人信息进行保护的最早的法律，是2009年2月28日出台，并于当日生效的《刑法修正案（七）》。《刑法修正案（七）》第7

条规定，在刑法第253条后增加一条，作为第253条之一："国家机关或者金融、电信、交通、教育、医疗等单位的工作人员，违反国家规定，将本单位在履行职责或者提供服务过程中获得的公民个人信息，出售或者非法提供给他人，情节严重的，处三年以下有期徒刑或者拘役，并处或者单处罚金。窃取或者以其他方法非法获取上述信息，情节严重的，依照前款的规定处罚。单位犯前两款罪的，对单位判处罚金，并对其直接负责的主管人员和其他直接责任人员，依照各该款的规定处罚。"2009年《最高人民法院、最高人民检察院关于执行〈中华人民共和国刑法〉确定罪名的补充规定（四）》将本条分解为"出售、非法提供公民个人信息罪"和"非法获取公民个人信息罪"两个罪名。两个罪名组成对向犯。可以看出，尽管此时刑法对公民个人信息予以保护，但是在具体方式上还是有所保留的，即主要规制特殊主体出售或者非法提供公民个人信息的行为，以及采取非法手段获取公民个人信息的行为。而对于其他主体出售或者提供公民个人信息的行为，以及其他方式的侵犯公民个人信息行为，则不予处罚。

尽管《刑法修正案（七）》增设公民个人信息犯罪相关罪名具有开创意义，但是单纯依靠刑法无法适应治理犯罪的现实需求。为此，2012年12月28日，全国人大常委会出台了《全国人大常委会关于加强网络信息保护的决定》，这意味着立法者开始在全局意义上关注公民个人信息保护的问题。2015年《刑法修正案（九）》对《刑法》第253条之一作了修改，将特殊主体犯罪变为一般主体犯罪，相应地，两个罪名统一调整为侵犯公民个人信息罪。法网扩张，打击半径和覆盖面日益增大，体现了立法对于现实犯罪态势的深切感知。全国人大常委会有关部门对本罪修改的立法理由是如此阐述的："近年来，出售、非法提供和非法获取公民个人信息的犯罪出现了一些新情况。随着信息网络的进一步普及发展，侵害公民个人信息的违法犯罪愈发突出，通过网络出售、非法提供和非法获取公民个人信息的行为增多。2012年以来，公安部门在全国先后开展数次打击侵害公民个人信息犯罪专项行动，破获一大批出售、非法提供和非法获取公民个人信息的案件，查获被盗取的各类公民个人信息达数十亿条，涉及金融、电信、公安、交通、教育、医疗、国土、工商、房产、物业、保险、快递等部门和行业。这类违法犯罪使公民权利遭受侵害，社会管理难度升级，同时容易引发其他严重的犯罪行为，加大对这些行为的惩处力度已经成为社会的一致要求与共识。有关方面提出，根据《刑法修正案（七）》的规定，只能打击金融、电信等单位工作人员出售、非法提供公民个人信息的犯罪行为，而对于一般主体违背公民个人意愿，出售、非法提供其个人信息的，难以依法惩治。还有意见提出，倒卖公民个人信息犯罪是网络犯罪的上游环节，现有规定无法打击倒卖行为。建议修改本条规定，以加强对公民个人信息的保护，切断出售、非法提供公民个人信息的黑色产业链，从源头上打击利用公民个人信息实施的其他侵害公民权益的违法犯罪行为。为了进一步加强对公民个人信息的保护，《刑法修正案（九）》根据实践需要和有关方面的意见对本条作了修改。"①

在《刑法修正案（九）》出台两年后，有关公民个人信息保护的民事、行政法律规范才开始逐步补齐。2017 年 6 月 1 日施行的《网络安全法》，2017 年 10 月 1 日施行的《民法总则》，2021 年 1 月 1 日施行的《民法典》，2021 年 9 月 1 日施行的《数据安全法》以及 2021 年 11 月 1 日施行的《个人信息保护法》，共同构成了公民个人信息保护的法律体系，而此时距离《刑法修正案（七）》出台已经过去了 12 年之久。刑法确立侵犯公民个人信息犯罪，虽然不是应对犯罪的权宜之计，但是在公民个人信息的基础法律规范尚未完全建立之前，确实也是立法的"便宜"之举，在个人信息保护的立法实践上，我国事实上走了一条"刑先民后"的探索道路。

刑法规定某个罪名确定某个法益，并不意味着民法一定也要确定某个法益，而在刑法确立公民个人信息犯罪之后，立法者又继续完善个人信息保护的民事、行政类法律，是由于在信息化时代下，个人信息保护的重要性日益凸显，个人信息作为数据的重要类型，其附着了多元利益类型，单纯依靠刑法已不足以实现对个人信息的充分保护。而事实上，脱离了民法和行政法等基础性法律，仅仅依靠一个刑法罪名也不足以周全个人信息的保护。对新生法益采取"刑先民后"还是"民先刑后"的立法保护进路，并没有绝对的优劣之分。"民先刑后"符合一般的立法保护思路，先由民事法律确认新生法益的权益内容、法益边界、利益归属与保护边界，然后自上而下，由刑法发挥最后法与保障法的功能，将具有严重法益侵害性的行为纳入刑法保护边界，实现刑事层面对民事法益的支撑与维护作

① 臧铁伟、李寿伟：《中华人民共和国刑法修正案（九）：条文说明、立法理由及相关规定》，北京大学出版社 2016 年版，第 127 页。

用，这符合通常理解的逻辑序位，但是它只适合对新生法益保护不迫切，不需要立法快速作出反应的场合，因此允许充分的立法调研与经验累积。如果新生法益的保护具有极大迫切性，而法益内涵又具有快速变动性或者模糊性，基础性法律体系难以在短时间内建构完成，则由刑法先行确立罪名条款，通过对具有严重危害性行为的“点”的打击，来实现对侵害法益行为的“面”的威慑，也不失为一条可以接受的立法路径。

（二）侵犯公民个人信息罪的先天不足与司法智慧

尽管对侵害公民个人信息行为由刑事立法先行予以打击的努力和效果都是显著的。但刑法从现象层面思索侵犯公民个人信息罪的设置，缺乏规范层面的宏观思考，缺乏公民个人信息保护的底层逻辑支持，因此随着时间的推移，不免会暴露出各种问题来，当前刑法理论围绕侵犯公民个人信息罪的诸多争论，均与此有关。

1. 争执不下的犯罪法益：源自民法知识供给的先天不足

对侵犯公民个人信息罪的法益内涵的探讨，是刑法学界的热门课题之一。本书第三章对此进行了专门探讨，目前刑法理论提出了不下十种具体观点，按照学者设定的本罪的法益类型，大致可以分为私法益观、公法益观和复合法益观三种观点。私法益观认为公民个人信息具有私法上的权益（权利）属性，侵犯公民个人信息罪保护的是个人信息的私法权益，这从本罪所处的刑法分则第四章的体系性位置也可以看出，① 不应当将本罪理解为对公共利益或者社会秩序的侵害。私法益观按照具体观点还可以分为：人格权说，该说认为本罪的法益是公民人格尊严与个人自由；② 隐私权说，认为本罪保护公民的网络隐私；③ 个人信息安全说，认为本罪保护个人信息关联的人身、财产安全；④ 信息自决权说，认为本罪保护

---

① 刘艳红：《侵犯公民个人信息罪法益：个人法益及新型权利之确证》，载《中国刑事法杂志》2019 年第 5 期。

② 高富平、王文祥：《出售或提供公民个人信息入罪的边界——以侵犯公民个人信息罪所保护的法益为视角》，载《政治与法律》2017 年第 2 期。

③ 徐翕明：《“网络隐私权”刑法规制的应然选择——从“侵犯公民个人信息罪”切入》，载《东方法学》2018 年第 5 期。

④ 姜涛：《新罪之保护法益的证成规则——以侵犯公民个人信息罪的保护法益论证为例》，载《中国刑事法杂志》2021 年第 3 期。

的不是等同于民事权利的个人信息权，而是其中最重要的权利即个人信息自决权；[①] 以及流通知情权说等。[②] 而公法益观认为公民个人信息不是私法概念，公民个人信息是现代信息社会的产物，具有天然的技术导向，民法无法确认个人信息的权利主体，而只能从分享与控制的维度确立公民个人信息的利益分配。公法益观按照具体观点有信息专有权说，[③] 信息安全的社会信赖说，[④] 信息公共安全说，[⑤] 社会管理秩序说等不同观点。[⑥] 此外，复合法益观认为公民个人信息兼有私法的权利属性与公法的属性，因此不能用单一维度来评价侵犯公民个人信息罪的法益类型。[⑦]

刑法理论界的上述纷争，根源还在于民法学界未能就公民个人信息的权利属性形成一致的、权威性的意见。民法学界对公民个人信息的权利属性，先后有财产权说、隐私权说、具体人格权说、个人信息权说等不同主张，而上述争论迄今为止也没有形成权威性的主张，自然无法给刑法学界明确的知识指导，进而刑法学界围绕该罪的处罚范围莫衷一是。

2. 来自刑事司法解释的若干智慧与经验启迪

若干理论观点的分歧，并不影响司法解释对公民个人信息保护模式的探索，其中不乏亮点和智慧。2017 年《最高人民法院、最高人民检察院关于办理侵犯公民个人信息刑事案件适用法律若干问题的解释》明确了公民个人信息的概念、范围以及具体的定罪量刑标准。

例如，《最高人民法院、最高人民检察院关于办理侵犯公民个人信息刑事案件适用法律若干问题的解释》第 3 条第 2 款规定，“未经被收集者同意，将合法收集的公民个人信息向他人提供的，属于刑法第二百五十三条之一规定的‘提供公民个人信息’，但是经过处理无法识别特定个人且不能复原的除外”，体现了信

① 刘艳红：《民法编纂背景下侵犯公民个人信息罪的保护法益：信息自决权》，载《浙江工商大学学报》2019 年第 6 期。

② 自正法、韩铁柱：《流通知情权与侵犯公民个人信息罪的法益及其刑事保护边界》，载《内蒙古社会科学》2020 年第 5 期。

③ 敬力嘉：《大数据环境下侵犯公民个人信息罪法益的应然转向》，载《法学评论》2018 年第 2 期。

④ 江海洋：《侵犯公民个人信息罪超个人法益之提倡》，载《交大法学》2018 年第 3 期。

⑤ 王肃之：《被害人教义学核心原则的发展——基于侵犯公民个人信息罪法益的反思》，载《政治与法律》2017 年第 10 期。

⑥ 凌萍萍、焦治：《侵犯公民个人信息罪的刑法法益重析》，载《苏州大学学报》2017 年第 6 期。

⑦ 高楚南：《刑法视野下公民个人信息法益重析及范围扩充》，载《中国刑事法杂志》2019 年第 2 期。

息匿名化处理的原则，为数字经济时代数据的合法流转和利用释放了法律空间。[①]信息匿名化处理原则也得到了《网络安全法》第42条第1款，《个人信息保护法》第4条的确认。[②]

再如，公民个人信息的类型多样，包括个人姓名、家庭住址、社会关系、健康生理信息、财产信息等不同种类，其中有些信息一旦泄露可能会诱发后续的电信诈骗犯罪、绑架罪、敲诈勒索罪等犯罪。《数据安全法》第21条规定了数据分类分级保护制度，[③]《个人信息保护法》第28条规定了敏感个人信息。[④]而《最高人民法院、最高人民检察院关于办理侵犯公民个人信息刑事案件适用法律若干问题的解释》已根据不同的信息类型设定了差异化的入罪量刑标准。《最高人民法院、最高人民检察院关于办理侵犯公民个人信息刑事案件适用法律若干问题的解释》第5条第1款规定："非法获取、出售或者提供公民个人信息，具有下列情形之一的，应当认定为刑法第二百五十三条之一规定的'情节严重'：……（三）非法获取、出售或者提供行踪轨迹信息、通信内容、征信信息、财产信息五十条以上的；（四）非法获取、出售或者提供住宿信息、通信记录、健康生理信息、交易信息等其他可能影响人身、财产安全的公民个人信息五百条以上的；（五）非法获取、出售或者提供第三项、第四项规定以外的公民个人信息五千条以上的；……"按照该条，司法解释为个人信息设定了三种类型，并且规定了差异化的量刑标准。差异化的量刑标准虽然是

---

① 当然，也带来了某种桎梏。按照该规定，主体掌握的他人个人信息，需要获得二次授权才能予以流转，而对很多公开个人信息的流转，获得二次授权几乎是不可能的。

② 《网络安全法》第42条第1款规定："网络运营者不得泄露、篡改、毁损其收集的个人信息；未经被收集者同意，不得向他人提供个人信息。但是，经过处理无法识别特定个人且不能复原的除外。"《个人信息保护法》第4条第1款规定："个人信息是以电子或者其他方式记录的与已识别或者可识别的自然人有关的各种信息，不包括匿名化处理后的信息。"

③ 本条规定："国家建立数据分类分级保护制度，根据数据在经济社会发展中的重要程度，以及一旦遭到篡改、破坏、泄露或者非法获取、非法利用，对国家安全、公共利益或者个人、组织合法权益造成的危害程度，对数据实行分类分级保护。国家数据安全工作协调机制统筹协调有关部门制定重要数据目录，加强对重要数据的保护。关系国家安全、国民经济命脉、重要民生、重大公共利益等数据属于国家核心数据，实行更加严格的管理制度。各地区、各部门应当按照数据分类分级保护制度，确定本地区、本部门以及相关行业、领域的重要数据具体目录，对列入目录的数据进行重点保护。"

④ 本条规定："敏感个人信息是一旦泄露或者非法使用，容易导致自然人的人格尊严受到侵害或者人身、财产安全受到危害的个人信息，包括生物识别、宗教信仰、特定身份、医疗健康、金融账户、行踪轨迹等信息，以及不满十四周岁未成年人的个人信息。只有在具有特定的目的和充分的必要性，并采取严格保护措施的情形下，个人信息处理者方可处理敏感个人信息。"

为了强化特殊信息的保护，与其社会危害性相适应，但也同时体现了数据分级分类保护的思想。

二、侵犯公民个人信息罪修改完善的必要性分析

如前所述，客观上中国对公民个人信息的保护走上了一条刑先民后的道路，在缺乏民事法律规范的情况下，运用刑事手段制裁侵犯公民个人信息的行为，缓解了该领域的规则饥渴，立法价值值得肯定，而且刑法的若干思路，亦和现在的《个人信息保护法》相呼应。但是在《民法典》和《个人信息保护法》出台之后，侵犯公民个人信息罪就存在是否主动向公民个人信息保护的基本法律规范回归的问题。如果要调适，首先要面临的一个问题是，为什么要调适？其次才是如何调适。《民法典》来临之后，刑法学界普遍认识到刑法规范应与民法规范相衔接，一则民法作为“万法之母”的地位也基本获得刑法学界的认可，《民法典》确立了基础性的人身关系与财产关系，“确保民法普通法地位及其普遍适用性的关键之处在于，民法将其调整的法律关系的主体设定为‘人’。这个‘人’是法律确认其有人格却不带有任何特殊标记的‘抽象人’”,[①] 民法确立的基础性的法律规则对刑法及其他部门法有现实的影响，如民法确立的财产关系直接影响刑法中财产犯罪的认定，因为刑法中的财产犯罪本来就是为了保护基础性的财产关系的，民法中财产范围的认定也会直接对财产犯罪的范围造成影响，如虚拟财产等。民法鼓励见义勇为的制度影响到刑法中正当防卫的成立范围，民法关于法人的规定影响刑法关于单位犯罪的构成要件。民法“秉承体系性法律思维方法，遵循民事主体、民事权利、民事行为、民事责任的科学编纂结构，以人的保护为核心，对普遍适用于《民法典》分则各编的一般原则、概念、规则和制度进行了系统规定，把对人的权利的保护提升至前所未有的高度”，从而凸显了“以人的保护为核心，以权利为本位”。[②] 而刑法同样是以权利保障为重要机能。二则近年来立法机关特别强调不同法律规范之间的联动效应，注重不同法律部门之间的呼应性，也给讨论刑法与其他部门法的衔接创造了条件。历史上诸法合体的时代，民法和刑法

① 张新宝：《“新闻（媒体）侵权”否认说》，载《中国法学》2008年第6期。
② 梁慧星：《民法总则的时代意义》，载《人民日报》2017年4月13日。

没有明显的界限，即使到了近代诸法分离的时代，民法和刑法依然在理念和价值追求上有很多共通之处。刑法与民法在立法上有着诸多相似性规定。刑法和民法中都规定了正当防卫和紧急避险制度，刑法中的正当防卫和紧急避险是正当化事由，民法中的正当防卫和紧急避险是私力救济的合法化依据，两者共同的法效果是排除违法性。之所以有如此多的共同性，核心原因在于，刑法中的正当防卫和紧急避险与民法中的正当防卫和紧急避险，都是基于同样的法理。①

当前刑事立法也很注重与民法以及其他部门法的协调一致。《刑法修正案（十一）》增设的危险作业罪与2021年修改通过的《安全生产法》的联动②，《刑法修正案（十一）》增设的高空抛物罪与《民法典》第1254条的联动③，《刑法修正案（十一）》增设的非法采集人类遗传资源、走私人类遗传资源材

---

① 刘艳红：《人性民法与物性刑法的融合发展》，载《中国社会科学》2020年第4期。

② 《安全生产法》第36条第3款规定："生产经营单位不得关闭、破坏直接关系生产安全的监控、报警、防护、救生设备、设施，或者篡改、隐瞒、销毁其相关数据、信息。"《刑法修正案（十一）》第4条规定："在刑法第一百三十四条后增加一条，作为第一百三十四条之一：'在生产、作业中违反有关安全管理的规定，有下列情形之一，具有发生重大伤亡事故或者其他严重后果的现实危险的，处一年以下有期徒刑、拘役或者管制：（一）关闭、破坏直接关系生产安全的监控、报警、防护、救生设备、设施，或者篡改、隐瞒、销毁其相关数据、信息的；（二）因存在重大事故隐患被依法责令停产停业、停止施工、停止使用有关设备、设施、场所或者立即采取排除危险的整改措施，而拒不执行的；（三）涉及安全生产的事项未经依法批准或者许可，擅自从事矿山开采、金属冶炼、建筑施工，以及危险物品生产、经营、储存等高度危险的生产作业活动的。'"

③ 《民法典》第1254条规定："禁止从建筑物中抛掷物品。从建筑物中抛掷物品或者从建筑物上坠落的物品造成他人损害的，由侵权人依法承担侵权责任；经调查难以确定具体侵权人的，除能够证明自己不是侵权人的外，由可能加害的建筑物使用人给予补偿。可能加害的建筑物使用人补偿后，有权向侵权人追偿。物业服务企业等建筑物管理人应当采取必要的安全保障措施防止前款规定情形的发生；未采取必要的安全保障措施的，应当依法承担未履行安全保障义务的侵权责任。发生本条第一款规定的情形的，公安等机关应当依法及时调查，查清责任人。"《刑法修正案（十一）》第33条规定："在刑法第二百九十一条之一后增加一条，作为第二百九十一条之二：'从建筑物或者其他高空抛掷物品，情节严重的，处一年以下有期徒刑、拘役或者管制，并处或者单处罚金。有前款行为，同时构成其他犯罪的，依照处罚较重的规定定罪处罚。'"

料罪等与《生物安全法》的联动①，等等。但是，在具体某个法律规范上，刑法是否要实现与前置法的协调与统一，刑法规范是否要接受前置法的约束，刑法学者在此问题却总会有一些不同看法。根据论证的需要，有的学者会说，不同法的规范目的不同，在概念和处罚尺度上有差别是正常的，但换成另外一个罪名，学者同样会说，刑法应当与其他部门法保持统一。那么，就侵犯公民个人信息罪而言，是否需要和《个人信息保护法》寻求某种协调呢？答案显然是肯定的。

（一）刑法不创造新的秩序，只是确认现有的秩序

众所周知，刑法具有谦抑性、最后法、保障法的品质，刑法强调尊重差异与协同共治的有机统一。刑法的谦抑性，“是指刑法应依据一定的规则控制处罚范围与处罚程度，即凡是适用其他法律足以抑制某种违法行为、足以保护合法权益时，就不要将其规定为犯罪；凡是适用较轻的制裁方法足以抑制某种犯罪行为、足以保护合法权益时，就不要规定较重的制裁方法”。② 刑法提倡谦抑性，源自刑罚这种社会制裁手段的严厉性，源自犯罪在社会观念和伦理上固有的严重社会危害性，只有在其他社会制裁手段如道德、民法等无法调控某种社会行为时，才能考虑动用刑罚手段，而且必须是针对具有严重法益侵害性的行为。如果某种行为不具有严重的危害性，即使其他社会规制手段无法抑制，也

---

① 《生物安全法》第56条规定：“从事下列活动，应当经国务院科学技术主管部门批准：（一）采集我国重要遗传家系、特定地区人类遗传资源或者采集国务院科学技术主管部门规定的种类、数量的人类遗传资源；（二）保藏我国人类遗传资源；（三）利用我国人类遗传资源开展国际科学研究合作；（四）将我国人类遗传资源材料运送、邮寄、携带出境。前款规定不包括以临床诊疗、采供血服务、查处违法犯罪、兴奋剂检测和殡葬等为目的采集、保藏人类遗传资源及开展的相关活动。为了取得相关药品和医疗器械在我国上市许可，在临床试验机构利用我国人类遗传资源开展国际合作临床试验、不涉及人类遗传资源出境的，不需要批准；但是，在开展临床试验前应当将拟使用的人类遗传资源种类、数量及用途向国务院科学技术主管部门备案。境外组织、个人及其设立或者实际控制的机构不得在我国境内采集、保藏我国人类遗传资源，不得向境外提供我国人类遗传资源。”《生物安全法》第57条规定：“将我国人类遗传资源信息向境外组织、个人及其设立或者实际控制的机构提供或者开放使用的，应当向国务院科学技术主管部门事先报告并提交信息备份。”《刑法修正案（十一）》第38条规定：“在刑法第三百三十四条后增加一条，作为第三百三十四条之一：‘违反国家有关规定，非法采集我国人类遗传资源或者非法运送、邮寄、携带我国人类遗传资源材料出境，危害公众健康或者社会公共利益，情节严重的，处三年以下有期徒刑、拘役或者管制，并处或者单处罚金；情节特别严重的，处三年以上七年以下有期徒刑，并处罚金。’”

② 张明楷：《论刑法的谦抑性》，载《法商研究》1995年第4期。

不能动用刑法手段。刑法谦抑性原则的提出，目的是尽量降低社会治理活动中刑法手段的使用，但是也隐含了这样的一层含义："刑法并不创造新的法秩序，而只是确认现有的法秩序。"意大利刑法学者就认为刑法没有特定的调整对象，刑法规范调整的范围，涉及几乎所有其他法律调整的范围。[①] 刑法和民法、行政法等其他部门法具有根本性的区别，尽管它们在总体目标的价值追求上是一致的，但是各自规范生发的路径是不同的，民法、行政法是对现有社会生活秩序的确认，同时也借助规范的引导功能去主动构建、塑造其理想的秩序类型和规则范式。而刑法则是对民法、行政法确立的法秩序的再次确认，刑法秩序的外延没有超出民法、行政法秩序的范畴，刑法规范的内涵需要民法、行政法的填充、补充、制约和保障。例如，对刑法财产犯罪的理解和适用，包括对具体概念术语的解释，必然要以民法的财产法律关系为基础，因为财产犯罪本来就是为了保障人民的基本的财产法律秩序，刑法的目的，不是创造新的刑法财产秩序，而只是对民法财产关系的确认和强化保护。

《个人信息保护法》是主干法律，构建了个人信息保护的基本法秩序，刑法应当努力趋近《个人信息保护法》。从刑先民后到刑民并重，再到民紧刑松，刑法的历史使命阶段性完成。在个人信息保护上，我国走上了一条刑先民后的道路。因此，以后需要采取"刑民并进""刑民并重"的方式，最好是采取"民先刑后""民紧刑松"的方式，形成法律合力，全面保护公民个人信息。

如何实现"民紧刑松"，或许《个人信息保护法》能给我们一些启示。协调数字经济活动、数据开放与共享和公民个人信息保护的关系是《个人信息保护法》的一个立法导向。《个人信息保护法》第1条规定："为了保护个人信息权益，规范个人信息处理活动，促进个人信息合理利用，根据宪法，制定本法。"过去民事、行政、刑事防范体系离散分列，导致对个人信息整体法益的保护因缺乏部门法联动而疲软乏力，个人信息被不法流转、不法滥用。如果单纯依靠对个别类型化行为的刑罚惩戒与威慑来代替民行刑一体化防范体系构建，不仅有违刑法谦抑性和最后手段性的基本属性，无法为个人信息保护建立体系化风险防范机制提供精准指引，而且动辄入刑的治理方式必将抑制数字经

---

① ［意］杜里奥·帕多瓦尼：《意大利刑法学原理（注评版）》，陈忠林译，中国人民大学出版社2004年版，第17页。

济的创新发展活力，无益于数字经济助力打造国内国际双循环的经济发展新格局。因此，就刑事安全风险防范而言，也需要民事、行政法律提供灵活全面的前置法支撑，在刑民衔接、行刑衔接的法秩序统一原则和刑民共治、行刑共治的一体化防范理念下打造民行刑协同的保护体系。

（二）法秩序统一原理作为立法与解释原则，原则上应予遵守

法秩序统一原理是刑法立法和解释的一个重要原则，在没有例外情况下，应当遵守。法秩序的统一性是指由宪法、刑法、民法等多个法领域构成的法秩序之间互不矛盾，个别的法领域之间不应作出相互矛盾、冲突的解释。随着《民法典》的通过实施，法秩序统一原理成为刑法学界的高频词汇，并被刑法学者自觉用于刑法规范的理解建构中。那么，为什么要遵循法秩序统一原理，它有什么样的优势和特色？法秩序统一原理，既是一项立法原则，也是一项司法原则和解释原则。作为立法原则，要求立法者在订立法律时应当注重不同法律部门之间术语和规范内容的协调，如刑法中的假药概念就要和《药品管理法》中的假药概念一致，而不能建立所谓“刑法中的假药概念”与“行政法中的假药概念”。作为司法原则，司法人员在具体判决时要注意审查其他法律部门对同一事实的认定，刑法判决的结果不能违背民事的基本法理。例如，刑法对人的解释要和民法保持一致，如果民法认为“胎儿”是人，则非法堕胎行为在刑法中就应当被认为是故意杀人罪。作为解释原则，在解释刑法时，要注意站在全局的视角解释法律，保持不同法律规范之间的协调。刑法的体系解释方法不仅要求不同刑法条文之间的体系统一，也要求不同法律部门之间的体系统一。而最高等级的法秩序统一，则是解释结论的合宪性，即刑法与宪法的规范统一。

法秩序统一原理的必要性，可以从以下几个方面理解。第一，在法律目的上，不同法律部门的追求是一致的。“良善是最高的法律”，正义是法律的永恒追求，“充分保护公民权利是法治的根本目标”，[①] 法治就是将人民共同的道德情感、社会的一般操守予以法律化，保障人民的基本自由与权利，不同法律部门尽管在规制范围、规制手段上存在差异，但是在法律的共同价值追寻上，是

① 刘艳红：《人性民法与物性刑法的融合发展》，载《中国社会科学》2020 年第 4 期。

高度一致的，这是能够实现法秩序统一的前提条件和价值基础。“在公私法相互渗透与融合的法治时代背景下，人性民法有助于强化刑法的人性色彩，并据以形成人道化的刑法立法、人本化的刑法制度、人文化的刑法解释，实现对物性刑法的人文化成。公私法的同源性与共通性决定了物性刑法对人性民法的发展也有着强化保障的重要作用。物性刑法有助于重塑民法公平正义的价值理念，提升民法规范的强制性以及加强对民事主体私权利的保障，并促进民法立法、民事司法的更迭与发展，实现对人性民法的影响渗透。”[①] 第二，在适用成本上，法秩序统一原理能够最大限度降低不同法律部门的内耗，提升解释的效力。在适用法律的过程中，坚持术语、概念的统一性，能够降低不同法律部门的知识沟通成本，防止语境转换下的规则误判，减少不必要的名词创制。第三，在适用效果上，法秩序统一原理能够将法律责任的效能最大化，避免不同法律责任的冲撞。民法以损害赔偿、恢复原状为主要责任实现方式，接受无过错责任，刑法以刑罚为主要实现方式，坚持过错责任原则，民法和刑法实现不同法律责任的衔接，构建多层次的法律责任体系。只有坚持法秩序统一原理，不同法律部门之间的“自由分配”才可能有恰当比例。“应当以刑民一体化为基础，形成不同法律部门、整体法律秩序的一致诉求，从而使得立法机关通过规范的法律文本，可以合理分配个人自由和社会安全间的利益。”[②]

近年来的刑事立法，逐步与民法以及其他部门法趋近化，即使还有差异，在实质规范层面也是一致的。比较典型的例子是侵犯著作权罪。1997 年《刑法》第 217 条的侵犯著作权罪只规定了四类侵犯著作权的行为，包括复制发行、出版、制作、出售假冒美术作品等。该规定是为呼应 1990 年出台的《著作权法》第 10 条，当时规定的著作权类型也仅有发表权、署名权、修改权、保护作品完整权等几种有限的权能。但是 2001 年我国对《著作权法》进行了一次大的修改，将著作权的具体权能扩展到 16 项之多，这就造成刑法的侵犯著作权罪的保护范围大大滞后于《著作权法》的保护范围，尤其是随着信息化时代的到来，网络侵犯著作权行为大行其道，成为主流的侵犯著作权类型。为

① 刘艳红：《人性民法与物性刑法的融合发展》，载《中国社会科学》2020 年第 4 期。

② 端木玉芳：《法秩序统一原理下环境污染罪构成要件再阐释——以〈民法典〉第 9 条为底层伦理》，载《中国矿业大学学报》2021 年第 5 期。

了缓解刑法的打击压力，2004 年《最高人民法院、最高人民检察院关于办理侵犯知识产权刑事案件具体应用法律若干问题的解释》第 11 条第 3 款规定，“通过信息网络向公众传播他人文字……的行为，应当视为刑法第 217 条规定的‘复制发行’”。也就是说，依照 2001 年修改后的《著作权法》，信息网络传播权是独立于“复制发行”的一项权能，而按照前述司法解释，信息网络传播权则是复制发行权的一项内容，尽管该规定有违反罪刑法定之嫌，但确实在一定程度上弥合了《刑法》与《著作权法》的规制差距。而 2021 年《刑法修正案（十一）》对侵犯著作权罪进行了修改，增设了侵犯与著作权有关的权利也可以构成本罪的规定，并且单列了信息网络传播权，可以视为时隔 20 年后，刑法侵犯著作权罪向《著作权法》的回归。类似的还有《刑法》第 196 条的信用卡诈骗罪，“信用卡”在银行领域是有特定功能和专有含义的，银行领域严格区分储蓄卡（借记卡）和信用卡（贷记卡），前者没有透支功能而后者有透支功能，如果信用卡诈骗罪严格按照商事领域对信用卡的理解，则就将储蓄卡诈骗的行为排除在犯罪之外，这显然是不合理的。因此，2004 年《全国人大常委会关于〈中华人民共和国刑法〉有关信用卡规定的解释》作出规定，“刑法规定的信用卡，是指由商业银行或者其他金融机构发行的具有消费支付、信用贷款、转账结算、存取现金等全部或者部分功能的电子支付卡”。因此，即使刑法领域的信用卡的概念和民事领域的信用卡的范畴不太一致，在实质处罚范围上依然符合民法的前置规范。

当然，在法秩序统一原理的理解和适用上，应当注意两点。一是不同法律部门之间的“统一”序位是不一样的。应当按照不同的法律层级，确立作为统一基点的核心法律，“法秩序统一”不是平面耦合节奏，而是辐辏结构，宪法自然在其中占据最主导地位，所有其他部门必须遵从宪法的基本原则、基本制度与基本价值追求。而刑法作为其他部门法的保障法，虽然与民法、行政法都属于基本法律部门，但是基于刑法的保障法特色，刑法也需主动迎合民法、行政法的规定，因为刑法的违法性根据和来源，多数情况下是民法和行政法。不能在民法和行政法上是合法的行为在刑法上是犯罪，但是在刑法上不是犯罪的行为在民法和行政法上却可以是违法的行为。二是自然犯和法定犯，对于体系协调的要求是不同的。以侵犯公民个人信息罪为例，从体系解释的角度出发，其既有对伦理道德秩序违反的一面，又有侵害国家信息秩序的一面，其构成要件的表述中有“违反国家有关规定”这一要素，故属于法定犯的自然犯化。正是在数字经济发展过程中催生并自觉保护公民的个人信息安全，进而由《民法典》《个人信息保护法》等相关法律确立其法定地位，最终作为一项稳定且统一的利益在民行刑等不同法律子系统的过滤定型下成为法益。因此，对于个人信息安全刑事风险的防范就不可能忽略作为前置法的《民法典》《个人信息保护法》等民事规范。

三、侵犯公民个人信息罪的立法与司法完善路径

刑法的侵犯公民个人信息罪应当在两个方向向民法靠拢，一是在刑事司法层面，对公民个人信息的概念重新进行限缩性解释；二是在刑事立法层面，扩充侵犯公民个人信息罪的适用范围。通过司法的“退一步”与立法的“进一步”，对侵犯公民个人信息罪的适用范围进行重新调适。

（一）司法上的调适思路：公民个人信息概念的限缩

公民个人信息的概念是侵犯公民个人信息罪的逻辑起点，直接决定了本罪的规制范围，它同时也是公民个人信息法律保护的基石。众所周知，关于公民个人信息的界定标准，先后存在识别性标准和关联性标准。[①] 公民个人信息的识别性（identifiable）标准包括公民个人信息的“可识别”与“已识别”，其理论源头可以追溯到沃伦（Samuel D. Warren）和布兰代斯（Louis D. Brandeis）两位学者在1890年发表的著名论文《隐私权》，在该文中，两人指出，事务的排他性所有权需要经过识别（identification）才能确认。[②] 20世纪60年代，瑞布豪森（Oscar M. Ruebhausen）与布林（Orville G. Jr. Brim）基于隐私权保护的立场，提出在学术研究中，应当对被研究者的个人信息进行匿名化处理，以防止相关研究数据被识别为个人信息。[③] 此后经过1980年经济合作与发展组织的

① 苏宇、高文英：《个人信息的身份识别标准：源流、实践与反思》，载《交大法学》2019年第4期。

② S. Warren & L. Brandeis, “The Right to Privacy”, Harvard Law Review, Vol. 4, No. 5 (Dec. 15, 1890), p. 206.

③ O. Ruebhausen & O. Brim, “Privacy and Behavioral Research”, Columbia Law Review, Vol. 65, No. 7 (1965), pp. 1184-1211.

《隐私保护和个人数据跨境流通指南》以及1995年欧共体保护指令等一系列保护法律政策文件的确认，个人信息的识别性标准在世界范围内流行起来。与之相对的是个人信息的关联性（linkable）标准，它由美国加州消费者隐私法案提出，[①] 这个标准很好地抓住了个人信息辨识个人的方式与实质，同时有助于缓解抽象界定带来的法律适用不确定性的困境，但也未能充分强调个人信息高度依赖于场景并只能在具体场景中加以判断的特征，因而存在路径性局限，[②] 没有被广泛采用。

《刑法》第253条之一没有明确规定公民个人信息的概念，而是由《最高人民法院、最高人民检察院关于侵犯公民个人信息刑事案件适用法律若干问题的解释》第1条予以规定。在该司法解释之前，先后有两个比较重要的法律文件也规定了公民个人信息的概念。一是2012年《全国人大常委会关于加强网络信息保护的决定》。《全国人大常委会关于加强网络信息保护的决定》第1条指出，公民个人信息是“能够识别公民个人身份和涉及公民个人隐私的电子信息”。在个人信息的内涵方面，《全国人大常委会关于加强网络信息保护的决定》采取了识别性+隐私性的双标准模式，显示出当时的立法者并没有清晰认识到公民个人信息与隐私权在法律性质和规范结构上的本质差别，没有脱离隐私权的框架保护公民个人信息。对公民个人信息概念界定的这种立法思路也被2013年《最高人民法院、最高人民检察院、公安部关于依法惩处侵害公民个人信息犯罪活动的通知》所继承。而直到2017年6月1日，与《最高人民法院、最高人民检察院关于办理侵犯公民个人信息刑事案件适用法律若干问题的解释》几乎同时生效的《网络安全法》第76条采用了纯粹的公民个人信息的识别性标准，标志着与欧盟GDPR等国际主流的立法趋势接轨，也意味着我国对公民个人信息的保护开始走上独立的、直接的保护路径，与隐私权的间接保护模式分道扬镳。2020年的《民法典》以及《个人信息保护法》也继承了《网络安全法》的立法思路。《个人信息保护法》第4条第1款规定：“个人信息是以电子或者其他方式记录的与已识别或者可识别的自然人有关的各种信息，不包括匿名化处理后的信息。”

---

① *California Consumer Privacy Act of* 2018，§ 1798.140.

② 范为：《大数据时代个人信息保护的路径重构》，载《环球法律评论》2016年第5期。

根据上述法律背景来审查刑法视野下的公民个人信息的概念，就会发现刑法中的公民个人信息概念与民法中的概念的错位。根据《最高人民法院、最高人民检察院关于办理侵犯公民个人信息刑事案件适用法律若干问题的解释》第1条规定："公民个人信息"，"是指以电子或者其他方式记录的能够单独或者与其他信息结合识别特定自然人身份或者反映特定自然人活动情况的各种信息，包括姓名、身份证件号码、通信通讯联系方式、住址、账号密码、财产状况、行踪轨迹等。"按照该定义，刑法中的公民个人信息的概念大于《个人信息保护法》，实质上将非公民个人信息的数据也放入了侵犯公民个人信息罪的框架中，个人信息=个人身份信息+可能影响人身、财产安全的个人信息。刑法司法解释作出如此界定的原因是多方面的，民法学界对公民个人信息的法律属性一直争议不定，公民个人信息是权利还是权益，个人信息权利的内容、个人信息的权属等莫衷一是，无法为刑法提供权威性的知识供给。刑法在没有其他参照物的情况下，只能摸着石头过河了。为了应对基于数据的后续犯罪行为，[①] 刑法选择扩大公民个人信息的范围，将之纳入公民个人信息犯罪的框架中。另外一个重要的原因是，我国刑法缺乏独立的数据犯罪体系，侵犯公民个人信息罪承担了部分数据犯罪的功能。欧盟的 GDPR 没有区分数据（data）与信息（information）的概念，在个人信息保护立法中，欧盟及其成员国大多以"数据"来表述其立法保护对象，[②] 因此个人数据与个人信息的内涵是等同的，而我国通过《数据安全法》和《个人保护信息法》，建立了数据与信息的二元保护体制，但是在刑法上，并没有独立的、完备的数据犯罪保护体系，关于数据的刑法保护规范散落在破坏计算机信息系统罪、非法获取计算机信息系统数据罪、非法控制计算机信息系统罪等不同罪名中，为了应对大量的非系统性数据的保护，刑法选择扩充公民个人信息的范围，将非可识别性的数据也作为公民个人信息的一部分。这种极度扩张个人信息范围的做法甚至也影响到了《民法典》。《民法典》第 1034 条第 2 款虽然对公民个人信息的定义坚持绝对的识别性标准，但是又列举了"电子邮箱"作为公民个人信息的一个类型，这受到

---

① 例如，对利用手机定位信息和位置信息实施的绑架等犯罪行为中，将手机定位信息和位置信息认定为公民个人信息。参见李怀胜：《公民个人信息保护的刑法扩展路径及策略转变》，载《江淮论坛》2020 年第 3 期。

② 梅夏英：《数据的法律属性及其民法定位》，载《中国社会科学》2016 年第 9 期。

了《最高人民法院、最高人民检察院关于办理侵犯公民个人信息刑事案件适用法律若干问题的解释》将“账号密码”作为公民个人信息的一种类型的影响。但是无论是电子邮箱还是账号密码，都不是个人身份的派生物，与个人信息并没有必然的联系，对电子邮箱以及账号密码的侵犯，主要是看中其内含的经济价值，对于该账号和邮箱属于谁，犯罪嫌疑人并不关心。刑法将之作为公民个人信息予以保护，完全是假途灭虢之举，是借侵犯公民个人信息罪来实现对一般性的网络数据的保护。假如在《民法典》与《个人信息保护法》出台之前，刑法这么做尚有合理之处的话，那么在公民个人信息的基础法律关系已经建构完成的背景下，刑法就应当恢复其本来的历史面目。由于公民个人信息的概念是由司法解释来规定的，笔者建议适时对《最高人民法院、最高人民检察院关于办理侵犯公民个人信息刑事案件适用法律若干问题的解释》进行修改，以完成公民个人信息概念的限缩性解释。

（二）立法上的调适思路：个人信息滥用行为的入罪化

成熟的个人信息法律保护体系建构完成的标志之一是，建立对个人信息的全生命周期的法律保护。以此来比照侵犯公民个人信息罪的话，侵犯公民个人信息罪本质上仍然是预备性质的犯罪，它打击公民个人信息的不法流转，即非法出售、非法提供、非法获取行为。本书第三章讨论个人信息的法益属性，个人信息兼具公法益和私法益两种属性，个人信息保护的必要性贯彻于个人信息的生命全周期，信息滥用行为亦有其保护的必要性。单纯的个人信息的不法流转侵犯了他人的隐私权，而隐私权只是个人信息权益的一种权能而已，个人信息最主要的危害性，是下游的信息滥用行为。按照目前的侵犯公民个人信息罪，个人信息流转的合法性来自知情同意原则和法律的强制性规定两个方面，知情同意原则是个人信息自决权的法律体现，法律的强制性规定包括法律、行政法规和部门规章，其主要依据是《个人信息保护法》。根据《个人信息保护法》第 13 条规定：“符合下列情形之一的，个人信息处理者方可处理个人信息：（一）取得个人的同意；（二）为订立、履行个人作为一方当事人的合同所必需，或者按照依法制定的劳动规章制度和依法签订的集体合同实施人力资源管理所必需；（三）为履行法定职责或者法定义务所必需；（四）为应对突发公共卫生事件，或者紧急情况下为保护自然人的生命健康和财产安全所必需；（五）为公共利益实施新闻报道、舆论监督等行为，在合理的范围内处理个人信息；（六）依照本法规定在合理的范围内处理个人自行公开或者其他已经合法公开的个人信息；（七）法律、行政法规规定的其他情形。依照本法其他有关规定，处理个人信息应当取得个人同意，但是有前款第二项至第七项规定情形的，不需取得个人同意。”又依照《个人信息保护法》第 4 条第 2 款规定：“个人信息的处理包括个人信息的收集、存储、使用、加工、传输、提供、公开、删除等。”《个人信息保护法》第 13 条对侵犯公民个人信息罪也有直接的约束力。

信息滥用的对象，可以是未公开的个人信息，也可以是已公开的个人信息。对于未公开的个人信息，如果是他人采用非法手段获得进而滥用的，则滥用行为属于不可罚的事后行为，不单独处罚，如在网络上收买他人的手机号进而向他人推销房产的，是常见的公民个人信息的危害方式，后续的信息滋扰行为已经被前面的信息不法流转所吸收，不再单独处罚。对于合法获得他人个人信息并滥用的，只能单独处罚后续的滥用行为，但目前刑法没有精准的罪名应对。

对于已公开的个人信息，其保护适用《个人信息保护法》第 13 条和第 27 条。其中第 27 条规定：“个人信息处理者可以在合理的范围内处理个人自行公开或者其他已经合法公开的个人信息；个人明确拒绝的除外。个人信息处理者处理已公开的个人信息，对个人权益有重大影响的，应当依照本法规定取得个人同意。”我国关于已公开个人信息的规定，主要有三个层次，第一，个人自行公开或以其他形式合法公开的个人信息，对其处理构成个人同意的例外，可以单独构成合法性基础；第二，要符合该条合法性基础，处理行为应在“合理范围”，且不能“侵害其重大利益”或“对个人权益有重大影响”，否则依然需要取得个人同意；第三，个人可以通过明确拒绝来反对个人信息处理行为。[①]不管是已授权的未公开的个人信息，还是已公开的个人信息，其都应在授权的范围内利用个人信息。据此，滥用个人信息的标准有两点：一是信息利用行为超出合理范围，二是信息利用行为侵害了公共利益或者他人重大利益。

---

① 刘晓春：《已公开个人信息保护和利用的规则建构》，载《环球法律评论》2022 年第 2 期。

非法滥用公民个人信息的危害是多方面的，它对个人权益、社会秩序乃至国家安全有多重复合型危害，即同一危害样态中包括多重危害类型。例如，利用公民个人信息实施电信网络诈骗等所谓的精准诈骗行为，互联网平台利用公民个人信息进行个性化推送、数据画像、自动化决策等侵犯公民个人隐私的行为，进行价格歧视等损害消费者知情权利的行为，以及运用深度伪造技术合成虚假的他人音频、视频的行为等。过度的数据画像侵蚀了人们对各自私人生活事务和生活空间的相关信息以及活动的自主权利，所谓的个性化推送其实是对个人行为的有益引导和塑造，数据预测个人的行为。

事实上，由于非法滥用个人信息型罪刑规范的缺乏，司法实践产生了一系列困惑，如公开渠道合法获得他人信息，进而有偿提供给他人用作商业经营和推广，是否构成犯罪？有的学者认为，个人信息处理是否合理，取决于引发的影响是否被用户所接受，是否符合用户的合理预期，将个人信息转卖给他人，信息利用的情境发生了变化，即使不需要用户的二次同意，该信息的利用方式仍然侵犯了用户的信息自决权。[①] 也有学者反对这种观点，[②] 继而引发关于“知情同意”原则在犯罪成立中的地位等一系列问题。

① 张忆然：《大数据时代“个人信息”的权利变迁与刑法保护的教义学限缩——以“数据财产权”与“信息自决权”的二分为视角》，载《政治与法律》2017 年第 2 期。

② 徐剑：《侵犯公民个人信息罪法益：辨析与新证》，载《学海》2021 年第 2 期。

第六章　个人生物识别信息的刑法保护思路

在信息化时代，不断成熟的人工智能技术与海量开放的数据资源的结合，催生了巨大的信息红利。数据流动载体从传统文本、电子化文本过渡到音频、视频等多媒体形式，直至目前日益复杂的虚拟现实场景。信息不仅能反映现实、表达现实，更能以重塑现实的方式丰富用户的体验。随着人工智能深度学习算法的进步，“深度伪造”（deepfake）技术应运而生，深度伪造技术能够帮助还原历史场景、帮助失语者恢复说话能力、让静态的文学作品形象“动起来”，实现娱乐身心、扩展人的精神世界的目的。

不过令人遗憾的是，我们还没有真正体会到深度伪造带来的技术红利，就已经被裹挟进了其产生的巨大社会风险中。深度伪造技术是人工智能算法的滥用，同时也侵害了个人生物识别信息这一公民个人信息中最核心的类别。同样，深度伪造侵害法益的多样性也给从不同的法律视角切入规制提供了可能性。本章认为，立足于刑法现有的关于深度伪造的制裁体系，有必要在刑法中正式引入“身份盗窃”，补足身份信息不当使用的刑法评价空白，亦可实现其他附随性的立法价值。

一、人工智能背景下的深度伪造及其侵害法益指向

深度伪造直观呈现的所谓面部替换技术并非信息时代的产物，早在 19 世纪末，它就被运用到了电影特技中。当时美国爱迪生制片厂的摄影师库恩在影片《玛丽·斯图亚特之死》中，表现了刽子手在群众面前砍下女王玛丽的头，并拿给群众观看的画面，这被认为是最早的电影特效。[①] 它是目眩神迷的视觉奇观的重要来源，人们的想象力可以在无垠的时空中任意驰骋。然而电影特效

---

① ［法］乔治·萨杜尔：《世界电影史》，徐昭、胡承伟译，中国电影出版社 1995 年版，第 13 页。

从不标榜自己是真实的，因而也谈不上伪造，深度伪造技术则与之完全不同。

（一）深度伪造的类型化特征及其技术本质

不同于电影特技，深度伪造是依托人工智能发展起来的一项新技术，是人工智能算法滥用的一个新的具体表现。深度伪造一词，是“Deep learning”（深度学习）和“Fake”（伪造）两词结合而成的新单词，它是一种基于人工智能深度学习技术产生的新的伪造技术，其主要技术表现是利用人工智能技术实时伪造他人面部表情和声音，并将其合成为新视频，在该视频中，被合成的“他人”可以做真人从来没有做的事情，说真人从来没有说过的话。

深度伪造的兴起，得益于所谓生成对抗网络（GAN）的出现和发展。该方法由伊恩·古德费洛等人于 2014 年提出。生成对抗网络由生成器和识别器两部分组成。网络生成器本质上是一种数据压缩算法，其中数据的压缩和解压缩函数是数据相关的、有损的、从样本中自动学习的。生成器基于一个数据库自动生成模拟该数据库中数据的样本，识别器则对生成器生成的数据质量进行检验，并将结果反馈给生成器。两者在互动博弈中不断提高大规模输出的精度。通过人脸图像等原始信息训练生成对抗网络，让该算法自动掌握人的鼻子、眼睛、嘴巴等面部特征，在输入新的图像和视频后，算法会对人脸特征进行捕获并完成人脸图像的替换，以此类推，对多个单帧图像的批量处理即可生成深度伪造视频。此前该技术在计算机视觉研究领域中并不鲜见，但是基本停留在学术研究层面，但是随着该技术在国外“GitHub”开源软件上的公开，迅速扩散开来，进入社会公众视野。

1. 深度伪造的类型化特征

目前的深度伪造主要是网络环境下针对人体某个特征的伪造，包括针对面部的深度伪造和针对声音的深度伪造。2019 年 8 月，一款名为“ZAO”的人工智能换脸软件在中文网络中推出，只要上传一张正面照片，就能将影视作品中的明星换成自己的脸。“ZAO”瞬时引起网络狂欢，但随即因对公民个人信息的过度搜集以及可能的社会安全风险而受到工信部门的约谈。[①] 在国外，2018 年 1 月，一个软件上线，宣称可以实现“一键换脸”。虽然有的社交新闻站点，

---

① 陈静：《“掘金”个人数据不能为所欲为》，载《经济日报》2019 年 9 月 9 日。

已明令禁止在自己的平台传播换脸视频和图片，但仍有超过9万名用户传播这类视频。这类软件在掀起阵阵网络狂欢的同时，给个人信息安全造成了巨大威胁。至于人工智能的音频技术在电信网络诈骗犯罪中早就开始运用了，自动设定的语音对答系统可以做到有板有眼地与被害人对话。2018年，蒙特利尔大学的三名博士联合创办了一家名为“琴鸟”（Lyrebird）的公司。该公司开发出了一种“语音合成”技术，只要对目标人物的声音进行1分钟以上的录音，把录音丢给“琴鸟”处理，就能得到一个特别的密钥，利用这个密钥可以用目标人物的声音，生成任何想说的话。利用这些声音对目标人物的亲属和朋友实施诈骗，将是易如反掌的事情。目前实现音频伪造最为常见的方法是语音克隆技术，该技术已广泛应用在苹果siri等个性化虚拟助手中。具体而言，实现语音克隆主要有两种方法，一是说话者自适应（speaker adaption），二是说话者编码（speaker encoding）。每个人的语速、语调等声道信息都可以表示成一个声音模型。其中，说话者编码是根据说话人的少数声音对标准声道模型进行微调，以模拟出该说话人的声音。而说话者自适应则根据说话人的少量音频，从一个多人语音模型中找出该讲话人的声音特征。①

除此之外，当前值得注意的新动向是针对步态的深度伪造。俄罗斯作家维克多·佩列文（Victor Pelevin）在小说《智人》（*Homo Zapiens*）中描写了这样一个场景：一名叫巴比伦·卡卡斯基（Babylen Tatarsky）的诗人在苏联解体时被一位老朋友雇用为广告文案撰稿人。其凭借娴熟的文字能力，获得了丰厚的回报，但是他也逐渐发现当时许多重大政治事件都是虚拟仿真（virtual simulations）的产物。现在，在人们被脸部伪造（face deepfake）和声音伪造（sound deepfake）弄得焦头烂额之时，一种更新型的全身深度伪造（body deepfake）也浮出了水面，维克多·佩列文的幻想看起来有了实现的可能。2018年8月，美国加州大学伯克利分校的研究者发表了题为《现在大家跳舞》的论文，论文展示了通过深度学习算法，能够将专业舞蹈演员的动作转移到业余舞蹈者的身上。2019年4月，日本人工智能公司数据网格（Data Grid）开发了一种人工智能，它能够自动生成不存在的人的全身模型，此举被证实可以运用于时尚和服

① 龙坤、马钺、朱启超：《深度伪造对国家安全的挑战及应对》，载《信息安全与通信保密》2019年第10期。

装行业。全身深度伪造技术一旦成熟，其造成的安全隐患将显著倍增于人脸伪造和声音伪造。

2. 深度伪造的技术本质

伪造的目的是以假乱真，虽然电影特效和深受广大网民喜爱的“PS”技术都是“无中生有”的伪造，但它们是被动性伪造，依赖个体参与，是单一的、独立性的伪造。而深度伪造借助人工智能技术，可以实现机器的自主学习，伪造的行为脱离了人的参与，通过人工智能的计算机程序自动完成。它将伪造从被动性伪造推入了自主性伪造的全新阶段。只要给机器一定的素材，人工智能可以根据算法自行深度学习，并逻辑重组出新的内容，因而深度伪造是“有中生无”的过程。人工智能和深度学习让深度伪造也有了智商，从过去的三维虚拟化身到现在的人工合成图像，伪造的真实度越来越能达到以假乱真的效果。深度伪造不是单纯的复制和冒用，而是全新的生产。深度伪造所使用的技术手法，此前已经被广泛采用在各种互联网服务中。为丰富用户体验，一些手机导航软件也有多种“明星腔”或者方言版本可供用户选择。可见，深度伪造的问题不在于其算法规则与模式，而在于算法适用场景的滥用。

（二）“深度伪造”可能诱发的社会风险

对于仅仅发布一些深度伪造的恶作剧，或者明确标识这是深度伪造的作品，其后果不过是博人一笑，谈不上什么社会危害性，但是，一旦有人恶意利用深度伪造技术制作假视频或者假声音并试图让他人相信真实性，则很可能诱发很多社会风险，给个人权益、社会秩序乃至国家安全造成侵害。

1. 侵害个人权益或者公司的商誉

将他人的面部移植到不雅视频中的行为，已经不是单纯的恶作剧了，而是对他人人格权或者名誉权的直接侵害。利用深度伪造技术对他人进行恶意报复、污名化他人的名誉，是深度伪造技术滥用的较早实例，然而其范畴已不限于他人的人格和名誉，还可能服务更深层次的动机。深度伪造不但可以侵犯他人的人格和名誉权，还可能被用于实施诈骗。《华尔街日报》报道，2019 年 3 月，一个黑客组织利用软件模仿了一家德国能源公司 CEO 的声音，来欺骗该公司在英国的子公司 CEO，随后子公司 CEO 按照母公司 CEO 的要求，通过一家匈牙利供应商向母公司转账了22万欧元，随后款项就不知去向。早在2018年，印度就有20多人因为在社交平台上被谣传绑架小孩或涉及其他罪案而遭受暴力致死。

2. 扰乱社会秩序、挑起社会纷争

随着网络社会与现实社会分庭抗礼的“双层社会”的到来，网络空间和现实空间的界限趋于模糊，网络空间存在独立的意识形态属性和独立的秩序价值，网络谣言犯罪就是对网络社会秩序的直接侵害，这类侵害不但危害网络自身的安宁秩序，也可能会辐射到现实社会。过去的网络谣言犯罪一般是文字形式，那么如果“有心人”利用深度伪造技术制作一些虚假视频，则会轻而易举达到制造社会纠纷、扰乱社会秩序的目的。

3. 危害公共安全和国家安全

深度伪造对公共安全和国家安全的危害是多方面的，首先是对政治人物的抹黑，容易造成民众对政治人物的误解，影响社会稳定。政治人物尤其是一国元首和政府首脑，因其所处地位和身份的特殊性，对政治人物的“深度伪造”已经超越了个体法益的范畴，而可能给公共安全和国家安全带来损害。尤其是国家在处于紧急状态等敏感时期，此类虚假视频极易触动国民敏感的情绪，而带来难以估量的危害后果。况且，人工智能深度学习的效果依赖样本的数量，学习的样本越多，则伪造的效果越好，而政治人物，向来不缺乏视频和音频，这就导致对政治人物的“深度伪造”反而是更容易的。[①] 深度伪造还可以用来破坏社会稳定，如针对诸如堕胎、民族、种族、宗教等敏感话题制作虚假视频，然后上传到互联网中，很容易引发集会游行乃至社会动乱。在当前的互联网条件下，深度伪造视频可以成为信息战的强大武器，而在历史上虚假消息引发重大地缘变革的事例屡见不鲜。

人工智能算法的快速发展使得人们可以用令人难以置信的、几乎不可察觉的方式来操纵媒体——视频、图像、音频、文本。有了足够的训练数据，这些强大的自动生成算法就可以描绘一个真正的人做他从未做过的事情，或者说他从未说过的话。过去我们常说“耳听为虚，眼见为实”可能要变为“眼见未必为实，耳听未必为真”了。通常音频和视频文件比文字具有更高的可信性，但是深度伪造下的视频和音频的目的不是揭示和知会，而是误导和引入歧途。一

① 刘国柱：《深度伪造与国家安全——基于总体国家安全观的视角》，载《国际安全研究》2022年第3期。

旦人们无法分清真实和虚假，还可能会出现“信息衰退效应”，即人们连真实的视频也不再相信了。虚假信息犯罪不同于财产犯罪，即使事后经过充分辟谣，依然无法完全挽回损害，这反过来又进一步强化了“深度伪造”的危害性。深度伪造的滥用，对社会信用的损害可能是颠覆性的。

深度伪造有几个特点导致其危害性被显著扩大：

（1）由算法自动生成，制作门槛较低。事实上，各类伪造技术早就有之，如电影和电视制作中的绿幕技术和其他特效，以及各类图像软件都可以制作出以假乱真的视频或者图像，但是这类技术几乎没有引起多大波澜，原因在于它们的制作成本较高，制作周期较长，且需要较高的技术手段，这都决定了这类技术不可能大范围和大规模地运用到深度伪造的视频中。而深度伪造则不同，借助于技术的普及应用的规模加深，对抗生成网络的智能算法早就在网络空间中大范围普及开来，深度学习算法是深度伪造的背后驱动力量，只要掌握了算法，就能批量地复制出各类深度伪造的作品，这几乎是没有成本的。另外，基于对抗生成网络的智能算法所制造的各类深度伪造软件在网络空间中也不断涌现，并且供人自由下载，只需要按照软件的提示输入原始的素材，软件便会自动合成各类你所希望的视频或者图像，一切都是自动化展开的，这更进一步降低了深度伪造的门槛。

（2）几乎以假乱真，仅仅是制作门槛低就罢了，深度伪造的视频或者图像甚至达到了非常逼真的程度。虚假的变成真实的。一方面，深度合成算法的进步，提升了深度伪造的逼真程度，2018 年的深度合成算法主要采用的是卷积神经网络，而后进步到对抗生成网络，新的算法不再满足于对人的图像的单纯模拟，而是会捕捉人的眼神、口型、微表情的具体变化，乃至人的眨眼规律等，这种多模态结合的技术让大众越来越难以辨认真的“假视频”。另一方面，各类原始数据的增多，也给深度合成算法提升算法的精准性提供了源源不断的素材。深度伪造视频一旦传播开来，社会公众很难辨认真假，甚至对专业人士来说都有一定难度。美国为此专门有奖征集对深度伪造的检测技术。[①] 对深度合

① 针对假视频的检测方法有神经网络检测法、眨眼频率分析法等。针对音频的检测技术有基于相位法、基频统计量法等。参见王敬华、刘建银、张国燕、赵新想：《情感语音合成中韵律参数的基频研究》，载《小型微型计算机系统》2013 年第 9 期。

成的检测技术虽然目前有一定进步，但是也存在诸多困难，如检测率无法达到100%，传统人工手段无法进行肉眼辨别，新的伪造方法不断出现，网络环境的复杂性，检测算法自身的缺陷等都给建设算法造成了巨大的挑战。

（3）网络环境和社交媒体的助力让深度伪造传播迅速。美国众议院常设情报特别委员会（House Permanent Select Committee on Intelligence）主席亚当·希夫（Adam Schiff）在其主持的“人工智能对国家安全的挑战”听证会上，曾经得出这样的结论：“让深度伪造和其他虚假信息模式变得真正有害的是社交媒体的无处不在，以及虚假信息传播的速度。”深度伪造针对的对象往往是政治人物、明星等名人名流，这类视频迎合了社会公众的猎奇心理，因而一经出现就会快速传播，人们津津乐道于深度伪造视频带给他们的快感和震撼。尤其是借助各类社交媒体和社交平台，可以说能够达到一夜之间人尽皆知的程度。深度伪造自带“流量”的属性使其成为网络上的爆款产品，其影响力和破坏性惊人。《科学》（*Science*）杂志的一项研究报告称，虚假信息通常会被更多的人转发，而且比真实信息要快得多，尤其是政治话题。美国麻省理工学院（MIT）通过深入研究，“分析了十多年来300万用户发布的约12.6万条新闻报道”，结果发现，“一个捏造的故事传播到1500人的速度是一个真实故事的6倍”，而且虚假的政治故事比关于商业、恐怖主义或科学的虚假故事传播得更快。[①]

（三）深度伪造的侵害法益指向：个人生物识别信息滥用

深度伪造容易被忽略但更惊悚的另一面是，现代信息技术终于侵蚀到了公民个人信息的最内层面——个人生物识别信息的范畴上了。GDPR的第4条第14款对生物特征数据做了如下定义：“生物特征数据”指的是通过对自然人的身体、生理或行为特征进行特定的技术处理得到的个人数据，构成了识别该自然人的独特标识，如人脸图像或指纹识别数据。[②] 该定义对生物识别信息强调两个特征，一是需要特定的技术处理，表明生物识别信息不是原始数据或者资料，而是经过加工、提炼后的相关信息，二是识别性，这点与其他个人信息的

---

① Anna Pesetski, “Deepfakes: A New Content Category for a Digital Age,” William & Mary Bill of Rights Journal, Vol. 29, No. 2, 2020, pp. 507-508.

② 京东法律研究院：《欧盟数据宪章——〈一般数据保护条例〉GDPR评述及实务指引》，法律出版社2018年版，第228页。

定义是一致的。《民法典》第 1034 条规定：“自然人的个人信息受法律保护。个人信息是以电子或者其他方式记录的能够单独或者与其他信息结合识别特定自然人的各种信息，包括自然人的姓名、出生日期、身份证件号码、生物识别信息、住址、电话号码、电子邮箱、健康信息、行踪信息等。个人信息中的私密信息，适用有关隐私权的规定；没有规定的，适用有关个人信息保护的规定。”我国的《个人信息保护法》没有直接规定生物识别信息，但是第 28 条第 1 款规定：“敏感个人信息是一旦泄露或者非法使用，容易导致自然人的人格尊严受到侵害或者人身、财产安全受到危害的个人信息，包括生物识别、宗教信仰、特定身份、医疗健康、金融账户、行踪轨迹等信息，以及不满十四周岁未成年人的个人信息。”GB/T 35273—2020《信息安全技术　个人信息安全规范》（国家市场监督管理总局、中国国家标准化管理委员会发布）对个人生物识别信息做了举例：“个人基因、指纹、声纹、掌纹、耳廓、虹膜、面部识别特征等。”其他可以参考的官方定义比如在 GB/T 26238—2010《信息技术　生物特征识别术语》（国家质量监督检验检疫总局、中国国家标准化管理委员会发布）下把“生物特征数据”（Biometric Data）定义为“处于任何处理阶段的生物特征样本或生物特征样本的聚集、生物特征参考、生物特征项或生物特征特性”。

公民个人信息的语义内涵以及保护需求是随着现代信息技术的进步而同步扩展的，技术对数据的解码能力越强，信息与人身之间的连接通道即可识别性就越容易被揭示出来，信息就越可能被纳入公民个人信息的内涵中。同样，个人生物识别信息就是技术对个人生理特征（面部、声音、血型、指纹、DNA 等）和行为特征（步态）解码的结果，[①] 而个人生物识别信息又不同于其他个人信息，它具有专属性、唯一性、人身依附性，与个人具有排他的绑定关系，因而无法清洗和脱敏。个人生物识别信息被冒用的直接后果就是李鬼真的就是李逵了。深度伪造冒用他人的脸，等于是冒用他人的身份，人工智能深度算法的进步，让最低成本地滥用他人的生物识别信息，进而盗用他人的身份成为现实。

---

① 确切地说，面部和声音不是个人生物识别信息，而是后者的载体。只有由面部各部位的大小、相互距离、投影面积等数据组成的面部识别特征以及声纹（包括声源、韵律、时序动态等要素）等才是个人生物识别信息。

二、部分国家应对深度伪造的主要举措及立法特点

利用深度伪造技术制作假视频或者假声音，可能诱发很多社会风险，给个人权益、社会秩序乃至国家安全造成侵害。鉴于此，各国高度重视深度伪造带来的社会危害后果，并积极做出各种法律安排，但是基于各自立法目的的不同，规制深度伪造的法律也有较大差别。

（一）制裁深度伪造的法益定位：制造虚假信息还是滥用个人生物识别信息

美国针对深度伪造进行专门性立法，高度重视深度伪造的虚假性，这与欧盟将深度伪造视为个人生物识别信息滥用的做法形成了鲜明对比。

不仅联邦政府层面有所回应，美国各州立法也对深度伪造行为积极应对。早在2014年，弗吉尼亚州就通过了《非同意色情法》，禁止传播裸体图片或视频，“意图胁迫、骚扰或恐吓”他人。2019年，弗吉尼亚州对该法案作了修正，扩大了非经双方同意的作品的范围，包括虚假性视频或图像和电脑制作的深度伪造，违反者可处最高12个月监禁或者不超过2500美元的罚金。该修正案于2019年7月1日起生效实施，这也使弗吉尼亚州成为全美第一个对深度伪造做出立法回应的地区。

欧盟应对深度伪造不如美国敏感和积极，但是也并非没有作为，2018年9月，欧盟委员会官方发布《解决网络虚假信息：欧洲的方式》通报，阐述了解决网络虚假信息的关键总体原则和目标。9月，欧盟发布其历史上首份《反虚假信息行为准则》，旨在从源头打击网络虚假内容。欧盟主要借助现有的法律规范，其中主要是《通用数据保护条例》来对深度伪造进行回应，欧盟将深度伪造视为对个人生物识别信息的滥用，因而对深度伪造也遵循了传统的隐私权或者信息—数据治理路径。

（二）制裁深度伪造的立法侧重点：指向法益侵害后果还是行为本体

作为美国“9·11”事件之后新成立的部门，美国国土安全部负责本土安全及反恐工作，法案要求美国国土安全部牵头开展对深度伪造技术的跟踪性研究，并且定期发布报告以评估深度伪造技术可能对国家安全造成的损害。该法

案特别指出，要对外国政府及其代理人使用深度伪造技术对国家安全的危害进行评估，立法指向不言而喻。

在欧洲，英国司法部部长已经于2019年要求法律委员会启动为期3年的审查，以防止通过深度伪造等手段滥用图像、通信侵害人们的权利。欧盟目前虽然没有出台专门针对深度伪造的法规，但遭到换脸的受害者可以通过主张欧盟GDPR第17条中规定的删除权/被遗忘权（“right to erasure/right to be forgotten”）来要求删除自己换脸的视频和图像，从而进行事后补救。作为欧盟个人信息保护典范的GDPR对个人生物识别信息的收集也提出了很高要求，即应当获得用户明确同意或者有其他正当理由。相比美国而言，欧盟更加关注深度伪造对个人权益的损害。

（三）制裁深度伪造的法律模式：综合施策还是单一处罚

《深度伪造责任法案》作为目前回应深度伪造最相关的法案，规定了多种法律处置手段。例如，法案要求任何利用州际或者国外商业设施及手段制作的深度伪造视频或者明知是深度伪造视频而意图传播的人均应在作品上标记水印。同时法案还详细规定了伪造可能承担的刑事责任及民事责任。法案对三类行为规定了不超过五年的刑事处罚，它们分别是：（1）未对作品进行水印标记，且具有羞辱他人的主观目的，提供含有他人虚假的不雅行为或者裸体的视频的；（2）意图造成暴力或者身体伤害、引发武装或者外交冲突，或者干扰政治运作，包括选举，威胁社会信任的；（3）受外国势力或者代理人指示，意图介入国内政治争议，影响联邦、州或者其余的选举，以及实施其他不法行为的。法案还规定了深度伪造的被害人有权采用各种救济措施。

目前，一些社交媒体公司也建立了事实核查机制。例如，为应对“虚假信息”建立了四种机制：FactCheck. org（通过第三方国际机构核查网站信息的真实性）、News Literacy（辨识不实报道的10个原则）、Informed Sharing（若发现文不对题的新闻或帖文，就降低其信息流上的排序）、Related Articles（发布一则新闻时，提供至少两则相关新闻的链接）。我国可以以此为鉴，在法治框架内，完善不同类型的事实核查机制。[①]

---

① 黄小明：《我国因应“深度伪造”的法律框架》，载《检察风云》2021年第12期。

相比之下，欧盟相对完备的个人信息保护制度应对深度伪造更为从容。2019 年 8 月 21 日，瑞典一所学校因使用人脸识别系统对学生进行考勤，瑞典数据监管机构（DPA）认定为不符合 GDPR 的规定，从而开出了一张金额为 20 万瑞典克朗（约合人民币 14.8 万元）的罚单，这也是瑞典数据监管机构（DPA）开出的第一张罚单。严厉的行政处罚使得欧盟并不急于采取刑事手段制裁各类滥用个人生物识别信息的行为。反而美国立法过程中的某些激进措施引发了人们关于法律有效性的批评。《深度伪造责任法案》要求视频制作者打上水印的做法，就被质疑违反了宪法第一修正案。而美国纽约州议会于 2019 年 5 月 31 日提出的第 A08155 号法案更是引发了影视从业者的反对。该法案试图规定任何故意利用人工智能制作虚假视频的人都应当被视为欺诈，并要承担对受害者的赔偿责任。一些影视制作公司认为这侵犯了它们“讲真实人物和故事的能力”，将使人物传记片变得不合法，这是对宪法第一修正案的侵犯，甚至认为对深度伪造不值得仓促进行干预。虽然相关的立法博弈还在继续，但是要求法律规制深度伪造的主张还是明显占了上风。2022 年，欧洲刑警组织发布了其首份深度伪造研究报告——《面对现实？执法和深度伪造的挑战》（*Facing reality? Law enforcement and the challenge of deepfakes*），这是欧洲刑警组织创新实验室就新兴技术的风险、威胁和机遇等方面技术发展研究形成的报告。该报告详细概述了 deepfake 技术的犯罪用途，包括其在 CEO 欺诈、证据篡改和制作未经同意的色情制品等严重犯罪中的潜在用途。它还详细阐述了执法部门在检测和防止恶意使用 deepfakes 方面面临的挑战。

三、中国刑法关于深度伪造的刑法制裁思路的探索

（一）中国对深度伪造的行政法律规制

对于深度伪造，我国行政法律目前已经建立了较为完善的规制体系。中共中央印发的《法治社会建设实施纲要（2020—2025 年）》明确提出，要“制定完善对网络直播、自媒体、知识社区问答等新媒体业态和算法推荐、深度伪造等新技术应用的规范管理办法”。在法律框架层面，《网络安全法》《数据安全法》《个人信息保护法》《民法典》等法律的出台，构建了我国对数据安全

和个人信息保护的基础性法律框架，从而建立了对深度伪造的规制的基本法律规范。《民法典》第1019条规定，“任何组织或者个人不得以丑化、污损，或者利用信息技术手段伪造等方式侵害他人的肖像权……”《民法典》明确禁止利用信息技术伪造方式侵害他人肖像权，不得以电子通信等方式侵扰他人的私人生活安宁，不得侵害他人私密信息。这些禁止性手段从规范上涵盖了深度合成技术。《数据安全法》第8条规定：“开展数据处理活动，应当遵守法律、法规，尊重社会公德和伦理，遵守商业道德和职业道德，诚实守信，履行数据安全保护义务，承担社会责任，不得危害国家安全、公共利益，不得损害个人、组织的合法权益。”此外，传统立法中，也有对虚假信息的立法规制，如《治安管理处罚法》第25条，《广告法》第4条、第28条等。①

为了防范深度伪造可能的危害，2018年3月，原国家新闻出版广电总局下发通知规定：“坚决禁止非法抓取、剪拼改编视听节目的行为，并严格管理包括网民上传的类似重编节目，不给存在版权问题、内容问题等的剪拼改编视听节目提供传播渠道。”② 国家互联网信息办公室、文化和旅游部、国家广播电视总局于2019年11月18日发布，并于2020年1月1日起生效实施的《网络音视频信息服务管理规定》亦对深度伪造做出了回应。③ 该规定要求“任何组织

① 《治安管理处罚法》第25条规定：“有下列行为之一的，处五日以上十日以下拘留，可以并处五百元以下罚款；情节较轻的，处五日以下拘留或者五百元以下罚款：（一）散布谣言，谎报险情、疫情、警情或者以其他方法故意扰乱公共秩序的；（二）投放虚假的爆炸性、毒害性、放射性、腐蚀性物质或者传染病病原体等危险物质扰乱公共秩序的；（三）扬言实施放火、爆炸、投放危险物质扰乱公共秩序的。”《广告法》第4条规定：“广告不得含有虚假或者引人误解的内容，不得欺骗、误导消费者。广告主应当对广告内容的真实性负责。”《广告法》第28条规定：“广告以虚假或者引人误解的内容欺骗、误导消费者的，构成虚假广告。广告有下列情形之一的，为虚假广告：（一）商品或者服务不存在的；（二）商品的性能、功能、产地、用途、质量、规格、成分、价格、生产者、有效期限、销售状况、曾获荣誉等信息，或者服务的内容、提供者、形式、质量、价格、销售状况、曾获荣誉等信息，以及与商品或者服务有关的允诺等信息与实际情况不符，对购买行为有实质性影响的；（三）使用虚构、伪造或者无法验证的科研成果、统计资料、调查结果、文摘、引用语等信息作证明材料的；（四）虚构使用商品或者接受服务的效果的；（五）以虚假或者引人误解的内容欺骗、误导消费者的其他情形。”

② 《国家新闻出版广电总局办公厅关于进一步规范网络视听节目传播秩序的通知》（新广电办发〔2018〕21号）。

③ 本规章第11条第1款规定：“网络音视频信息服务提供者和网络音视频信息服务使用者利用基于深度学习、虚拟现实等的新技术新应用制作、发布、传播非真实音视频信息的，应当以显著方式予以标识。”第18条规定，“……构成犯罪的，依法追究刑事责任”。可见，行政执法机关对深度伪造的危害性是有清晰认识和预估的。

和个人不得利用网络音视频信息服务以及相关信息技术从事危害国家安全、破坏社会稳定、扰乱社会秩序、侵犯他人合法权益等法律法规禁止的活动，不得制作、发布、传播煽动颠覆国家政权、危害政治安全和社会稳定、网络谣言、淫秽色情，以及侵害他人名誉权、肖像权、隐私权、知识产权和其他合法权益等法律法规禁止的信息内容”。国家互联网信息办公室、工业和信息化部、公安部、国家市场监督管理总局四部门公布的《互联网信息服务算法推荐管理规定》第 9 条第 1 款规定：“算法推荐服务提供者应当加强信息安全管理，建立健全用于识别违法和不良信息的特征库，完善入库标准、规则和程序。发现未作显著标识的算法生成合成信息的，应当作出显著标识后，方可继续传输。”2022 年 12 月，国家互联网信息办公室、工业和信息化部、公安部联合发布《互联网信息服务深度合成管理规定》，自 2023 年 1 月 10 日起施行。该规定第 6 条规定：“任何组织和个人不得利用深度合成服务制作、复制、发布、传播法律、行政法规禁止的信息，不得利用深度合成服务从事危害国家安全和利益、损害国家形象、侵害社会公共利益、扰乱经济和社会秩序、侵犯他人合法权益等法律、行政法规禁止的活动。深度合成服务提供者和使用者不得利用深度合成服务制作、复制、发布、传播虚假新闻信息。转载基于深度合成服务制作发布的新闻信息的，应当依法转载互联网新闻信息稿源单位发布的新闻信息。”

治理深度伪造，网络平台是关键，我国《网络安全法》第 47 条规定：“网络运营者应当加强对其用户发布的信息的管理，发现法律、行政法规禁止发布或者传输的信息的，应当立即停止传输该信息，采取消除等处置措施，防止信息扩散，保存有关记录，并向有关主管部门报告。”《网络安全法》第 49 条第 1 款规定：“网络运营者应当建立网络信息安全投诉、举报制度，公布投诉、举报方式等信息，及时受理并处理有关网络信息安全的投诉和举报。”网络平台对于深度伪造的信息，具有通知—审核义务。《网络音视频信息服务管理规定》第七条对平台提出了更具体的要求：“网络音视频信息服务提供者应当落实信息内容安全管理主体责任，配备与服务规模相适应的专业人员，建立健全用户注册、信息发布审核、信息安全管理、应急处置、从业人员教育培训、未成年人保护、知识产权保护等制度……有效应对网络安全事件，防范网络违法犯罪活动，维护网络数据的完整性、安全性和可用性。”《具有舆论属性或社会动员能力的互联网信息服务安全评估规定》第3条规定：“互联网信息服务提供者具有下列情形之一的，应当依照本规定自行开展安全评估，并对评估结果负责：（一）具有舆论属性或社会动员能力的信息服务上线，或者信息服务增设相关功能的；（二）使用新技术新应用，使信息服务的功能属性、技术实现方式、基础资源配置等发生重大变更，导致舆论属性或者社会动员能力发生重大变化的；（三）用户规模显著增加，导致信息服务的舆论属性或者社会动员能力发生重大变化的；（四）发生违法有害信息传播扩散，表明已有安全措施难以有效防控网络安全风险的；（五）地市级以上网信部门或者公安机关书面通知需要进行安全评估的其他情形。”国内一些平台也推出了自己的虚假信息识别系统，在一些社会敏感事件中，有关部门会同网络平台一道，加大对网络虚假视频的执法力度。2021年3月，针对未履行安全评估程序的语音社交软件和涉及深度伪造技术的应用，国家网信办、公安部指导北京、天津、上海、浙江和广东等地网信部门、公安机关依法约谈11家数字企业按照《网络安全法》《具有舆论属性或社会动员能力的互联网信息服务安全评估规定》等法律法规及政策要求，认真开展安全评估，完善风险防控机制和措施，并对安全评估中发现的安全隐患及时采取有效整改措施，切实履行企业信息内容安全主体责任。①

（二）深度伪造的刑事制裁路径

1. 深度伪造的制裁路径之一：基于法益侵害后果的后端处置

对于深度伪造可能造成的复合性社会危害后果，应坚持类型化的思维，从深度伪造危害法益侵害后果的角度，将其还原为刑法的具体化的特别危险。从深度伪造侵害的具体法益来看，可以考虑通过侮辱罪、诽谤罪或者寻衅滋事罪等予以规制。

利用深度伪造技术制造并发布他人换脸视频或者对他人声音进行篡改并在信息网络中进行传播的，应当视篡改内容及危害后果决定是否值得刑法处罚以及具体的处罚条款。目前针对普通个人的深度伪造主要是色情视频类伪造，以

---

① 《三问“深度伪造”技术11家涉语音软件和深度伪造技术企业被约谈》，载央视网，http：//news.cctv.com/2021/03/19/ARTIoo49BR56IssiouEC0C6Q210319.shtml？spm=C94212.P4YnMod9m2uD.ENPMkWvfnaiV.16（最近访问时间2023年2月6日）。

达到诋毁他人生活作风、败坏他人名誉的目的。而在网络上散布这类视频，还可能构成制作、复制、出版、贩卖、传播淫秽物品牟利罪或者传播淫秽物品罪，此时构成多个罪的想象竞合，依照想象竞合犯的处理规则处理即可。关于诽谤行为，则可依照 2013 年《最高人民法院、最高人民检察院关于办理利用信息网络实施诽谤等刑事案件适用法律若干问题的解释》第 1 条规定处罚即可。① 以往侮辱罪和诽谤罪主要通过语言或者文字进行，视频侮辱或者诽谤虽然比较少见，却并不奇怪。

利用深度伪造技术制作歪曲公众人物的讲话，或者对社会热点事件、民族和宗教问题发表不当言论，有可能造成网络空间严重混乱。对此，《最高人民法院、最高人民检察院关于办理利用信息网络实施诽谤等刑事案件适用法律若干问题的解释》第五条第二款规定，"编造虚假信息，或者明知是编造的虚假信息，在信息网络上散布，或者组织、指使人员在信息网络上散布，起哄闹事，造成公共秩序严重混乱的，依照刑法第二百九十三条第一款第（四）项的规定，以寻衅滋事罪定罪处罚。"通常虚假信息是以文字形式表现的，而深度伪造技术的成熟也意味着，虚假的视频和声音也可能成为虚假信息的来源和表现形式。

当然，基于深度伪造者的不法目的，还有可能触犯刑法的其他罪名，如利用深度伪造实施诈骗的，则可能构成诈骗犯罪。在我国，出现了有人在短视频网站上冒用明星形象骗取粉丝打赏的案件。此外，如果以影视作品为蓝本实施深度伪造且具有营利目的的，则还可能构成侵犯著作权罪。这些评价思路，均不是直接针对深度伪造进行的，而是更侧重深度伪造的后续流转与运用，但是，它毕竟能在一定程度上遏制深度伪造的发生。

2. 深度伪造的制裁路径之二：基于公民个人信息的前端处置

视频和声音是深度伪造的产品，而个人信息尤其是个人生物识别信息是深

---

① 《最高人民法院、最高人民检察院关于办理利用信息网络实施诽谤等刑事案件适用法律若干问题的解释》第 1 条规定："具有下列情形之一的，应当认定为刑法第二百四十六条第一款规定的'捏造事实诽谤他人'：（一）捏造损害他人名誉的事实，在信息网络上散布，或者组织、指使人员在信息网络上散布的；（二）将信息网络上涉及他人的原始信息内容篡改为损害他人名誉的事实，在信息网络上散布，或者组织、指使人员在信息网络上散布的；明知是捏造的损害他人名誉的事实，在信息网络上散布，情节恶劣的，以'捏造事实诽谤他人'论。"

度伪造的素材和原料。侵犯公民个人信息罪可能通过对个人生物识别信息的不法流转的管控，来达到遏制深度伪造的目的。

个人生物识别信息，是公民个人信息中的特殊类别。2017 年《网络安全法》第 76 条明确列明个人生物识别信息属于个人信息的一种。此后，GB/T 35273—2020《信息安全技术个人信息安全规范》（国家市场监督管理总局、中国国家标准化管理委员会发布）的个人信息项下，又引入了个人敏感信息的概念，即“一旦泄露、非法提供或滥用可能危害人身和财产安全，极易导致个人名誉、身心健康受到损害或歧视性待遇等的个人信息”，其中个人生物识别信息是个人敏感信息的一种。依据 GB/T 35273—2020《信息安全技术个人信息安全规范》（国家市场监督管理总局、中国国家标准化管理委员会发布），敏感信息在收集、传输、存储、访问、修改控制、信息共享、转让等方面都有不同于其他个人信息的特殊要求。目前我国一些涉及身份证件管理、特种行业信息采集以及公共安全领域的法律、法规，诸如《居民身份证法》《刑事诉讼法》《反恐怖主义法》等都有关于个人生物识别信息利用和管理的规定，如《征信业管理条例》第 14 条明确规定禁止征信机构采集“基因、指纹、血型”等个人生物识别信息，这既是为了防止征信机构基于上述信息做出差别性待遇，也是为了尽可能防范个人生物识别信息的泄露。但随着刷脸支付、指纹解锁、声音解锁等新生事物的普及，公民的个人生物识别信息客观上处于不断扩散的状态。

我国刑法没有直接确认个人生物识别信息的属性，2017 年《最高人民法院、最高人民检察院关于办理侵犯公民个人信息刑事案件适用法律若干问题的解释》第 5 条提出了“健康生理信息”的概念，可以认为刑法在一定程度上认可了公民个人信息包括个人生物识别信息。通过处罚非法出售、提供、非法获取个人生物识别信息的行为，可以达到从源头和前端遏制“深度伪造”的法律效果。

（三）难以克服的缺憾与不足：对现有刑法评价体系的反思

尽管刑法有比较充足的罪名应对深度伪造，但是这些罪名仍然无法完全满足对深度伪造的评价要求。

1. 现有评价体系的特点：对深度伪造的旁敲侧击

黑灰色产业链是当前网络犯罪的重要特征之一，在经济利益的驱动下，犯罪分子自发分工配合，几乎所有的网络犯罪都有其他环节的配合，几乎所有的网络犯罪都是其他犯罪的一个环节。从犯罪产业链的角度看，处于深度伪造前端和上游的行为是滥用公民个人信息尤其是滥用个人生物识别信息的行为，掌握足够的数据样本是从事深度伪造的必要前提。处于深度伪造后端和下游的行为是对深度伪造视频、音频的后续运用。也就是说，目前刑法对深度伪造的处置，是一种“两头重、中间轻”的模式，刑法利用现有的法律规范打击深度伪造的产业链的上游和下游，是对深度伪造的迂回处置和旁敲侧击，固然能够起到一定遏制犯罪的效果，却总能给人意犹未尽而非痛快淋漓之感。

2. 现有评价体系的局限：无法完美应对生物识别信息的滥用

即使就深度伪造的上游和下游进行回应，目前依然存在难以克服的理论或者实践难题：（1）目的性评价的不足：忽略了深度伪造的独立危害性。首先，在深度伪造的目的性评价方面，成立侮辱罪和诽谤罪需要“情节严重”，成立寻衅滋事罪需要“造成公共秩序严重混乱”，深度伪造入罪，需要后续行为达到比较严重的实际损害后果才行，将深度伪造的刑法评价依附于后续行为的刑法评价，客观上遮蔽了深度伪造作为身份盗用行为的独立危害性。其次，深度伪造行为与后端行为可能是割裂的，如制作视频并转让给个别他人的行为，因此对制作视频者就难以按照后续的行为处罚。（2）公民个人信息犯罪评价的不足：无法处置“合法获取+不法使用”行为。公民个人信息犯罪的回应路径，表面上看更契合深度伪造的行为本质。侵犯公民个人信息罪，打击的是非法出售、非法提供、非法获取等行为，即全部针对信息的不法流转行为，刑法层面对侵犯公民个人信息罪之“侵犯”的规范解释，等同于“获取”。而对于“合法获取+非法使用”环节，目前仍是法律评价空白。深度伪造的危害性恰恰体现在非法使用环节，不是所有的深度学习素材都是不法获得的，运用数据爬虫等工具可以自行爬取大量的公民个人信息。如果针对公共人物进行深度伪造，其海量的网络视频、头像等数据资源足以满足深度学习的素材需求，完全没有必要搞“不法获取”，这意味着大量的深度伪造行为将游离于刑法的射程半径之外。

刑法解释学上的另一个难题是，刑法司法解释确立的健康生理信息不完全等同于生物识别信息。生物识别信息包括生理特征信息和行为特征信息，如果说生理特征信息勉强等同于健康生理信息的话，行为特征信息是很难被健康生理信息所包容的。

四、身份盗窃路径中生物识别信息滥用的规制思路

可见，现有的刑法规范体系虽然能在一定程度上解决深度伪造的评价问题，但是并非处置深度伪造的最优解，更重要的是，现行刑法体系忽略了深度伪造准确的法益侵害本质，即借助生物识别信息这一中介，实现对他人“身份”的窃用，深度伪造的本质在于身份盗窃。笔者认为，为遏制生物识别信息滥用及其引发的身份盗窃行为，更为了补足侵犯公民个人信息罪关于非法使用的评价空白，有必要在刑法中正式确立身份盗窃的入罪化。

（一）关于深度伪造规范本质的再解读：身份盗窃

深度伪造的出现，意味着个人生物识别信息的价值开始得到重视，其法益侵害后果已突破传统的公民个人信息犯罪的框架，而进入与之密切关联的另一个犯罪领域，即身份盗窃。

1. 身份盗窃的内涵及其与相关概念的区别

所谓身份，是指一个人在法律上的主体地位和资格。在刑法语境里，身份包括自然身份与法定身份，身份代表着一个人在法律上的权利义务关系以及资格地位。身份蕴藏着巨大的利益，因而可能成为他人侵犯的对象。因此，所谓身份盗窃，又称“身份欺诈”（identity fraud），是指窃取他人身份实施危害公共安全、他人人身和财产安全的行为。我国古代就有身份盗窃的犯罪，主要是冒充国家公职人员的犯罪，如《唐律疏议》有记载：“诸诈假官，假与人官及受假者，流二千里。谓伪奏拟及诈为省司判补、或得他人告身施用之类。”① 我国现行刑法的招摇撞骗罪，同样打击冒充国家机关工作人员身份的行为。当然，究其立法本意，立法者保护的初衷是维护国家公职人员的纯洁性以及对公

① 《唐律疏议》卷第二十五。

职人员的信赖利益，保护身份只是立法者的“无心插柳”之举。

通过对身份盗窃的解读，不难了解它与身份信息犯罪的关联。在当前网络的黑灰产业链中，公民个人信息的泄露、不法流转是其源头性行为，由此引发了各类侵犯公民个人信息的犯罪行为，即身份信息犯罪，犯罪分子在获得他人的身份信息之后，再实施各类冒用他人信息的行为，此即身份盗窃行为。也就是说，身份盗窃是身份信息犯罪的后续行为，身份信息犯罪是身份盗窃的前行为、手段行为和预备行为。

2. 身份盗窃在网络空间和传统社会的普遍性

身份盗窃行为已经是遍布全球的猖獗的犯罪行为，在美国，有学者的研究显示，介入互联网的美国家庭每增加 10%，则遭受身份盗窃的比例就会增加 9%。[①] 为此美国先后出台了《身份盗窃和滥用禁止法》（the Identity Theft and Assumption Deterrence Act of 1998)、《公平正确信用交易法》（the Fair and Accurate Credit Transactions Act of 2003）等法案。客观地讲，身份盗窃案件的泛滥，源自个人身份信息在现代社会的普遍适用以及新的网络信息技术让身份信息的活动变得易如反掌。在美国，作为个人身份唯一标识的社会保险号码的滥用就是身份盗窃犯罪多发的重要原因。[②] 而我国近年来随着现代信息技术深度渗透社会生活，身份盗窃必将呈现增多态势。

实际上，此前身份盗窃犯罪已不鲜见。《刑法修正案（十一）》增设了刑法第 280 条之二的冒名顶替罪，对盗用、冒用他人身份，顶替他人取得的高等学历教育入学资格、公务员录用资格、就业安置待遇的行为可以予以处罚，此罪规制了特定领域的身份盗窃行为。但在此之前因为缺乏身份盗窃的相关规定，我国刑法对此基本束手无策。过去我国的身份盗窃犯罪，是借助身份证明文件来完成的，脱离文书这个中介，身份盗窃无法实现。而网络时代的身份盗窃，以滥用生物识别信息为特征，滥用生物识别信息，直接等同于盗用身份。身份盗窃的老问题，在网络时代出现了新表现。

---

① Rajeev K. Goel, *Identity theft in the internet age*: *Evidence from the U. S. states*, Managerial and Decision Economics, pp. 169-175.

② 需要说明的是，美国关于“身份盗窃”的法律主要是从隐私权角度出发，且主要是为了保护金融服务中的身份，原有的身份盗窃法律规范无法涵盖政治性的身份盗窃行为，这是美国需要对“深度盗窃”专门立法的重要原因。

（二）身份盗窃入罪化的扩散性立法效应

身份盗窃入罪化，具有多重的立法价值和立法效应，其一，构建对公民个人信息的梯次加重保护体系；其二，实现个人生物识别信息的强化保护；其三，一体规制网上、网下的所有身份盗窃行为。

1. 基本立法效应之一：构建对公民个人信息的梯次加重保护体系

在现实信息化社会，公民个人信息的巨大价值已经得到充分尊重，我国已经初步建立保护公民个人信息的民事、刑事、行政法律保护体系。《全国人大常委会关于加强网络信息保护的决定》《网络安全法》《最高人民检察院关于印发检察机关依法惩治侵犯公民个人信息犯罪典型案例的通知》《最高人民法院、最高人民检察院关于办理侵犯公民个人信息刑事案件适用法律若干问题的解释》等四部法律和规范性文件均对公民个人信息作出了界定，而范畴却各有差异。其中《最高人民法院、最高人民检察院关于办理侵犯公民个人信息刑事案件适用法律若干问题的解释》采取了“实质上的个人身份信息+可能影响人身、财产安全的个人信息”，具体而言，《最高人民法院、最高人民检察院关于办理侵犯公民个人信息刑事案件适用法律若干问题的解释》第1条采取了“概括+列举”的方式对公民个人信息作出界定，《最高人民法院、最高人民检察院关于办理侵犯公民个人信息刑事案件适用法律若干问题的解释》将公民个人信息概括为：能够单独（狭义的可识别性）或者与其他信息结合（广义的可识别性）识别特定自然人身份或者反映特定自然人活动情况的各种情形。同时列举了两类公民个人信息，分别是公民身份信息（姓名、身份证件号码、通信通讯联系方式等）以及可能影响人身、财产安全的其他信息（账号密码、财产状况、行踪轨迹等），前者与公民个人身份密切绑定，而后者与公民身份没有必然关联。对“可能影响人身、财产安全的其他信息”类型的公民个人信息的不法使用，我国刑法有较为充足的条文进行规制，但是对于“公民身份信息”类型的公民个人信息的后续不法使用，目前依然欠缺。引入“身份盗窃”可以补足“公民身份信息”的刑法保护短板，进而建立了公民个人信息的梯次性加重保护体系。

2. 基本立法效应之二：实现个人生物识别信息的强化保护

引入身份盗窃，可以强化对生物识别信息的保护。公民个人信息—身份信息—个人生物识别信息的序列中，其信息的敏感性和重要性依次提升。尤其是个人生物识别信息，它直接采集于人体，体现人的生理体征，且具有唯一标识性、唯一对应性、稳定性等特点，结合现代信息手段，方便进行自动化管理，因而广泛运用于金融、安防、人口管理、出入境等领域。但是，生物识别信息又具有特殊性，它承载着巨大的经济利益和财产权益，在电子支付等场合，生物识别信息是行使财产处分权益的“钥匙”。此外，它是个体自由、尊严和人格的承载者，生物识别信息的安全与个体人格尊严具有密切关系。此外，个人生物识别信息是个人生物特征的数字化延伸，是现代技术手段对人体生物特征解读后的“密钥”，具有不可代替性，无法像身份证号码、家庭地址、银行账号那样进行重新编组或者替换，一旦被盗或者被冒用，则会造成终身的安全漏洞，出现“我将无我”“他将为我”的尴尬境地。掌握了他人的生物识别信息，就可能原封不动地复制出一个新的“他”来。在好莱坞系列电影《碟中谍》（*Mission*：*Impossible*）中，主角运用3D打印人皮面具技术完美盗用他人身份，完成一个又一个“不可能任务”。而20多年前电影中展现的指纹、虹膜、声纹、步态识别等生物识别技术目前无一不被实现。个人生物识别信息较之其他个人信息，与人的主体性关联更为紧密，有必要进行特殊的法律保护。而一旦大量的生物识别信息被别人掌握，则对国家安全也具有威胁。深度伪造的出现，已经预示了生物识别信息具有被冒用的极大可能。确立身份盗窃，不失为对规制个人生物识别信息的法律的前期探索。

3. 扩展性立法效应：一体规制网上、网下的所有身份盗窃行为

随着电子商务和信息技术的发展，身份信息所承载的价值与日俱增，对身份的窃取和不法使用绝不限于“深度盗窃”。以当前肆虐的恶意注册黑色产业链为例，不法分子从公开渠道收集或者利用业务授权取得他人大量身份信息，利用这些信息注册大量账号转卖给他人，难以按照侵犯公民个人信息罪处罚，依照下游犯罪的帮助犯处罚又存在查证主观明知的困难。在网络犯罪产业链中，恶意注册、养号行为已经成为源头之恶和恶之源头，却鲜见真正被追究刑事责任的人，这反过来进一步刺激了下游犯罪的猖獗。身份盗窃的入罪化，对网上、网下的所有身份窃取行为，均可以一体规制。

（三）身份盗窃入罪化的具体路径和思路

伴随着身份盗窃行为的巨大危害性，有必要思索身份盗窃行为入罪化的具体路径，一则是正式确立对身份的刑法专门保护，二则强化对生物识别信息的专属保护。在具体路径上，笔者认为，短期举措是对刑法中与身份盗窃最密切的招摇撞骗罪进行扩充修改，长期举措则是确立打击身份盗窃的专属性罪名。

1. 改造现有的招摇撞骗罪的犯罪构成

除了冒名顶替罪，我国刑法中与身份盗窃最接近的犯罪是招摇撞骗罪，本罪虽然制裁假冒国家机关工作人员身份的行为，但是立法本意是维护国家机关的纯洁性，至于对身份的保护，充其量是"搂草打兔子"连带之举。现行刑法对侵害普通公民身份的行为，缺乏独立的评价，但是部分条款通过对盗窃身份的后续犯罪行为的评价，来实现对公民身份间接保护。例如，"冒用他人名义签订合同"的合同诈骗罪、"使用以虚假的身份证明骗领的信用卡"的信用卡诈骗罪、"使用虚假的身份骗领信用卡"的信用卡管理罪，但是这些犯罪只是将冒用他人身份作为相关犯罪的预备行为或者手段行为，且主要集中在金融犯罪领域。

而在犯罪产业链上，刑法对身份盗窃的打击是通过两个方面进行的，一是前文所提的公民个人信息犯罪，通过保护身份信息来打击身份盗窃，二是制裁身份证件相关犯罪，如伪造、变造、买卖身份证件罪和使用虚假身份证件、盗用身份证件罪。如果我国刑法已有关于身份盗窃的成熟罪名，则这些罪名可以收到锦上添花之效，但是目前更需要的则是雪中送炭之举。

实际上，与刑法具有配套衔接功能的《治安管理处罚法》中已经先期确立了对身份盗窃的处罚，可以作为刑法的借鉴。① 在治安管理处罚法已有成熟经验的基础上，笔者认为，可以对我国刑法的招摇撞骗罪进行修改，将招摇撞骗罪的对象由"国家机关工作人员"扩展为"他人"，并将"国家机关工作人员"作为从重或者加重处罚情节，如此也可实现刑法与治安管理处罚法的无缝衔接。

---

① 该法第51条规定："冒充国家机关工作人员或者以其他虚假身份招摇撞骗的，处五日以上十日以下拘留，可以并处五百元以下罚款；情节较轻的，处五日以下拘留或者五百元以下罚款。冒充军警人员招摇撞骗的，从重处罚。"

2. 根本举措：身份盗窃的单独入罪化

冒名顶替罪虽然实现了对特定领域的身份盗窃行为的刑法处罚，但是该罪的适用范围过于狭窄，且随着信息化时代的发展，就业、入学等特定领域的身份盗窃行为已很难存在，故该罪的立法价值在信息化时代可以忽略不计。长远来看，不依赖现有罪名，另起炉灶予以身份盗窃以独立的名分才是真正的釜底抽薪之举。这是由公民个人信息犯罪的发展态势决定的。在网络犯罪产业链中，公民个人信息犯罪作为其他犯罪的源头，为其他犯罪提供了源源不断的养分，包括电信网络诈骗犯罪、赌博犯罪等，由于下游犯罪的猖獗，立法者的关注视角基本都在下游犯罪和上游犯罪，反而在无意中忽略了作为中游犯罪的身份犯罪。在网络化时代，由于公民个人信息犯罪的突然性爆发，立法者有意无意忽略了作为诈骗犯罪的帮助行为的身份犯罪，而是直接回溯到犯罪的最源头公民个人信息犯罪中，并且随着公民个人信息概念的不断扩张，更加遮蔽了身份犯罪的独立存在价值。而公民个人信息犯罪又是身份犯罪的帮助行为和预备行为，身份犯罪是公民个人信息犯罪的直接下游，确立身份盗窃犯罪，可以实现身份信息和生物识别信息的强化保护，有助于在公民个人信息犯罪内部建立梯次加重的法律反击体系。面对信息技术快速更迭对传统刑法的挑战，刑法理应做出更积极主动的回应。

下　编　数字安全秩序的刑法建构

第七章　虚假信息犯罪的罪名体系调整思路

网络不仅重组了社会结构与媒介，也极大地改变了犯罪生态。基于网络的“先生产后审核”“边生产边审核”，乃至“只生产不审核”的信息制造机制，编造、传播虚假信息，这一在传统空间中很难大范围实现的犯罪在网络空间中却爆发出异乎寻常的危害性，并对国家安全、社会秩序、人们思想观念等造成巨大冲击和影响。一个时期以来，各地司法机关针对网络编造、传播虚假信息的犯罪行为进行了持续的打击和关注，有效遏制了虚假信息在网络中的肆意传播，对净化网络空间、维护网络秩序起到了立竿见影的效果。不过，在网络已全面渗透进社会生活各个层面的背景下，对网络虚假信息犯罪的防范和规制仍将是一个长期而艰巨的工作，如何将长期的防范工作与短期的治理措施有机融合起来，构建立体化的刑法防控措施是我们需要审慎思考的问题。显然，周延而全面的刑法罪名体系的构建在打击编造、传播虚假信息犯罪方面具有釜底抽薪式的基础作用。《刑法修正案（九）》对虚假信息犯罪的罪名体系作了进一步修正，然而现实罪情的发展总是快于立法的反应速度，着眼于新形势下的犯罪发展状况，对我国刑法的虚假信息犯罪的罪名体系再做调整依然是有必要的。

一、虚假信息犯罪泛滥的网络因素与信息化背景

信息是改变社会政治认知的隐喻框架和符号。虚假信息犯罪并非网络空间独有的犯罪类型，古往今来一直是国家治理的重点犯罪类型，尤其是对政治性的谣言，更是非常敏感的虚假信息类型。早在秦代，秦始皇三十四年（公元前

213年)，秦律设置诽谤妖言罪，时有陨石天降东郡，当地人在上面刻下了“始皇死而地分”几个字，秦始皇就将居住在陨石周围的人都杀了，而秦始皇去世后，天下果然大乱。就连陈胜、吴广起义，也要借助“大楚兴、陈胜王”的政治“预言”。但是基于信息犯罪的传播规律以及网络空间的固有特点，网络空间中的虚假信息犯罪相当猖獗，客观上给政府的网络治理能力提出严峻挑战，也倒逼刑法予以完善。

（一）网络空间对虚假信息犯罪的影响

网络作为信息流动的绝佳载体，直接刺激了虚假信息犯罪的猖獗，这点世界各国概莫能外。

1. 网络的低门槛性：虚假信息犯罪的数量激增

按照刑法学界的一般观点，网络犯罪包括两种类型，一是纯正的网络犯罪，即针对网络实施的技术型犯罪，包括《刑法》第285条的非法侵入计算机信息系统罪，第286条的破坏计算机信息系统罪等；二是在网络空间中实施的其他犯罪，即不纯正网络犯罪。《刑法》第287条规定：“利用计算机实施金融诈骗、盗窃、贪污、挪用公款、窃取国家秘密或者其他犯罪的，依照本法有关规定定罪处罚。”对于纯正的网络犯罪而言，这类犯罪具有一定的技术门槛，侦办这类犯罪也需要一定的技术侦查手段和能力，故而在一定程度上限制其扩散范围。[①] 而对于不纯正的网络犯罪而言，犯罪的低门槛性就明显得多了。(1)网络空间的所谓虚拟性让一些人产生了网络空间无法无天的错觉。在网络高度普及的今天，几乎没有人认为在网络空间中实施违法犯罪活动不会受到任何处罚，但是与此同时多数人又具有明显的侥幸心理。侦查网络犯罪需要较高的技术力量投入，这造成网络犯罪的犯罪黑数居高不下，网络犯罪的各种黑灰产业链，一直是寄生在各类网络平台上的顽疾，而至今没有得到很好治理。(2)网络非常适宜信息的传播，这自然也包括虚假信息。在传统空间，虚假信息的传播受制于传播载体。广播、电视、报纸等媒体手段都掌握在权威实体手中，孤立的个人很难利用这些媒介与平台实施虚假信息犯罪。依靠人工手段实施虚假

① 当然，这只是相对不纯正的网络犯罪而言的，实际上在目前网络空间充斥各类技术性工具和代码的情况下，没有任何犯罪手段是无法逾越的，网络犯罪的低龄化趋势非常明显。

信息犯罪，费效比是非常低的，传播载体的局限性制约了传统空间中虚假信息的传播范围、传播广度，因而在传统空间中虚假信息犯罪的危害性比较有限。但是在网络空间中，一切就都不同了。与传统空间不同，网络采取了先发表后审核的机制，对信息的审核滞后于信息的发表，在网络平台发现信息是虚假的而采取相应的审核措施之前，可能虚假信息已经被传播出去了，而且这种传播是几何级数式的。个人只要在电脑前稍稍动动鼠标，就可以让他们在网络空间身败名裂。虚假信息犯罪的成本是如此之低廉，而“犯罪收益”是如此之大，这刺激了一些人利用网络空间实施虚假信息犯罪。当然，犯罪的成本低廉不等于没有成本，许多虚假信息在海量的网络信息面前，也不得不面临“沉底”的命运，在网络空间中，注意力是宝贵的资源，在当下这个信息爆炸的时代，所有人的注意力不可避免被具有流量的个人或事件吸引，从而汇聚成流量的一部分。流量经济的模式，在智能互联网时代表现出强大的优势，构成了一种全新的经济形态。① 正因如此，一些虚假信息更倾向于采取耸人听闻的方式进行传播。

2. 网络的无限延展性：虚假信息犯罪的公共侵害性

“犯罪——孤立的个人反对统治关系的斗争，和法一样，也不是随心所欲地产生的。相反地，犯罪和现行的统治都产生于相同的条件。”② 这是马克思主义经典作者对犯罪本质属性的看法，也就是说，任何犯罪都具有公共属性，都是对公共利益的侵害，这是对不同行为采取民法上的侵权手段还是刑法上的刑罚手段的原因。犯罪行为不是公民个体之间的单纯的利益侵犯，它或者通过对其他个体利益的侵害而间接侵害公共利益，或者直接对公共利益进行侵犯。当然，犯罪的公共侵害性作为犯罪的逻辑推演，并非完全源自个体的内心感受。就一个盗窃罪而言，除了犯罪被害人和侵害人，对其他人似乎没有直接的利益侵害。传统空间的虚假信息犯罪也是如此，如侮辱罪、诽谤罪等，因为它们和个人利益的关系更为密切，以至于刑法直接作为自诉罪名来处理。其原因在于民法已经赋予了当事人相应的权利救济机制，而且有的时候选择“息事宁人”

---

① 石良平、王素云、王晶晶：《从存量到流量的经济学分析：流量经济理论框架的构建》，载《学术月刊》2019 年第 1 期。

② 《马克思恩格斯全集》第 3 卷，人民出版社 1960 年版，第 379 页。

对当事人更加有利。但是在网络空间中，随着网络由信息媒介向生活平台的转变，网络空间的公共性越来越明显，诸如侮辱罪、诽谤罪等纯粹的个体法益犯罪在网络空间中也具有了公共属性。如后所述，解决侮辱罪、诽谤罪在网络空间中的自诉转公诉机制，是《刑法修正案（九）》修改的重要内容之一，其原因也在于虚假信息犯罪在网络空间具有公共性。

3. 网络的超时空性：虚假信息犯罪的危害性

虚假信息犯罪在网络空间中的数量激增，是在宏观层面上虚假信息犯罪危害性扩大化的体现，而就具体犯罪而言，虚假信息犯罪的危害性也存在巨大变化。网络的超时空性和无限延展性，让信息的传播不再受制于物理的长宽高的局限，不但信息的传播速率是现实空间比不了的，信息的传播广度依然也是现实空间望尘莫及的。虚假信息犯罪被传播的范围越广，其危害性也就越大，制约虚假信息传播的传统因素在网络空间中都不复存在，网网之间的无限连接让虚假信息理论上可以扩散到世界上的任何一个角落，也许只有阅读障碍才能成为阻止虚假信息传播的因素。网络暴力行为和网络虚假信息犯罪，在传播机制和危害性上是一致的，当一个造谣诽谤的言论被所有人知道，当事人成为街谈巷议的焦点时，这给本人造成的心理压力是非常沉重的。而正因为网络空间实施虚假信息犯罪的门槛很低，这就导致被网络虚假信息滋扰的被害人的数量也大为增加，群体性、职业性的加害人开始出现。

网络虚假信息犯罪的另一个危害是，网络虚假信息可能永远无法被清除。“互联网是有记忆的”，除非借助公权力手段，否则网络虚假信息难以在网络空间中清除，虚假信息会被人一次次唤起。另外，即使针对虚假信息进行辟谣或者澄清，其效果也往往不尽如人意，在海量的网络信息潮海中，一般网民在接收了第一波的猎奇信息后，没有意愿再次接收二次澄清，网民的一次性受众的特点，以及网络热点的快速更新，使被害人无法完全抹杀虚假信息的危害后果。真实信息也达不到与虚假信息一样的覆盖面。

4. “社交机器人”让治理虚假信息犯罪更加复杂

以上三点是在传统互联网时代虚假信息犯罪的特点，在所谓智能互联网时代和人工智能时代，虚假信息犯罪又出现了一些新的现象，值得法学理论深思。尤其是所谓社交机器人的出现，让虚假信息犯罪不仅成为法律问题，还成为技术问题。社交机器人的出现来自算法的进步。算法（algorithm）是一种系统解决问题的策略，“算法赋权”或者“AI 赋权”成为人工智能时代各行业发展的方向，从其社会建构属性来看，算法不仅是一种技术，更代表着一种权力模型和方向。① 在网络空间的言论竞争环境中，为了让自己倾向的言论观点获得优势地位，“水军”现象应运而生，即通过批量注册账号的方式，在网络空间短期内大量发布同一类型的言论，营造优势的网络舆论场，进而实现对旁观者的影响，引导社会舆论向有利于自己的方向发展，与“水军”相对的还有所谓的“意见领袖”等，这在网络空间中已经形成了一条稳定的产业链。但是，依靠“水军”和“意见领袖”，毕竟需要大量的时间和精力。操纵舆论的成本越低，边际效益就越大。随着算法的进步，人工的“水军”终于进化到自动的、机器的“水军”，这就是所谓的社交机器人。社交机器人是一种自动化的软件，它能够批量操作和控制社交网络中的账号，以类似于控制账号的人类的行为方式在社交网络中活动，包括主动发布文本、照片或表情包形态的信息，转发或评论其他账号发布的信息，访问其他账号主页以及点赞或申请添加好友。更重要的是，社交机器人隐秘行动，同那些直接表明是自动化程序的账号区分开来，冒充为人类行为，利用对人类社交关系网的分析，潜伏在社交网络中获得有影响力的地位。② 社交机器人能够以“自组织”的方式运作，它不完全依赖于操纵主体的集中管理，而是依赖于自身的逻辑和准则，通过观察其所处的具体的言论环境，与其他对象进行交互，这样能够更加逼真地模拟人的行为，并在整体上和其他社交机器人形成集群力量，因此操纵主体不需要对每个社交机器人下达具体指令，也不需要实时监控社交机器人的举动，而是给予宏观的指导即可，社交机器人通过算法和人工智能实现自我迭代，进而达到更加完善的传播效果。③ 社交机器人的出现，让网络空间中的群体极化现象更加明显，在群体极化的基础上，个体更进一步被封闭在由自己选择愿意看到的信息

---

① J. Rabkin and J. Yoo, Striking Power: How Cyber, Robots and Space Weapons Change the Rules for War, New York: Encounter Books Press, 2017, pp. 5-9.

② 李晟：《国家安全视角下社交机器人的法律规制》，载《中外法学》2022 年第 2 期。

③ 郑晨予、范红：《从社会传染到社会扩散：社交机器人的社会扩散传播机制研究》，载《新闻界》2020 年第 3 期。

所构成的“信息茧房”中。[①] 而在社交机器人的基础上，又发展了政治机器人（political bots），并在社交机器人中占据了很大的比例。[②] 国际政治视野下，运用政治机器人的计算政治宣传，其手段可能表现为对某一国家国内舆论的干扰和破坏。人工智能通过利用算法自主生成内容“子弹”（自动生成具有诱导性或欺骗性的内容）、实施个性化的“靶向”锁定（用情感筛选锁定最易受到影响的受众）和密集的信息“轰炸”组合而成的“影响力机器”（the Influence Machine）来操纵他国国内的社会舆论。[③] 在社交机器人营造的舆论场中，旁观者很容易被带“节奏”，成为社交机器人的机器人。网络空间中注意力资源总是有限的，社交机器人的出现挤压了接收正确信息的空间，形成网络信息的“劣币驱逐良币”效应，是治理网络虚假信息犯罪面临的新问题。

（二）虚假信息犯罪的危害指向：国家安全、社会秩序与个人利益

虚假信息犯罪的危害指向，包括国家安全、社会秩序与个人利益，也就是说，几乎所有的法益类型都可能成为虚假信息犯罪的侵害对象。虚假信息对个人利益的侵害自不待言。至于国家安全，则是虚假信息犯罪的另一个危害指向，这也和网络空间的秩序属性密不可分。

二、关于虚假信息的原有罪名体系及其适用思路

面对虚假信息犯罪的猖獗态势，虚假信息的罪名体系调整势在必行。以《刑法修正案（九）》为界，我国原有的规制编造、传播虚假信息犯罪的罪名体系是由1997年《刑法》、2001年《刑法修正案（三）》和2013年《最高人民法院、最高人民检察院关于办理利用信息网络实施诽谤等刑事案件适用法律若干问题的解释》组成的。1997年《刑法》中的虚假信息犯罪主要适用传统空间，而《最高人民法院、最高人民检察院关于办理利用信息网络实施诽谤等

---

① ［美］凯斯·R. 桑斯坦：《信息乌托邦：众人如何生产知识》，毕竟悦译，法律出版社2008年版，第8页。

② 张洪忠、段泽宁、杨慧芸：《政治机器人在社交媒体空间的舆论干预分析》，载《新闻界》2019年第9期。

③ 阙天舒、张纪腾：《人工智能时代背景下的国家安全治理：应用范式、风险识别与路径选择》，载《国际安全研究》2020年第1期。

刑事案件适用法律若干问题的解释》则是专门为网络空间量身打造的。后者的出现，恰恰证明了编造、传播虚假信息犯罪在信息化时代的滞后。

（一）刑法典及刑法修正案确立的虚假信息犯罪

1997年《刑法》规定了四个涉及虚假信息的罪名，2001年《刑法修正案（三）》又新设了编造、故意传播虚假恐怖信息罪，从而形成了虚假信息犯罪的基本罪刑格局。通过考察这一罪刑格局可以看出，所谓虚假信息犯罪的处罚基点是围绕特定的法益类型展开的，“虚假信息”内容在罪刑设计上只是出于辅助和次要地位。

1. 1997年《刑法》：强调具体的个体利益

1997年刑法中虚假信息犯罪的指向也非常明确：（1）针对特定个人的虚假信息，刑法规定了两个罪名，即《刑法》第246条的侮辱罪和诽谤罪。侮辱罪和诽谤罪侵害的法益都是个人的名誉权和人格权，但是两者在行为方式上存在一定的差异。诽谤罪要求行为人故意捏造事实并恶意散布，因此诽谤罪是典型的虚假信息犯罪，而侮辱罪既可以采取语言等形式，也可以采取身体强制等手段，况且侮辱罪并不必须要求行为人虚构事实，即使是真实的信息，如果对他人名誉和人格造成损害的，依然可以构成侮辱罪。侮辱罪与虚假信息犯罪是交叉竞合关系。（2）针对特定公司和企业的虚假信息，《刑法》第221条规定了损害商业信誉、商品声誉罪，本罪的行为方式是捏造并散布虚伪事实，侵害的是公司、企业的商业信誉和商品声誉。在网络空间中，公司、企业的商业信誉和商品声誉同样是非常脆弱的。《最高人民检察院、公安部关于公安机关管辖的刑事案件立案追诉标准的规定（二）》的通知中第66条规定，捏造并散布虚伪事实，关于损害商业信誉、商品声誉罪的立案追诉标准规定为：（一）给他人造成直接经济损失数额在五十万元以上的；（二）虽未达到上述数额标准，但造成公司、企业等单位停业、停产六个月以上，或者破产的；（三）其他给他人造成重大损失或者有其他严重情节的情形。本罪的犯罪主体是一般主体，不过根据司法实践的情况，本罪的犯罪主体主要为以下几类：一是商誉主体的竞争对手、处于不利地位的同行以及其他生产者和经营者；二是与商誉主体没有竞争关系的其他主体，包括消费者、新闻、报刊、电视台等媒体及其从业人员等。(3) 针对证券、期货交易的虚假信息,《刑法》第181条第1款规定了编造并传播证券、期货交易虚假信息罪;[①] (4) 针对军人在战时实施的传播虚假信息、扰乱作战秩序的行为,《刑法》第433条规定了战时造谣惑众罪。[②]

考察以上五个罪名,除了战时造谣惑众罪保护的是作战秩序以外,其他四个罪名都将保护的侧重点放在差异化的个体利益之上,包括个人利益和单位利益。侮辱罪、诽谤罪的法益,是个人的名誉权和人格权,单位的商业信誉和商品声誉,虽然可以通过虚假信息的方式诋毁,但是它本质上还是属于单位的财产权的范畴,针对证券、期货交易的虚假信息,也是为了保护证券市场和金融市场的稳定,为了保护投资者的合法权益(主要是财产权),因此,将这几个罪名作为虚假信息犯罪的罪名体系,只是因为它们的行为方式都可以通过虚假信息的方式侵害,而非它们是专门为虚假信息犯罪而设。刑法没有专门关注虚假信息的制造和传播特点,虚假信息犯罪此时还没有真正形成逻辑严密的犯罪群。

2. 刑法修正案:开始关注公共秩序

2001年《刑法修正案(三)》在《刑法》第六章妨害社会管理秩序罪中增设了编造、故意传播虚假恐怖信息罪。即《刑法》第291条之一第1款:"投放虚假的爆炸性、毒害性、放射性、传染病病原体等物质,或者编造爆炸威胁、生化威胁、放射威胁等恐怖信息,或者明知是编造的恐怖信息而故意传播,严重扰乱社会秩序的,处五年以下有期徒刑、拘役或者管制;造成严重后果的,处五年以上有期徒刑。"本罪的出台背景是,自2001年美国"9·11"事件之后,全球范围内的恐怖活动进入活跃期,在我国也先后出现了一些编造、传播虚假恐怖信息的犯罪活动,如行为人声称航班上有炸弹导致航班延误或者返航、备降,行为人散布发生地震或者爆炸威胁等虚假恐怖信息,至于动机则可能出于勒索财物或者泄愤报复,以及无聊好奇等心理,为此《刑法修正案(三)》专门出台了本罪,以维护一般性的社会公共秩序。

2001年12月29日,全国人大常委会通过《刑法修正案(三)》增设了

① 本条第1款规定:"编造并且传播影响证券、期货交易的虚假信息,扰乱证券、期货交易市场,造成严重后果的,处五年以下有期徒刑或者拘役,并处或者单处一万元以上十万元以下罚金。"

② 《刑法》第433条规定:"战时造谣惑众,动摇军心的,处三年以下有期徒刑;情节严重的,处三年以上十年以下有期徒刑;情节特别严重的,处十年以上有期徒刑或者无期徒刑。"

故意传播虚假恐怖信息罪。[①] 关于本罪的立法理由，有关部门如此解释："……这种投放假炭疽菌或者编造假信息的行为，会使人们难辨真假，危害更大，应当予以刑事处罚。由于这种行为不可能实际造成传染病的传播，不属于危害公共安全方面的犯罪，难以适用危害公共安全罪的规定，而当时刑法中又缺乏相应的规定，因此，《刑法修正案（三）》增加了对这种犯罪的规定。"[②] 从刑法关注个体利益，到关注一般性的公共秩序，表明刑法已经开始将注意力集中到虚假信息自身的危害性上来了。

（二）原有虚假信息犯罪的主要问题和特点

分析刑法典和《刑法修正案（三）》确立的虚假信息罪名体系，我们可以发现具有以下特点：

1. 虚假信息犯罪的罪名体系分为侧重保护个体利益型的犯罪和保护公共秩序型的犯罪两大子类。但是，刑法更侧重于对特定单位和个人的法益维护，轻视一般性社会秩序，无论是侮辱罪、诽谤罪还是损害商业信誉、商品声誉罪，其着眼点都是对个人个体利益的保护，侧重于保护社会秩序的罪名，只有编造、故意传播虚假恐怖信息罪和适用于战时的战时造谣惑众罪，但是其适用范围和适用对象都具有局限性。

2. 刑法对"虚假信息"的界定范围过于狭窄。针对非特定单位和个人的虚假信息，无论后果多么严重，都无法纳入刑法的打击视野之内。比如，前文提到的某地柑橘生蛆事件对该地区的农产品声誉造成极大影响，农民损失严重；某某警校某级学生全部牺牲事件对警察群体也造成了不良的影响。即使是传统媒体的传播虚假信息行为，刑法也束手无策，如北京电视台的纸馅包子虚假新闻事件，虽然严重伤害了北京地区的早点行业，刑法也无法对之进行有效规制。

3. 缺乏对网络空间传播虚假信息的关注

传统虚假信息犯罪的另外一个问题，是缺乏对网络空间传播虚假信息的有

---

① 陈兴良：《罪刑法定原则的本土转换》，载《法学》2010 年第 1 期。

② 全国人大常委会法制工作委员会刑法室编：《中华人民共和国刑法条文说明、立法理由及相关规定》，北京大学出版社 2009 年版，第 604 页。

效打击，也缺乏对信息化时代虚假信息犯罪危害性的清晰预判。当前网络空间才是规制虚假信息犯罪的重要场域。网络发展进入2.0阶段以后，网络的参与人数、社会化程度等都呈几何倍数增长，网络开始了深度社会化的过程，加上网络固有的信息传递便捷的特性，这就给网络虚假信息的传播插上了“腾飞的翅膀”，一时间虚假信息犯罪甚嚣尘上，并且出现了围绕虚假信息制造、传播的黑色产业链。传统的侮辱罪，诽谤罪，损害商业信誉、商品声誉罪等都在网络空间予以了“再现”。《全国人大常委会关于维护互联网安全的决定》中规定：利用互联网侮辱他人或者捏造事实诽谤他人的，依照刑法有关规定追究刑事责任。该规定虽然解决了侮辱罪和诽谤罪在网络空间的适用问题，但是司法机关仍存在一系列适用难题。[①] 即使存在《刑法》第287条的利用计算机实施有关犯罪的规定，司法机关也因罪刑法定原则的制约而不敢擅自扩大传统罪名的适用范围。2013年《最高人民法院关于审理编造、故意传播虚假恐怖信息刑事案件适用法律若干问题的解释》对编造、故意传播虚假恐怖信息罪的网络适用进行了明确，但是其他几个罪仍然存在适用的障碍。

传统刑法制裁虚假信息的罪名体系的最大不足是，将直接妨害社会秩序的、不针对具体主体的虚假信息的内涵只规定为“虚假恐怖信息”，而忽略了其他具有较大破坏力的虚假信息，从而形成刑法处罚上的真空。

三、网络诽谤相关解释对刑法真空的权宜性弥补

正因为传统的编造、传播虚假信息犯罪在信息化时代存在明显的适用不足，因此《最高人民法院、最高人民检察院关于办理利用信息网络实施诽谤等刑事案件适用法律若干问题的解释》应运而生。《最高人民法院、最高人民检察院关于办理利用信息网络实施诽谤等刑事案件适用法律若干问题的解释》虽然解决了网络空间中某些严重的危害行为的法律适用问题，但是由此引发的巨大理论争议却恐怕也是司法解释制定者事先没有想到的。

---

① 侮辱罪和诽谤罪难以适用网络空间的主要问题在于被害人难以搜集到达到自诉标准的证据，司法机关进行协助亦于法无据。而损害商业信誉、商品声誉罪在网络空间中多以不正当商业竞争的方式体现出来，司法机关在定性时也感到非常棘手。

（一）《最高人民法院、最高人民检察院关于办理利用信息网络实施诽谤等刑事案件适用法律若干问题的解释》对原罪名体系的填补思路

为了打击网络空间中日益猖獗的编造、传播虚假信息行为，《最高人民法院、最高人民检察院关于办理利用信息网络实施诽谤等刑事案件适用法律若干问题的解释》利用扩大解释的方法，规定了寻衅滋事罪等罪在信息网络空间中的适用规则。《最高人民法院、最高人民检察院关于办理利用信息网络实施诽谤等刑事案件适用法律若干问题的解释》对原编造、传播虚假信息犯罪的扩容主要体现在以下三个方面：

1. 网络空间中诽谤罪适用的具体罪状解释

《最高人民法院、最高人民检察院关于办理利用信息网络实施诽谤等刑事案件适用法律若干问题的解释》第1—3条分别对在网络空间实施的“捏造事实诽谤他人”“情节严重”，以及“严重危害社会秩序和国家利益”等情节提出了具体的认定规则。《最高人民法院、最高人民检察院关于办理利用信息网络实施诽谤等刑事案件适用法律若干问题的解释》将“转发超过500次”作为“诽谤罪情节”严重的标准之一，这一点也成为《最高人民法院、最高人民检察院关于办理利用信息网络实施诽谤等刑事案件适用法律若干问题的解释》的争议焦点之一。有的观点认为，以数字来作为入罪的标准缺乏合理性,① 也有的观点认为，可能存在其他人恶意转发超过500次，进而使最初发布信息的人构成犯罪的情况，这违反了罪责自负和主客观相统一的原则。② 笔者认为，随着信息技术的快速发展，尤其是网络空间作为独立的网络社会的日渐形成，传统的犯罪行为都存在迁移进网络空间并重新评价的问题。传统定量标准难以直接套进网络空间中，因此信息时代犯罪定量标准的体系化构建是无法回避的现实问题，转发500次引入了点击量标准，这已被证明是适用网络空间的较为成熟的定量标准。基于中国刑法立法既定性又定量的特色，以数字来界定入罪标准一直是刑法的惯常做法，《最高人民法院、最高人民检察院关于办理利用信息网络实施诽谤等刑事案件适用法律若干问题的解释》在这点上根本谈不上任何创

---

① 尹培培：《“诽谤信息转发500次入刑”的合宪性评析》，载《华东政法大学学报》2014年第4期。

② 李晓明：《诽谤行为是否构罪不应由他人的行为来决定——评“网络诽谤”司法解释》，载《政法论坛》2014年第1期。

新。至于认为该入罪标准可能违反罪责自负和主客观相统一原则，笔者认为这同样是对司法解释的误解。网络虚假信息的危害性，主要体现在其转发或者点击数量上，尤其是每次转发背后意味着可能新增了成千上万次点击，这一点对于任何一位虚假信息的发布者或者转发者来说都有盖然性甚至明确性的认识，任何人理应为自己散布的虚假信息承担责任，根本谈不上违反罪责自负的问题。

2. 明确了对网络“黑公关”刑事处罚的依据[①]

网络“黑公关”，是提供有偿发帖或者有偿删帖的服务，扰乱市场秩序的行为。利用网络媒介进行个人形象策划、企业品牌推广和产品宣传等活动本是正常的网络商业行为，并且还催生了“网络推手”这一名词，一大批网络公关公司也应运而生。合法的商业策略行为应当建立在真实的信息基础之上，但是网络的“黑公关”则是建立在歪曲事实和扭曲信息的基础上，造成网络信息传播的良莠不齐、鱼目混杂，干扰真实信息的自由流动，毒害网络信息环境。《最高人民法院、最高人民检察院关于办理利用信息网络实施诽谤等刑事案件适用法律若干问题的解释》确立了将此类行为按照非法经营罪处置的解决思路。

四点刑事政策的效果：一是“回应”。近年来，伴随着网络在我国的深度普及，网络诽谤、网络谣言等违法违规行为也猖獗起来，一些网络公关公司、个人或者出于经济目的，或者出于其他目的，充分利用网络的信息传播便捷性而大肆造谣，这类行为不仅给相关对象的经济利益、个人名誉等造成较大损害，也对网络中的公共秩序造成极大影响，更给一些人传递了网络是“无法空间”的假象。也正因为过去法律没有积极主动地规制此类行为，导致利用网络进行专业炒作的行为愈演愈烈。网络推手醉心于网络衍生的商业价值，却忽视了网络不是自家的私有地，而是公共的空间和平台。网络赋予个人发声的自由，同时也要求个人承担发声的相应后果。

二是“宣示”。《最高人民法院、最高人民检察院关于办理利用信息网络实施诽谤等刑事案件适用法律若干问题的解释》出台后，无论是理论界还是舆论都对寻衅滋事罪是否可以适用于网络空间产生疑问，进而质疑《最高人民法院、最高人民检察院关于办理利用信息网络实施诽谤等刑事案件适用法律若干

① 有关网络公关的刑事责任，笔者将在本书第八章做详细讨论。

问题的解释》的正当性。笔者认为，《刑法》第 287 条的“利用计算机实施金融诈骗、盗窃、贪污、挪用公款、窃取国家秘密或者其他犯罪的，依照本法有关规定定罪处罚”的规定可以作为《最高人民法院、最高人民检察院关于办理利用信息网络实施诽谤等刑事案件适用法律若干问题的解释》正当性的直接依据。信息化时代对奠基于农业社会、成熟于工业社会的传统刑法理论的冲击是不争的事实，而由此伴随的传统刑法规则和术语在信息化背景下的再解释则是扩张传统规则生命力的有效途径。刑法层面已经确认网络社会与传统空间一样，既有个人的私密空间，也有属于社会公共秩序的领域。对网络秩序的破坏，与对传统秩序的破坏在行为性质上没有任何差别，网上网下的差别，不在虚拟与现实的区别，仅在存在场域的不同。通过法律规则的颁行，以及具体案件的宣示，可以有效发挥法律规范的引导功能，树立人们在网络空间的规范意识，进而实现传统法律规则与网络空间的无缝对接。

三是“约束”。在现实空间中，通过先审核后发布的信息筛选流程，可以有效阻止违法有害和虚假信息的传播，受到信息传统的物理限制，个人在现实空间中实施造谣、诽谤等的费效比极低，然而网络是个无限延展的世界，通过个人的键盘操作可以让最微不足道的信息瞬间传递到世界各个角落，而且网络中边发布边审核、先发布后审核，乃至只发布不审核的信息处理机制使得信息不加甄别就被释放出来。部分在社交平台上获得认证，并有大量关注者的用户通过哗众取宠、无中生有、添油加醋或者捕风捉影等方式，大肆炒作某些社会热点事件，构建自己的网络影响力，以此牟取不法利益。然而网络从来就不是无法无天的世界，任何国家都不可能也从来没有对网络放任自流。

四是“引导”。法不禁止则是自由。个人在网络上具有充分的表达自由，这是受我国法律保护的。但是任何权利的行使都不能以损害国家、公共利益，他人的合法权利为代价。本案告诉我们，任何人在网络中都应当将自己的行为自觉纳入法治的轨道上。同时，只要自己不触犯法律的红线，在网络上是可以享受充分自由的。

3. 更有争议的话题：寻衅滋事罪与虚假信息犯罪的对接

根据《最高人民法院、最高人民检察院关于办理利用信息网络实施诽谤等刑事案件适用法律若干问题的解释》第 5 条的规定，利用信息网络辱骂、恐吓他人，情节恶劣，破坏社会秩序的，以寻衅滋事罪定罪处罚。此外，编造虚假信息，或者明知是编造的虚假信息，在信息网络上散布，或者组织、指使人员在信息网络上散布，起哄闹事，造成公共秩序严重混乱的，也以寻衅滋事罪定罪处罚。依照该规定，传统空间中用于规制公共场所秩序的寻衅滋事罪，在网络空间中却与虚假信息犯罪实现了对接。

根据《最高人民法院、最高人民检察院关于办理利用信息网络实施诽谤等刑事案件适用法律若干问题的解释》确立的规则，寻衅滋事罪和编造、故意传播虚假恐怖信息罪之间形成了事实上的特殊法和一般法：在网络上编造、故意传播虚假恐怖信息的，按照编造、故意传播虚假恐怖信息罪处罚，反之，对不特定人编造、故意传播除了恐怖信息以外的其他虚假信息的，按照寻衅滋事罪处罚，对特定人实施的编造、故意传播虚假信息犯罪的，按照侮辱罪、诽谤罪或者损害商业信誉、商品声誉罪处罚。《最高人民法院、最高人民检察院关于办理利用信息网络实施诽谤等刑事案件适用法律若干问题的解释》出台以后，有效弥补了传统的编造、传播虚假信息犯罪的罪名体系的漏洞。

（二）《最高人民法院、最高人民检察院关于办理利用信息网络实施诽谤等刑事案件适用法律若干问题的解释》的主要价值：确认网络空间秩序性利益

寻衅滋事罪作为刑法分则第六章的罪名，其保护的客体为公共场所秩序，因此它是典型的秩序型犯罪。《最高人民法院、最高人民检察院关于办理利用信息网络实施诽谤等刑事案件适用法律若干问题的解释》将寻衅滋事罪的适用范围扩展到网络空间，背后蕴含的价值倾向是确认了网络空间也存在秩序性利益。应当说，这是符合当前网络的发展趋势以及网络犯罪的罪情变化的。早期的网络犯罪主要是侵害网络信息系统的犯罪，即使到了网络 2.0 时期，网络的指向转为参与网络的众多个体，网络侵害的仍然是具体的利益。但是近年来，网络空间中的秩序型犯罪开始增多，利用网络实施煽动、颠覆国家政权、利用网络宣扬恐怖主义思想、传授犯罪方法等行为成为世界各国不约而同关注的重点内容。网络空间中已经形成了独立的秩序价值，并且这种秩序价值会辐射到现实空间中，发生在中东地区的“颜色革命”已经有力证实了这点。确认网络

空间的秩序性价值，是《最高人民法院、最高人民检察院关于办理利用信息网络实施诽谤等刑事案件适用法律若干问题的解释》的主要价值之所在。

四、《刑法修正案（九）》的完善思路及其缺憾

《刑法修正案（九）》的立法重头戏之一，就是对网络刑法规则的完善，其中也涉及编造、传播虚假信息犯罪的立法问题，这对完善编造、传播虚假信息犯罪的罪名体系，构建更加精准的网络法律规则来说固然是可喜可贺之事，但是有关罪名的设计却存值得商榷的地方。

（一）《刑法修正案（九）》的基本立法思路

《刑法修正案（九）》中关于编造、传播虚假信息犯罪的条文共有两个，分别涉及侵犯利益型犯罪和侵犯秩序型犯罪两类。根据各自在网络空间中面临的主要处罚障碍，刑法修正案设置了差异化的立法思路。

1. 侵犯利益型犯罪：增加自诉协助机制

刑法将侮辱罪和诽谤罪规定为自诉罪名，其本意是考虑到侮辱和诽谤的事实在传统空间中难以大范围传播，且该行为与受害人的个体名誉和人格尊严息息相关，如果一律由公诉机关提起公诉，反而可能造成侮辱和诽谤信息的扩散，不利于受害人的权益维护。另外，现实空间中被害人容易搜集到达到起诉要求的证据材料，综合以上情况考虑，刑法将侮辱罪和诽谤罪设置为自诉犯罪，充分尊重被害人的选择权利，这也是世界各国的通行做法。然而在网络空间中，基于信息传递的便捷性和超时空性，违法和虚假信息一经“上网”便会在瞬时传播到网络的任何角落，即使是信息发布者本人也难以阻止信息的扩散和传播，原本只影响小范围群体的侮辱罪和诽谤罪在网络空间中的社会危害性却可能被无限制地放大，从而具有了更多的公共属性。此外，在网络空间中网民彼此间是相互匿名的，被害人不但查找信息源头费时费力，且查找到后仅凭一己之力很难确定犯罪嫌疑人的真实身份。

网络空间中，依靠受害人本人调查取证、搜集证据并自行向人民法院起诉几乎是不可能的事情，如果是公安机关主动侦查的，又必须达到“严重危害社会秩序和国家利益”的程度。为此公安部 2009 年 3 月 19 日下发的《关于严格

依法办理侮辱诽谤案件的通知》对于“严重危害社会秩序和国家利益”进行了规定：对于具有下列情形之一的诽谤行为，应当认定为“严重危害社会秩序和国家利益”，以诽谤罪立案侦查，作为公诉案件办理：（1）因诽谤行为导致群体性事件，严重影响社会秩序的；（2）因诽谤外交使节、来访的外国国家元首、政府首脑等人员，造成恶劣国际影响的；（3）因诽谤行为给国家利益造成严重危害的其他情形。该通知主要解决的是诽谤案件转为公诉的标准，但是它在一定程度上也说明了，网络中诽谤行为已经超越了个人自我救济即可恢复权利的程度，而更需要国家强力的介入了。为了根本性解决这个问题，因此着眼于信息时代侮辱罪、诽谤罪的案发特点，有必要建立对刑事被害人的自诉协助机制，在维持侮辱罪、诽谤罪的自诉犯罪不变的基础上，授权司法机关在必要时为被害人提供证据搜集方面的协助。《刑法修正案（九）》在侮辱罪、诽谤罪条文中增加1款作为第3款：“通过信息网络实施第一款规定的行为，被害人向人民法院告诉，但提供证据确有困难的，人民法院可以要求公安机关提供协助。”该规定解决了信息时代侮辱罪、诽谤罪难以起诉的难题，但是又没有剥夺被害人自诉的权利。

当然，《刑法修正案（九）》增设的自诉协助机制在理论和司法实践中还存在一些可商榷之处。在司法活动中，法院处于居中裁判的地位，秉持“不告不理”的传统诉讼模式，尽管在刑事诉讼中，法院负有全面查明案件事实，依法适用法律的责任，但是法院在刑事案件的受理阶段并不主动介入案件事实，因此自诉协助机制与法院的定位存在一定矛盾。在发起机制上，刑事立案的条件是有证据证明有犯罪事实发生，《刑事诉讼法》第110条第1款规定，任何单位和个人发现有犯罪事实或者犯罪嫌疑人，有权利也有义务向公安机关、人民检察院或者人民法院报案或者举报。《刑事诉讼法》第114条规定，对于自诉案件，被害人有权向人民法院直接起诉。自诉案件的立案标准虽然无法达到公诉案件的立案标准，但也不是没有标准的，那么，被害人在掌握证据的何种程度上，有权向人民法院提起自诉呢？是有较大概率证明犯罪事实的存在，还是只要排除合理怀疑就可以了呢。此外，被害人提供证据确有困难的，是否人民法院就一定要求公安机关提供协助呢，提供协助的发动机制和发动条件是什么？人民法院是否有权自行调取证据呢？自诉协助机制的另外一个问题是，被害人是否具有反悔权，如被害人向人民法院提起自诉，怀疑 A 在网络空间对其实施了侮辱行为，而人民法院经公安机关协助侦查发现，是 B 在网络空间中实施了侮辱行为，那么此时被害人是否有权要求撤回自诉？在网络空间中由被害人搜集证据存在难度，但是在传统空间中，被害人搜集证据就一定容易吗，是否有必要赋予传统空间的被害人享受与网络空间被害人同样的自诉协助权利呢。可以看出，《刑法修正案（九）》增设的自诉协助机制并不能解决所有的问题，其规则的细化还需要进一步完善，但是无论如何，其理论和实践的积极意义还是值得肯定的。

2. 侵害秩序型犯罪：扩充“虚假信息”的范围

强化对侵害秩序型犯罪的打击力度是刑法修正案的另一个重点，方式就是扩充“虚假信息”的范围。《刑法修正案（九）》第 32 条规定，在刑法第 191 条之一中增加 1 款作为第 2 款：“编造虚假的险情、疫情、灾情、警情，在信息网络或者其他媒体上传播，或者明知是上述虚假信息，故意在信息网络或者其他媒体上传播，严重扰乱社会秩序的，处三年以下有期徒刑、拘役或者管制；造成严重后果的，处三年以上七年以下有期徒刑。”

本条规定的主要特色之处在于：

（1）扩展了刑法规制虚假信息的范围，在虚假恐怖信息的基础上，将编造和故意传播虚假的“险情、疫情、灾情、警情”等四类虚假信息的行为纳入刑法的打击半径中，在一定程度上弥补了现有罪名体系中“虚假信息”范围过于狭窄的不足，这也意味着，刑法从过去的关注行为对象，转向为更加关注行为内容。

（2）《刑法修正案（九）》不但关注网络空间中的编造、传播虚假信息的行为，也关注传统媒体的编造、传播虚假信息的行为，实现了网上、网下的一体保护。信息时代的虚假信息传递路径多种多样，包括①网上发起、网上传播模式；②网上发起、网下传播模式；③网下发起、网下传播模式：④网下发起、网上传播模式。在现实空间，受制于信息制造和传播的预先审查机制，依靠传统媒体实施虚假信息犯罪的情况只是偶发性地出现，这反过来又压制了传统媒体实施虚假信息犯罪的社会危害性。但是，在网络时代，传统媒体多了网络传播这一新的传播渠道，加之传统媒体也在进行网络化的改造，这就使传统媒体实施的虚假信息犯罪的危害性在信息化时代有了被无限放大的可能性。信息时代的虚假信息犯罪，不但要关注网络媒体，也要关注传统媒体。《刑法修正案（九）》实现虚假信息犯罪的网上、网下一体保护，无疑是值得肯定的。

（二）仍有遗憾：《刑法修正案（九）》的主要问题

《刑法修正案（九）》扩充了“虚假信息”的范围，扩大了刑法的打击半径，在一定程度上弥补了现有刑法体系的缺憾，这是值得肯定的。但是，令人费解的是，《刑法修正案（九）》为何不将处罚范围扩展到所有的虚假信息，反而限制为特定类型的虚假信息呢？

1. “虚假信息”的范围依然过于狭窄

《刑法修正案（九）》对编造、传播虚假信息犯罪行为的解决方案，仍然让人感到“意犹未尽”。具体表现在：依然没有从根本上解决现行罪名体系中“虚假信息”的范围界定过于狭窄的问题。即使将四类虚假信息纳入刑法的打击半径，对于其他类型的虚假信息的制裁模式，仍然需要求助于司法解释规定的寻衅滋事罪的处罚模式。虽然寻衅滋事罪通过司法解释被强行纳入了编造、传播虚假信息犯罪的体系中，但是，本质上它仍然是立法无法及时更新背景下不得不采取的司法便宜措施，不能作为持久的稳定有效的处置模式。因为理论上对寻衅滋事罪能否适用于网络空间至今争议不断，况且我们很难回答这样的疑问：如果寻衅滋事罪可以规范网络空间，那么是否可以反过来规范现实空间中的类似行为呢？

2. 四类虚假信息与虚假恐怖信息的冲突

即使按照《刑法修正案（九）》的保守规定，也可能出现司法认定的问题。《刑法修正案（九）》规定了四类虚假信息要受到处罚，即“险情、疫情、灾情、警情”。依照《刑法》第 291 条之一的规定，所谓虚假恐怖信息是指虚假的爆炸威胁、生化威胁和放射威胁，而《最高人民法院关于审理编造故意传播虚假恐怖信息刑事案件适用法律若干问题的解释》第 6 条则将虚假恐怖信息进一步扩大为“以发生爆炸威胁、生化威胁、放射威胁、劫持航空器威胁、重大灾情、重大疫情等严重威胁公共安全的事件为内容，可能引起社会恐慌或者公共安全危机的不真实信息”。2003 年《最高人民法院、最高人民检察院关于办理妨害预防、控制突发传染病疫情等灾害的刑事案件具体应用法律若干问题的解释》将虚假的“突发传染病疫情等灾害有关的恐怖信息”作为虚假恐怖信息，这样一来，所谓的虚假的“险情、疫情、灾情、警情”是指排除了虚假恐怖信息后的“险情、疫情、灾情、警情”，但是虚假恐怖信息是对信息内容的实质的、价值的判断，而“险情、疫情、灾情、警情”则是对虚假信息的事实的判断，两者的划分标准并不一致，因此它们也并非单纯的交叉互补关系。《刑法修正案（九）》通过后，虚假恐怖信息和其他虚假信息的界限将是摆在法官面前的棘手问题。而依笔者看来，《刑法》应当将规制的重点放在行为的后果上而非行为的内容上，虚假恐怖信息和其他虚假类型的信息所危害的指向是完全一致的，都是公共秩序，两者没有任何差别。

（三）人工智能时代的新问题：虚假军情的刑法规制迫在眉睫

在网络环境下，虚假信息的类型已不限于民事领域。网络战是现代信息战的一种重要表现形式，而信息战又是现代战争的重要组成部分，并且信息战可以独立于战争而存在。作为正面战场的重要补充，信息战可以瓦解对方军队的战斗意志，贬低对方军队的战场效果，干扰对方决策者的战争决策，弱化敌方民众对战争的支持，混淆对方社会的思想和认识。反过来，信息战也可以凝聚本方的战斗意志，坚定民众对战争的支持。在极端情况下，信息战甚至可以决定战争的胜负。项羽和刘邦在垓下决战的关键时刻，刘邦命人在项羽军营附近唱起楚地歌谣，项羽士兵误认为家乡已经被刘邦占领，顿时丧失战斗意志，项羽军队不战而溃。而依据我国刑法，对于虚假军情的规制，还存在空白。如前所述，《刑法》第 291 条之一的编造、故意传播虚假恐怖信息罪和编造、故意传播虚假信息罪无法有效规制虚假军事信息，比如说军队在某地出现重大军事失败，无法认定为虚假恐怖信息，也无法认定为虚假的“险情、疫情、灾情、警情”。和虚假军情相关的另外两个罪名是《刑法》第 377 条的战时故意提供虚假敌情罪和《刑法》第 378 条的战时造谣扰乱军心罪，前者是战时故意向武装部队提供虚假敌情，造成严重后果的行为，后者是战时造谣惑众，扰乱军心的行为，这两个罪名也无法完全规制制造、传播虚假军情的行为。战时故意提供虚假敌情罪的指向对象是武装部队，犯罪对象是虚假敌情，无法适用在网络空间传播一般性的军事消息的行为，而且这里的“虚假敌情”也不是一般性的虚假军情，特指对部队作战具有参考价值的军事情报，其范围也小于虚假军情。战时造谣扰乱军心罪的犯罪指向也是武装部队，同样无法规制在网络空间或者其他场所制造、传播虚假军情的行为。

（四）没有解决的问题：《最高人民法院、最高人民检察院关于办理利用信息网络实施诽谤等刑事案件适用法律若干问题的解释》的立法正当性

《最高人民法院、最高人民检察院关于办理利用信息网络实施诽谤等刑事案件适用法律若干问题的解释》出台之后，许多学者认为，只有网络言论引发现实空间公共场所秩序严重混乱的，才能成立寻衅滋事罪，并且应当界定言论自由与虚假信息刑法规制的边界。[①] 笔者认为，在网络深度社会化的背景下，网络独立的意识形态已经形成，早期的虚拟社会早已让位于现实的网络空间。网络的空间属性日益明显，刑法对此也存在一个逐步深化的认识过程，法律虽然以保守和谦抑为底色，但是也应积极跟随时代发展的现实需要而不断进行理论和规则的更新。无论从网络空间的自身特点出发，还是从刑法处罚的需要出发，《最高人民法院、最高人民检察院关于办理利用信息网络实施诽谤等刑事案件适用法律若干问题的解释》都具有存在的合理性。

1997 年《刑法》正式确立了刑事司法的国家立场，其标志性事件是罪刑法定主义的确立。犯罪是具有严重的社会危害性的行为，在刑法教义学层面这早已成为理论共识。具有严重的社会危害性不但是犯罪的本质属性，也是犯罪的外在标签，是犯罪之所以是犯罪的基础，而规定罪刑规范的刑法典就是这种正当性的文本载体。在现代罪刑法定主义的约束下，无犯罪则无刑罚、无法律规定的行为亦无犯罪已经成为国家自我设限的法律原则，并成为司法者一体遵守和不可逾越的红线。因此罪刑法定原则代表了刑事司法的国家立场。罪刑法定原则的政治意义在于，它承认国家刑罚权的行使需要正当依据与节制性，刑罚权的行使必须有严格的法律根据，[②] 刑事司法的国家立场与刑事立法的国家立场的精神内核应当是前后一致并一以贯之的。

---

① 廖斌、何显兵：《论网络虚假信息的刑法规制》，载《法律适用》2015 年第 3 期。

② 劳东燕：《罪刑法定本土化的法治叙事》，北京大学出版社 2010 年版，第 147—148 页。

1981年《全国人大常委会关于加强法律解释工作的决议》指出："一、凡关于法律、法令条文本身需要进一步明确界限或作补充规定的，由全国人民代表大会常务委员会进行解释或用法令加以规定。二、凡属于法院审判工作中具体应用法律、法令的问题，由最高人民法院进行解释。凡属于检察院检察工作中具体应用法律、法令的问题，由最高人民检察院进行解释。最高人民法院和最高人民检察院的解释如果有原则性的分歧，报请全国人民代表大会常务委员会解释或决定。三、不属于审判和检察工作中的其他法律、法令如何具体应用的问题，由国务院及主管部门进行解释。四、凡属于地方性法规条文本身需要进一步明确界限或作补充规定的，由制定法规的省、自治区、直辖市人民代表大会常务委员会进行解释或作出规定。凡属于地方性法规如何具体应用的问题，由省、自治区、直辖市人民政府主管部门进行解释。"该决议赋予了最高人民法院和最高人民检察院制定司法解释的权利，并且只能涉及法院审判工作和检察院检察工作中如何适用法律的问题。

（五）应有的解决方案："虚假信息"内涵的全面扩容

笔者建议，应当取消《刑法修正案（九）》第32条，并取消编造、故意传播虚假恐怖信息罪，将虚假恐怖信息与拟议中的四类虚假信息整合为"虚假信息"，以尽可能地延伸刑法的打击半径和规制范围。换言之，将目前《刑法》第291条之一修改为："投放虚假的爆炸性、毒害性、放射性、传染病病原体等物质，或者编造虚假信息，在信息网络或者其他媒体上传播，或者明知是虚假信息，故意在信息网络或者其他媒体上传播，严重扰乱社会秩序的，处……"这样一来，《最高人民法院、最高人民检察院关于办理利用信息网络实施诽谤等刑事案件适用法律若干问题的解释》的以寻衅滋事罪处罚网络传播谣言的处理模式也就没有存在的必要了。而且对于所有的虚假信息都可以做到一体规制，一体处罚。

第八章 信息秩序法益与公关犯罪完善思路

技术引领社会变革。当前，网络经济作为数字经济的重要组成部分，已经成为我国经济发展的新引擎、产业升级的新动力、就业扶贫的新场域，网络环境下的商业运营在企业经营中的地位也日趋持重。为了解决网络交易双方与生俱来的信息不对称性，网络经济体系发展出了“打分”“互评”等一整套成熟的信用工具，尤其是在消费互联网领域，许多消费者高度依赖这套信用评价体系来决策消费活动。可以说在某种程度上，网络经济就是商誉经济、口碑经济，良好的商业信誉、商品声誉不仅提高了市场交易效率，更重要的是其俨然已成为企业的竞争力本身。但是随着各行业市场竞争加剧，媒体内容运营变现异常活跃，商业组织利用各类媒体工具及自媒体平台进行抹黑、攻击，愈加具有组织性、规模性，特别是在电子消费品、快消品、汽车、娱乐、美妆等消费端市场，商誉评价机制的脆弱性暴露无遗，“信息失真”现象明显。从写手、自媒体、公关公司到网络平台、网络水军，再到评论跟帖、转发热帖，一个围绕商誉构建的网络空间传播秩序当下已经非常成熟。网络公关产业链在资本和流量的双重加持下，形成了顽固的黑公关产业。网络黑公关同时侵害了“信用有效”和“信息真实”这两大网络秩序的支柱，它不仅威胁到企业的营商环境，也损害了网络空间的信息秩序，成为网络安全治理的重要痛点。为此，2013 年《最高人民法院、最高人民检察院关于办理利用信息网络实施诽谤等刑事案件适用法律若干问题的解释》对网络背景下侮辱罪、诽谤罪、非法经营罪等罪的适用规则进行了明晰。不过，司法机关虽然在确立网络空间信息型犯罪的处置规则，维护网络秩序的稳定等方面的努力值得肯定，但是随着时间的推移，《最高人民法院、最高人民检察院关于办理利用信息网络实施诽谤等刑事案件适用法律若干问题的解释》中的某些具体规则也逐渐暴露出不足和缺陷。

《最高人民法院、最高人民检察院关于办理利用信息网络实施诽谤等刑事案件适用法律若干问题的解释》第7条被视作专门为有偿删帖以及有偿发布虚假帖子等网络“公关”行为而设的条款。本条规定：“违反国家规定，以营利为目的，通过信息网络有偿提供删除信息服务，或者明知是虚假信息，通过信息网络有偿提供发布信息等服务，扰乱市场秩序，具有下列情形之一的，属于非法经营行为‘情节严重’，依照刑法第二百二十五条第（四）项的规定，以非法经营罪定罪处罚……”本条规定了“网络公关”构成非法经营罪的两类行为方式：“以营利为目的+发布虚假信息”以及“以营利为目的+删除信息”，后者还可以分解为“以营利为目的+删除（合法）信息”与“以营利为目的+删除（虚假）信息”两种情况。就虚假信息而言，以营利为目的发布虚假信息构成犯罪是合理的，至少符合人们的朴素正义观，但是以营利为目的删除虚假信息的危害性体现在何处呢？司法解释虽然用“以营利为目的”这一主观要素限定了本罪的处罚范围，但该行为的违法性来源于客观行为而非主观目的，“以营利为目的”主观的要件与删除虚假信息的客观行为没有必然关联，还不足以解释上述规则客观行为方式的违法性基础。

套用真实案例更能直观说明问题。在迪某公司非法经营案中，安某公司发现网络上存在针对本公司的负面信息，遂与迪某公司签订了一份“搜索引擎优化”合同，约定迪某公司采取删除、屏蔽等手段在搜索引擎上清理涉及安某公司的负面信息。迪某公司删除网文1800余条，并收取安某公司费用达500余万元。案发后，法院查明迪某公司删除的信息中确有相当数量系虚假信息，但是仍依据《最高人民法院、最高人民检察院关于办理利用信息网络实施诽谤等刑事案件适用法律若干问题的解释》第7条认定迪某公司构成非法经营罪。[①]“刑法处罚的不仅仅是有偿删帖行为，还包括有偿删帖服务行为。即使被告人接受他人委托，通过向网站投诉的方式来删除信息，收取费用获取利润，仍然属于有偿删帖服务行为”，“无论本案中被删除的信息是不是虚假、诽谤信息；本案被告人吴某在未经国家有关部门许可情况下，从事有偿删帖服务，其行为均属扰乱信息网络服务市场管理秩序的行为”。笔者以“有偿删帖”为关键词在中国司法案例数据库检索，发现近年来各地法院类似判决已经有将近100个。

依据目前的法律规范，司法机关的判决似乎并无不妥，但是沿着司法解释

① 案号：湖北省荆州市沙市区人民法院（2019）鄂10刑终141号刑事判决书。

以及法院判决的逻辑，我们可以做出如下推论：如果迪某公司有偿删除虚假信息的行为构成非法经营罪，那么委托迪某公司从事上述业务的安某公司也应该构成非法经营罪的共犯，甚至是主犯，因为迪某公司完全是在安某公司的授意下实施上述行为的，但是认为安某公司构成犯罪的想法显然是不合情理的。反过来想，既然安某公司无教唆犯意，且安某公司和迪某公司的主观意图完全重合，迪某公司相当于安某公司代理人角色，又何以让迪某公司构成犯罪呢？这是对共同犯罪基本法理的背离。

在具体规范层面，《最高人民法院、最高人民检察院关于办理利用信息网络实施诽谤等刑事案件适用法律若干问题的解释》第 7 条的表层问题是用非法经营罪规制网络公关行为的适当性存疑，深层问题则是理论界和实务界对网络信息秩序的法益内涵缺乏应有的认识，不知网络信息秩序的法益内涵为何，所以才找了一个“救火队员”似的刑法罪名规制网络信息秩序。那么，网络信息秩序可否还原为具体的法益内容，从而为相关案件处理以及刑事立法形成规范指引呢？因此，本章主要讨论三个问题：一是用非法经营罪规制网络删除虚假信息行为是否具有正当性；二是网络空间中信息秩序法益的实质内涵是什么；三是基于网络信息秩序法益内涵的网络公关刑法规则的重塑路径。

一、立足非法经营罪的规范保护目的的传统路径思索

非法经营罪因为其犯罪构成中空白罪状的存在而获得司法解释的“青睐”，被频频用于各类“法无明文”的扰乱市场经济秩序行为，甚至包括仅仅具有营利目的但并未扰乱市场的经济犯罪。[①] 非法经营罪原本是在现实空间中被普遍适用的罪名，《最高人民法院、最高人民检察院关于办理利用信息网络实施诽谤等刑事案件适用法律若干问题的解释》第 7 条意味着司法解释将本罪的触角伸进了网络空间。但是，本用于保护市场准入、许可制度的非法经营罪被用来打击网络不法公关行为，明显违反了刑法的同类解释原则。

① 例如，《最高人民法院、最高人民检察院、公安部关于依法开展打击淫秽色情网站专项行动有关工作的通知》规定，“对于违反国家规定，擅自设立互联网上网服务营业场所，或者擅自从事互联网上网服务经营活动，情节严重，构成犯罪的，以非法经营罪追究刑事责任”。但是，擅自设立互联网上网服务营业场所是社会管理范畴的问题，不是经济秩序的问题。

（一）“经营”与“非法经营”行为的解释

1. 经营行为具有合法可能性

刑法中的经营一词几乎都出现在刑法分则第三章，其他章犯罪罪状中的“经营”，只有分则第六章的倒卖文物罪和分则第八章的贪污罪。非法经营罪以“违反国家规定”为前提条件，其保护的是国家的行政法律秩序，惩处的亦是“行政不服从”。从法秩序统一原理出发，刑法对“经营”的界定，应当与民商事法律保持一致。《民法典》有 80 余处提到与“经营”相关的词汇，如“经营权”“经营资格”等，《反不正当竞争法》《消费者权益保护法》《食品安全法》等也有“经营者”一词，据此可以推断出“经营”的含义。一般而言，经营行为具有两个基本要素：一是行为内容是提供商品或者服务；二是行为目的是营利。“经营”一词的通常理解就是市场主体以营利为目的，从事某项能够为自己带来利益的活动。① 它是专属于市场主体的商业活动，具备在一定时间、地点内连续、反复实施同种性质行为的特征，因而非法经营罪是典型的营业犯。“学理上所称集合犯之职业性、营业性或收集性等具有重复特质之犯罪均属之，如经营、从事业务、收集、贩卖、制造、散布等行为概念者。”② 经营行为区别于日常生活中的偶发交易，如在网络平台上售卖自己所有的零星香烟的，不能以香烟属专营专卖物品为由认定行为人构成非法经营罪。

经营的上述特点决定了非法经营罪只能适用于具有合法可能性的经营活动，哪怕经营的对象是专营专卖物品也应属可以自由流通之物，这也就排除了不具有合法可能性行为的经营性质。例如，非法买卖枪支、弹药、爆炸物的行为，受危害公共安全罪规制，与非法经营罪之经营行为的含义相去甚远。非法经营罪是为了保护与非法经营相对应的合法经营活动。没有合法经营，就没有市场秩序，没有合法经营，就无所谓与之相对的非法经营罪。

2. 非法经营对市场准入秩序的扰乱

非法经营罪虽然规制扰乱市场秩序的行为，但是其规制范围也具有特定性。市场秩序，是涵盖范围非常广泛的概念。狭义的市场秩序是市场主体的交

---

① 张天虹：《经济犯罪新论》，法律出版社 2004 年版，第 261 页。

② 靳宗立：《集合犯概念与台湾地区实务运用》，载《人民检察》2016 年第 16 期。

易过程及其后果组成的总体，广义的市场秩序还包括市场管理者对市场主体的监管行为。市场秩序的要素包括市场管理主体、市场交易主体、市场消费主体、市场交换客体以及市场交易行为。这些秩序是由刑法分则第三章的100多个罪名共同予以保护的，具体到非法经营罪，则只会是某一类特定的市场秩序。

市场交易虽然是市场主体自发的营利行为，具有私人性，但是如果不加规制，也可能对社会公共利益和他人利益造成损害，因此国家需要构建完善的交易规则和市场监管规则，这是经济法和经济行政法诞生的内在动因。某些物品是百姓生活不可或缺之物，具有庞大的市场需求，因而具备暴利性的条件，国家基于经济利益和社会稳定的考虑，对这类物品实施专营专卖制度，以壮大国家的经济实力。食盐、烟草等物，中国从古至今都实施专营专卖，这是国家财政的一大来源；某些物品直接威胁社会稳定和公共安全，因而被国家完全禁止交易和市场流通，如枪支、弹药、爆炸物等；某些行业涉及国计民生，国家亦独占专营，如石油、电信等行业；某些行业具有稀缺性或者与国家安全相关，国家则建立许可制度，经事先许可方可进入，如采矿行业。总之，凡是涉及重大公共利益、国家安全、有限自然资源开发、公共资源配置的行业，均是国家重点管制的领域，它们也是扰乱市场秩序犯罪保护的重点。不过随着社会的发展，国家也会对管制范围进行调整。铁在古代属于专营之物，在现代则属于寻常商品。银行业在改革开放之初完全由国家专营，在现在则允许私人资本进入。

非法经营罪也是为了保护国家对市场的管制制度，但是并不保护所有的市场管制制度，否则刑法就不需要那么多扰乱市场秩序的犯罪了。非法经营罪设置了四类严重扰乱市场秩序的行为，其中前三类是叙明罪状，这三类均与市场准入制度有关。第一类非法经营行为涉及我国的专营、专卖制度和限制许可制度；第二类非法经营行为涉及进出口贸易领域的许可经营制度；第三类非法经营行为涉及金融领域的许可制度。由此可以看出，非法经营罪并非泛泛保护我国的市场秩序，而是专门保护由市场准入制度建立的市场准入秩序。至于后续的交易秩序、竞争秩序等，则由其他罪名予以保护。我国《行政许可法》第12条规定了六类可以设定行政许可的事项，但是只有“有限自然资源开发利用、公共资源配置以及直接关系公共利益的特定行业的市场准入等，需要赋予特定权利的事项”，才属于非法经营罪的保护范围。依照刑法同类解释原则，非法经营罪第4项“其他严重扰乱市场秩序的非法经营行为”，也应当属于且仅限于扰乱市场准入秩序的行为。

（二）“违反国家规定”的违法性双重判定

非法经营罪的前提条件为“违反国家规定”，它以保护国家的市场准入制度和准入秩序为规范目的，其行为不仅违反了刑法规范中的具体的法，也违反了刑法规范所指引的具体的行政法律规范，因此非法经营罪具有双重违法性。司法者在审查具体案件中，实际上要进行两次违法性的判断过程，其中刑事违法性判断要审查行为与非法经营罪具体罪状的契合性，行政违法性判断要审查行为对具体的行政许可制度的违反，必要时甚至要审查该行政许可制度的适法性。行政违法性承担了非法经营罪的补充规范的填充功能，赋予了对非法经营罪的前置性的违法性审查功能，因而实质承担了对非法经营罪处罚的说理义务。因此，对非法经营罪的刑事违法性的判断与行为构成要件符合性的判断是重合的，而实质违法性的判断又是与行政违法性的判断重合的。近年来司法机关明显加大了对非法经营罪的前置行政违法性的审查。根据《刑法》第96条的规定：“本法所称违反国家规定，是指违反全国人民代表大会及其常务委员会制定的法律和决定，国务院制定的行政法规、规定的行政措施、发布的决定和命令”。2011年4月8日，《最高人民法院关于准确理解和适用刑法中“国家规定”的有关问题的通知》指出，《刑法》第96条中“国务院规定的行政措施”应当由国务院决定，通常以行政法规或者国务院制发文件的形式加以规定。以国务院办公厅名义制发的文件，符合以下条件的，亦应视为刑法中的“国家规定”：（1）有明确的法律依据或者同相关行政法规不相抵触；（2）经国务院常务会议讨论通过或者经国务院批准；（3）在国务院公报上公开发布。该通知明确了法院在审理非法经营罪相关案件过程中具有审查前置规范的合法性的义务。

由此可以看出“违反国家规定”在非法经营罪中具有至关重要的地位，在功能表达上，它同时为非法经营行为提供了刑事违法性和行政违法性的审查功能，在规范结构上，它又是刑法规范和行政法规范的连接要素，通过行政法规范填补非法经营罪的规范空间。但是，由于非法经营罪具体罪状与“违反国家规定”的疏离，具体罪状替代了“违反国家规定”的应有功能之发挥。至于《刑法修正案（七）》第5条增设的“非法从事资金支付结算业务的”的行为，以抽象的“非法”代替可能违反的具体行政法律。

二、网络诽谤相关解释中非法经营罪条款的审查思路

循着非法经营罪规范目的的解释路径，对《最高人民法院、最高人民检察院关于办理利用信息网络实施诽谤等刑事案件适用法律若干问题的解释》第7条关于网络环境下非法经营罪的适用规则就有了现成的审查逻辑。首先，审查网络公关行为是否具有行政违法性，从而具备双重违法性的前提；其次，审查网络公关行为是否属于特许经营的一部分。

（一）网络公关行为的行政违法性

行为具有行政违法性，这是构成非法经营罪的前置要件。《最高人民法院、最高人民检察院关于办理利用信息网络实施诽谤等刑事案件适用法律若干问题的解释》确立的两类网络公关行为分别是利用网络发布虚假信息和利用网络删除信息，因此需要分别讨论这两种行为的行政违法性。我国多个行政法律都明确了网络违法、有害信息的范围并且禁止在网络空间传播，这些法律中的相关条款，构成了网络非法公关行为的前置性行政违法要件。最高人民法院、最高人民检察院有关部门负责人在颁布《最高人民法院、最高人民检察院关于办理利用信息网络实施诽谤等刑事案件适用法律若干问题的解释》答记者问时曾经指出：“全国人大常委会《关于维护互联网安全的决定》和国务院《互联网信息服务管理办法》已对通过互联网向上网用户提供信息服务活动作出了明确规定。”①

就利用网络发布虚假信息的行政违法性而言，从1994年国务院颁布《计算机信息系统安全保护条例》开始，我国的网络监管体制就从网络传输层向应

① 戴佳：《保护公民合法权益促进网络健康发展》，载《检察日报》2013年9月10日。

用层扩展，[①] 针对网络信息安全和信息秩序，我国目前已经建立了较为完善的监管体系。国务院1997年颁布，并且目前依然生效实施的《计算机信息网络国际联网安全保护管理办法》第5条规定："任何单位和个人不得利用国际联网制作、复制、查阅和传播下列信息……（五）捏造或者歪曲事实，散布谣言，扰乱社会秩序的……（七）公然侮辱他人或者捏造事实诽谤他人的……"该办法第5条规定了任何单位和个人不得利用网络实施的九类行为，被称为网络信息服务的"九条禁令"或者"九不准"，上述规定是禁止利用网络传播虚假信息最早也是最直接的行政法律规定。2019年国家互联网信息办公室颁布的《网络信息内容生态治理规定》第6条更将违法信息的范围从9种扩展到了11种。单纯就网络发布虚假信息而言，我国从《网络安全法》到国务院的行政法规，再到国家互联网信息办公室的部门规章，行政法源依据已很充足，且就法理和现实而言，任何国家都不可能容忍和放任他人在网络空间散布各类虚假信息。[②]

但网络删除信息的行政违法性依据就不容乐观了。长期以来，网络监管机关更注重维护信息供给的真实性，而对于删除信息所导致的信息自由妨碍，近年来才开始关注其呈现的危害性。《网络信息内容生态治理规定》第22条规定："网络信息内容服务使用者和网络信息内容生产者、网络信息内容服务平台不得通过发布、删除信息以及其他干预信息呈现的手段侵害他人合法权益或者谋取非法利益。"依照本规定第41条，网络信息内容生产者，是指制作、复制、发布网络信息内容的组织或者个人。因此，网络公关公司属于《网络信息内容生态治理规定》第22条的规制主体，但是本规定自2020年3月1日起才生效实施，基于法律的溯及力原理，无法约束颁布之前的行为。再者，本规定在效力位阶上只是部门规章，虽然能够说明相关行为的行政违法性，但是达不

---

① 《计算机信息系统安全保护条例》主要规定国际出入口信道专营制度、联网接入的许可制度等，这主要是对网络传输层的管理，通过对管道的监管，实现内容监管目标。而此后的网络法律法规，基本集中于网络应用层，包括2000年国务院出台，并于2016年第2次修订的《电信条例》。

② 美国一向主张"互联网自由"，但是2016年美国大选之后，美国一些政治精英将民主党候选人的失败归咎于俄罗斯在美国网络的"虚假"宣传，因此奥巴马在其任期不到一个月的时候，就匆忙签署通过了"波特曼-墨菲反宣传法"（Portman-Murphy Counter-Propaganda Bill），全名是"反外国宣传和虚假信息法"。参见胡晓剑：《美国〈波特曼-墨菲反宣传法案〉解读》，载《国际研究参考》2017年第7期。

到非法经营罪的“违反国家规定”的法源层次。更重要的是，此前没有任何规定明示网络信息内容生产者和网络信息内容服务使用者不得实施删除信息服务。当然，网络平台一直有删除信息的权利，但那只是基于网络平台监管义务的延伸行为。例如，《互联网信息服务管理办法》第16条规定：“互联网信息服务提供者发现其网站传输的信息明显属于本办法第十五条所列内容之一的，应当立即停止传输，保存有关记录，并向国家有关机关报告。”类似的还有《反恐怖主义法》第19条对电信业务经营者、互联网服务提供者删除含有恐怖主义、极端主义内容的信息的义务规定。可见，平台的删除信息服务具有权责依附性、主体特定性等特点，且只限于删除违法、有害信息，对网络公关行为完全不适用。换言之，用非法经营罪规制删除信息的行为就不具有行政违法性，至于刑事违法性也就没有继续审查的必要了。

（二）网络公关行为的刑事违法性

有观点提出，值得处罚的行为除了要具备行政违法性，还要求行政法律中有相应的附属刑法规范，明确其可以按照刑法处罚。[①] 这种附属刑法虽然不提供任何实质罪刑规范，但是对刑法具有赋权性质，同时也起到限制非法经营罪适用的作用。具体到网络公关行为，依然要区分网络发布虚假信息和网络删除信息两种情况。网络删除信息行为连基本的行政违法性都存在缺陷，再讨论其刑事违法性已无意义。而关于网络发布虚假信息，前述1997年《计算机信息网络国际联网安全保护管理办法》第20条已有规定，有该办法第5条所列行为之一，“构成犯罪的，依法追究责任”。到了2000年，《全国人大常委会关于维护互联网安全的决定》第5条规定：“利用互联网实施本决定第一条、第二条、第三条、第四条所列行为以外的其他行为，构成犯罪的，依照刑法有关规定追究刑事责任。”笔者认为，这是对网络发布虚假信息予以刑事处罚最直接也是最权威的来源，它解决了一系列网络信息秩序型犯罪的处罚依据问题。在刑法理论上，多数观点都认可《全国人大常委会关于维护互联网安全的决定》

---

① 马春晓：《非法经营罪的“口袋化”困境和规范解释路径——基于司法实务的分析立场》，载《中国刑事法杂志》2013年第6期。

属于单行刑法，[①] 那么既然是单行刑法，就应当具备应有的规范价值。

20 多年前中国互联网刚刚起步、真正的网络犯罪还寥寥无几的年代里，《全国人大常委会关于维护互联网安全的决定》的出台具有巨大的前瞻性和明显的开创性，其最大的立法价值在于，明确网络空间中的所有法益类型均受到刑法一体保护。刑法第 287 条采用了列举加概括的方式，只明示了利用计算机实施个别财产犯罪和危害国家安全犯罪的，依照刑法相关规定处罚，至于侵害其他法益类型的犯罪的，刑法第 287 条则以“其他犯罪”笼统概括之。但是，这“其他犯罪”是多大范围的犯罪，由于立法没有明示，本该引起解释论上的一场争论。而《全国人大常委会关于维护互联网安全的决定》第 1 条到第 4 条，分别规定了对网络空间中的网络和计算机信息系统安全本身、国家安全、社会主义市场经济秩序和管理秩序、公民人身权利、民主权利和财产权利的保护。也就是说，《全国人大常委会关于维护互联网安全的决定》以一个条文对应刑法分则一章或者多章的方式，彻底打通了信息时代下传统刑法对网络空间的管制通道，给传统刑法全面介入网络空间提供了法律依据，并且受益至今。而《全国人大常委会关于维护互联网安全的决定》第 5 条是立法者为防止挂一漏万，对前四条没有明示的行为或者法益类型，以兜底条款的方式纳入《全国人大常委会关于维护互联网安全的决定》的规制范围内。也许有的学者会认为这又是一个兜底条款，但是《全国人大常委会关于维护互联网安全的决定》的立法定位并不是直接提供罪刑规范，而是具有赋权性质的单行刑法或者解释性法律文件，采用兜底条款是此类立法文件的常规做法。因此，《全国人大常委会关于维护互联网安全的决定》第 5 条可以作为处罚各类发布虚假信息的网络公关行为的刑法依据，只是仍需要刑法分则具体条文承接此项功能。

（三）网络公关行为的互联网信息服务性质之辨

非法经营罪处罚的是违反市场准入秩序和特许经营的行为，作为非法经营的行为，一定要有与之对应的合法经营，有经营行为才会有合法与非法的问题。而网络公关行为，只有违反了相关的国家规定，才可能构成非法经营罪。

---

① 张明楷：《刑法学（上）》（第六版），法律出版社 2021 年版，第 19 页。

依照《互联网信息服务管理办法》第3条和第4条的规定，互联网信息服务分为经营性互联网信息服务和非经营性互联网信息服务。那么，有偿发布信息和有偿删除信息是否属于“经营性互联网信息服务”呢?

1. 有偿发布信息属于经营性互联网信息服务的确证

从目前已有的研究看，刑法学界多数学者认为公关公司有偿删除信息或者有偿发布信息不属于经营性互联网信息服务，并且《最高人民法院、最高人民检察院关于办理利用信息网络实施诽谤等刑事案件适用法律若干问题的解释》存在过度扩张非法经营罪的适用范围，法律援用不当等问题，也有个别学者认为有偿删除信息或者有偿发布信息都属于经营性互联网信息服务。[①] 笔者认为，结合目前的相关行政法规和部门规章，应当对有偿删除信息和有偿发布信息分别予以考虑。具体而言，有偿删除信息行为不属于经营性互联网信息服务，而有偿发布合法信息属于经营性互联网信息服务，至于有偿发布虚假信息，则更是违反行政许可与刑法禁止性规定的双重行政违法行为。

对照《互联网信息服务管理办法》，经营性互联网信息服务，其核心指标在于有偿性，依据《电信条例》以及《互联网信息服务管理办法》，凡属于经营性互联网信息服务的，都应当办理行政许可证，即俗称的“经营性ICP许可证”。因此，办理经营性ICP许可证，就成为经营性互联网信息服务的重要标志。根据2000年11月3日《北京市通信管理局关于互联网信息服务业务办理经营许可和备案有关问题的通告》，“经营性ICP主要是指利用网上广告、代制作网页、出租服务器内存空间、主机托管、有偿提供特定信息内容、电子商务及其它网上应用服务等方式获得收入的ICP许可证。非经营性ICP许可证主要是指政府上网工程的各级政府部门的网站、新闻机构的电子版报刊和企事业单位的各类公益性网站、本单位对产品或业务作自我宣传的网站等”。可见，有偿提供特定信息内容已被纳入经营性ICP许可证的范围。另根据国务院《电信条例》第7条和第8条的规定，国家对电信业务经营按照电信业务分类，实行许可制度。电信业务分类的具体划分在本条例所附的《电信业务分类目录》中

① 张向东：《网络非法经营犯罪若干问题辨析》，载《法律适用》2014年第2期。

列出。根据最新版的《电信业务分类目录》，[①] 在“B2 第二类增值电信业务”的“B25 信息服务业务”中，信息服务业务是指“通过信息采集、开发、处理和信息平台的建设，通过公用通信网或互联网向用户提供信息服务的业务”。根据上述行政法律规范，未经许可有偿发布信息，无论是否虚假，均会违反相关的行政强制规定，进而具备构成非法经营罪的前提。至于《最高人民法院、最高人民检察院关于办理利用信息网络实施诽谤等刑事案件适用法律若干问题的解释》只将有偿发布虚假信息作为犯罪处理，而排除了有偿发布真实信息，这是因为有偿发布真实信息虽然具有行政违法性，但是不具有实质的刑事违法性，并非司法解释的疏漏，不能据此怀疑有偿发布虚假信息按照非法经营罪处罚的合理性。

2. 有偿删除信息并非互联网专属经营服务

至于有偿删除信息，从前述行政法律规范可以看出，确实难以被解释为经营性网络信息服务，故而将有偿删除信息按照非法经营罪处罚存在法源依据不足的问题，同时存在实质违法性不足的问题。《最高人民法院、最高人民检察院关于办理利用信息网络实施诽谤等刑事案件适用法律若干问题的解释》不加区分地对删除所有性质的信息（包括真实与虚假）均按照犯罪处理，或许是认为，删除信息是网络管理者的一种行政管理行为，也是互联网信息服务提供者的自我管理行为，不容他人染指，更不容成为一种规模化的、商业化的外包营利行为。《最高人民法院、最高人民检察院关于办理利用信息网络实施诽谤等刑事案件适用法律若干问题的解释》将有偿删除信息按照非法经营罪处罚，一则是为了维护互联网服务提供者的经营自主性；二则也是为了引导人们合理、合法地维护自己的网络信息权益。

三、网络信息秩序的法益内涵及其公关犯罪规则重塑

《最高人民法院、最高人民检察院关于办理利用信息网络实施诽谤等刑事案件适用法律若干问题的解释》出台之初，刑法学界对网络空间有没有秩序利

① 《工业和信息化部关于修订〈电信业务分类目录（2015 年版）〉的公告》，载中国政府网，http：//www.gov.cn/xinwen/2019-06/06/content_5397930.htm（最近访问时间 2023 年 2 月 14 日）。

益、寻衅滋事罪能不能适用网络空间等问题进行过热烈争论,[①] 惜乎相关讨论没有再深入进行下去。尤其是网络秩序的法益内涵应该如何建构，这个问题回答不清，则相关论述必然立场薄弱，亦使法益理论丧失了对法律解释的约束功能。

尽管一些学者并不承认网络空间的秩序属性，但是我们无法否认的是，“法律概念应该是独立的、具有自我生产能力的‘智慧的存在’”。[②] 所谓“秩序”本身也是法律建构的产物，是主观理性的存在，问题不在于它存在还是不存在，而是承认它的存在有没有价值。“网络秩序”概念的提出是为国家权力全面介入网络空间提供了一个依据和支点，没有这个概念，立法者也会找出其他的概念。对此尤瓦尔·赫拉利说得就更直接了，“社会规范既不是人类自然的天性本能，也不是人际的交流关系，而是他们都相信着共同的虚构的神话故事”。[③] 理论研究的作用，除了在立法论上尽到反思和批判之责外，在解释论上同样也要对现有的法律予以充分的诠释和理解。

（一）网络信息秩序的法益内涵：信息的真实性与自由流动

《最高人民法院、最高人民检察院关于办理利用信息网络实施诽谤等刑事案件适用法律若干问题的解释》的最大立法价值，在于承认了网络空间具有独立的空间属性和秩序属性。[④] 网络的空间属性和秩序属性是相辅相成的，有空间属性必然有秩序属性，有秩序属性必然强化空间属性。这既源自网络的信息属性和技术属性，更是网络与现实空间深度融合的背景之于网络的映照。也就是说，只要网络的深度社会化进程还在继续，那么网络空间的意识形态属性就必然逐步加强，网络信息秩序等都是网络意识形态属性的派生产物，[⑤] 而维护

---

① 王涛：《网络公共言论的法治内涵与合理规制》，载《法学》2014 年第 9 期；张明楷：《网络诽谤的争议问题探究》，载《中国法学》2015 年第 3 期。

② ［德］魏德士：《法理学》，丁晓春、吴越译，法律出版社 2013 年版，第 205 页。

③ ［以色列］尤瓦尔·赫拉利：《人类简史：从动物到上帝》，林俊宏译，中信出版集团 2017 年版，第 101 页。

④ 刘艳红：《Web3.0 时代网络犯罪的代际特征及刑法应对》，载《环球法律评论》2020 年第 5 期。

⑤ 网络的深度社会化可以从质与量两个方面衡量，量的深度社会化从上网人数和网络连接设备数量衡量，而质的深度社会化可以从网络对政治、经济、文化等各方面的影响与渗透衡量。每年中国互联网络信息中心发布的《中国互联网络发展状况统计报告》对上述两个方面均有各种数据予以说明佐证。

网络空间秩序，根本上是为了维护网络用户的知情权利，这也是网络信息型犯罪的法益目的。① 信息资源共享是网络民主的要素之一，② 网络信息自由权利，是公民依法通过网络自由地获取、加工、传播和存储信息的权利，这是网络公共空间存在的前提条件。“网络的开放性为实现信息交流自由、平等、共享的理念提供了前所未有的条件，而信息交流自由、平等、共享的理念，则成为以信息和知识为基础的信息社会文化的核心和灵魂。”③ 具体到网络信息秩序，其法益内容可以分解为两个层次：第一层次是网络信息的真实性；第二层次是网络信息的自由流动性。网络信息的真实性和信息的自由流动性，从积极与消极方面共同维护用户的知情权利。

网络信息秩序法益的第一层次，是信息的真实性。扰乱网络秩序行为的本质是对网络信息真实性的损害，即在网络上实施扰乱社会秩序的犯罪是通过对网络信息真实性的损害来实现的。在网络深度社会化的背景下，网络虚假信息的危害性同步辐射网络空间和现实空间，且基于两者的联动性，其叠加效应如同物理学的同频共振现象一样，足以撼动社会秩序的稳定。在刑法理论上，公共秩序是公众生活平稳与安宁的权益，而网络空间应同样满足公众生活安宁、有序、稳定的基本需要，网络虚假信息既削弱了人们对真实信息的获取概率，也干扰了人们的正常价值观与判断力。网络具有信息快捷性等特点，虚假信息的扩散往往呈指数级增长，这更凸显了网络空间信息真实性的可贵。

网络信息秩序法益的第二层次，是信息的自由流动性。所谓信息的自由流动，是指信息按照其自身价值（包括稀缺性、可用性、社会及经济意义等）而不经外力干扰和人为筛选地被他人获知的能力。在信息爆炸的时代，面对汹涌而来的资讯浪潮，个人可能基于自身的需求、好恶等选择接收部分信息而自觉屏蔽其他信息。而信息的价值在于流动，为了获得信息出口，各类信息都要进行充分的竞争性筛选，这有助于提高社会对信息的整体利用度，并建构优胜劣

① 欧盟《一般数据保护条例》（GDPR）进一步提出了“信息自决权”的概念，学理上信息自决权的核心法益是控制信息的能力，它容纳了信息知情权的概念。在规范层面上，信息自决权分为知情同意权与具体的信息自决权，如访问更正等。参见赵宏：《信息自决权在我国的保护现状及其立法趋势前瞻》，载《中国法律评论》2017 年第 1 期。

② 张欧阳：《网络民主的要素分析》，载《兰州学刊》2012 年第 12 期。

③ 魏刚、代金平、陈纯柱：《信息文化的涵义和特征探析》，载《重庆邮电大学学报》2007 年第 2 期。

汰的信息竞争机制。一旦信息的流动被人为控制，则会加速形成“信息茧房”。[①] 每个人都有自主的信息选择权利和自主偏好，因而信息茧房现象在每个人身边都或多或少存在，甚至无法避免，它是构建个人世界观和价值体系的重要过程与组成部分。但是，信息茧房的危害是毋庸置疑的，它会加速群体极化现象、减弱社会成员的共同记忆，降低社会黏性。在商业上，对信息的分发控制、自动化推荐可能损害消费者的合法权益，故此欧盟 GDPR 对基于大数据分析决策（包括数据画像、精准营销等）采取了谨慎的态度。[②] 除了个人的自主选择以及国家基于管理需求的有意筛选，对第三方干扰信息流动的行为，即使无法阻止，也要强力干预，纳入法律监管。对于有的干扰信息自由流动的行为，则要予以犯罪化。

网络空间的信息自由流动之所以重要，在于网络环境下的信息传播遵循传播学原理而非新闻学原理。新闻学原理追求信息的客观真实，而传播学原理只关心信息是否被传播。虚假信息只要扩散出去，无论事后是否被澄清，其危害后果已然不可避免且不可补救了。故而很多造谣者才不在乎信息的荒诞离奇，只要有引人注目的“爆点”就可以了。大声造谣、小声辟谣，既无损于信息的传播力，又可撇清自己的传谣故意，这是当前很多商业公关公司的常规做法，更是部分西方媒体信手拈来的小伎俩。1953 年，荷兰莱顿大学教授克罗斯引入批判能力的变量，得出了“谣言 = 重要性×模棱性/公众批判能力”的结论。[③] 这个公式同样适用于人为干扰状态下的真实信息流动。

我国早期的网络法律和部门规章等，对网络信息秩序的法益维护，更关注信息的真实性，诞生了诸如“九条禁令”等明确的网络禁止规范。而近年的网络法律和部门规章，则开始对网络信息的自由流动予以充分关注，反映了网络信息环境的客观变迁以及在网络法律中的真实投映。网络信息的自由流动性在网络信息秩序的法益体系中的形象也丰满起来。为保障信息的自由流动，我国

① “信息茧房”是美国学者桑斯坦提出的概念，他认为，“公众只注意自己选择的东西和使自己愉悦的东西，久而久之，会将自身束缚于像蚕茧一般的‘茧房’中”。参见［美］桑斯坦：《网络共和国》，黄维明译，上海人民出版社 2003 年版，第 6—10 页。

② Article 4（4）of GDPR.

③ Pamela Donovan，No Way of Knowing：Grime，Urban Legends，and the Internet，Routledge Press，2004，p. 14.

法律和行政法规采取了三个规制路径：

1. 将可能间接影响信息流动的行为，逐步纳入法律规制框架

例如，《电子商务法》第18条规定："电子商务经营者根据消费者的兴趣爱好、消费习惯等特征向其提供商品或者服务的搜索结果的，应当同时向该消费者提供不针对其个人特征的选项，尊重和平等保护消费者合法权益。电子商务经营者向消费者发送广告的，应当遵守《中华人民共和国广告法》的有关规定。"这是《电子商务法》对算法权力的约束，"在网络平台与消费者的悬殊力量对比中，为平台加诸一定的算法责任，为消费者提供一定的知情权和选择权，以应对平台算法对消费者的掠夺"。[①]《电子商务法》第18条的规定精神被《个人信息保护法》第24条吸收，该条对个人信息处理者的自动化决策提出了明确的限制性规则，包括决策的透明度原则、结果公平公正原则、禁止不合理的差别待遇原则等，都是为了保证信息流动的最小干预性。在部门规章层面，国家网信办《网络信息内容生态治理规定》第11条也规定："鼓励网络信息内容服务平台坚持主流价值导向，优化信息推荐机制，加强版面页面生态管理，在下列重点环节（包括服务类型、位置版块等）积极呈现本规定第五条规定的信息……"尤其值得一提的是，国家互联网信息办公室、工业和信息化部、公安部、国家市场监督管理总局联合颁布，并于2022年3月1日起施行的《互联网信息服务算法推荐管理规定》对网络空间中的各类算法推荐活动进行了系统性的规制，如为保障用户的算法知情权、算法选择权，明确禁止"屏蔽信息、过度推荐，操纵干预热搜、榜单或检索结果排序"等利用算法影响网络舆论的行为，这是到目前为止我国为保障信息自由流动而作出的最重要的规范性文件，为国家建立算法安全治理体系打下了坚实的制度基础。

2. 针对可能直接影响信息流动的行为，原则上予以禁止

《最高人民法院、最高人民检察院关于办理利用信息网络实施诽谤等刑事案件适用法律若干问题的解释》将有偿删除信息作为犯罪处理，虽然在规范路径上招致很多批评，但是其对网络信息自由流动则开了法律保护之先河。以此为导向，《网络信息内容生态治理规定》在行政监管方面构建了初步的规则：一方面，《网络信息内容生态治理规定》第22条禁止相关网络主体干预信息呈

---

① 张凌寒：《〈电子商务法〉中的算法责任及其完善》，载《北京航空航天大学学报》2018年第6期。

现；另一方面，第 24 条规定："网络信息内容服务使用者和网络信息内容生产者、网络信息内容服务平台不得通过人工方式或者技术手段实施流量造假、流量劫持以及虚假注册账号、非法交易账号、操纵用户账号等行为，破坏网络生态秩序。"国家互联网信息办公室的处罚理由非常清晰和明确，"既不得为违法违规信息提供传播平台，又不得随意干预信息正常呈现、干扰网上传播秩序"。①

3. 对与重大公共利益相关的信息，实行专属发布权制度

以地震预警信息为例，《防震减灾法》第 29 条对地震预报信息的发布有明确规定："国家对地震预报意见实行统一发布制度。全国范围内的地震长期和中期预报意见，由国务院发布。省、自治区、直辖市行政区域内的地震预报意见，由省、自治区、直辖市人民政府按照国务院规定的程序发布。除发表本人或者本单位对长期、中期地震活动趋势的研究成果及进行相关学术交流外，任何单位和个人不得向社会散布地震预测意见。任何单位和个人不得向社会散布地震预报意见及其评审结果。"地震预警信息具有高度敏感性，与重大公共利益密切相关，准确及时预报对挽救生命的作用不可估量，误报和谎报则可能造成社会秩序的巨大混乱。如何有效预警地震灾害是一个严肃的科学问题，也是前沿的科学领域，任何个人和一般团体都难以建立完善而广泛的地震监测网络和技术设施等，让个人去预警地震信息不具有技术上的可行性。国家建立地震监测预警网络以及地震预报的统一发布制度，是为保证地震信息的严肃性和权威性的当然之举，即使个人发布的所谓预警信息事后被证实是准确的，依然是行政违法行为。

如果从信息的真实性与自由流动性来界定网络信息秩序的法益内涵的话，《最高人民法院、最高人民检察院关于办理利用信息网络实施诽谤等刑事案件适用法律若干问题的解释》的立法思路还是相当清晰的。《最高人民法院、最高人民检察院关于办理利用信息网络实施诽谤等刑事案件适用法律若干问题的解释》明确了网络背景下侮辱罪、诽谤罪的适用规则，并且将有偿发布虚假信

① 《国家网信办指导北京市网信办依法约谈处罚新浪微博》，载人民资讯网，http://www.cac.gov.cn/2020-06/10/c_1593350719478753.htm（最近访问时间 2023 年 2 月 14 日）。该事件揭示了网络平台存在的另一个问题，即原本作为政府责任前置环节的平台责任被异化为平台权力。

息作为犯罪，都是为了维护网络环境下的信息真实性，而将有偿删除信息的行为作为犯罪，则是为了保护信息的自由流动性。但是问题在于，有偿删除真实信息既是对信息真实性和信息自由流动的双重损害，而有偿删除虚假信息虽然损害了信息的自由流动性，但却增益于信息的真实性，于整体的信息法益并无害处。在这种情况下，对有偿删除虚假信息的行为按照行政处罚足矣，没有必要再按照犯罪处理。因为在网络信息秩序的法益层次中，信息真实性是更优越的利益，有偿删除虚假信息并没有直接损害信息的真实性。《最高人民法院、最高人民检察院关于办理利用信息网络实施诽谤等刑事案件适用法律若干问题的解释》的主要问题是，它在保护网络信息秩序法益的第一层次即网络信息的真实性上做得比较好，但是对网络信息秩序法益的第二层次的保护则有所过度。

（二）针对网络公关行为的刑法规则完善

《最高人民法院、最高人民检察院关于办理利用信息网络实施诽谤等刑事案件适用法律若干问题的解释》的亮点在于明确侮辱罪、诽谤罪在网络环境下的量刑规则，但是由司法解释扩充寻衅滋事罪的适用范围的做法，法源依据存在不足。

1. 司法完善路径：对有偿删除虚假信息行为的出罪化解释思路

既然《最高人民法院、最高人民检察院关于办理利用信息网络实施诽谤等刑事案件适用法律若干问题的解释》已经将有偿删除信息作为犯罪，那么更为现实的做法是，发挥法益概念对刑事司法的解释规制机能，[①] 在现有的法规范框架下思索其出罪路径和方式，尽量将有偿删除虚假信息的行为排除在犯罪圈之外，即使有些行为确有处罚必要，也要努力寻求其他更为妥当的罪名。总的思路是，在有偿删除虚假信息满足非法经营罪的形式构成要件的前提下，根据具体危险和法益侵害结果进行个案的实质判断，以实现行为不具有社会危害性的出罪路径，达到调适原有罪刑规范的不足的目的。可以考虑从以下三个方面予以改进：

（1）将“合理维权”出罪化。任何自然人和法人均依法享有并有权维护

① 付玉明：《立法控制与司法平衡：积极刑法观下的刑法修正》，载《当代法学》2021年第5期。

自身的人格权、名誉权和法人商誉权，对自身权益受到虚假信息损害的，有权采取合法合理的方式予以救济。如果删除方式为平台方公示的合法渠道，且删除对象确系非法虚假信息，认定为“非法删帖”显然是不合理的。在司法实践中，这种情况大量存在，且主要出现在企业法人中。企业法人发现网络上存在损害自身信誉和商誉的虚假信息，自己未必有余力直接与侵权平台交涉，委托其他公司或者个人协助处理，这本是合情合理的自力救济行为，也没有侵害任何一方的合法权益，更没有实质的法益侵害性，处罚企业法人自然是荒谬的，而作为受代理方的公关公司也没有必要予以处罚，甚至对其进行行政处罚的必要性都是有限的。

（2）区分商业性营利与劳务性的报酬。例如，公关公司在提供服务过程中的劳务费、程序辅助费用、调查与技术服务费用等，可以排除在盈利数额之外，据此缩小非法所得的计算数额。

（3）对“删帖”进行严格解释。所谓“删帖”，是指物理上去除信息的行为，删帖的目的是使他人无法获知相关信息，在实践中，公关公司可能会采用各类限制或者禁止他人访问的方法。包括但不限于“降、屏、沉、删、封”等。例如，反向“搜索引擎优化”（Search Engine Optimization，SEO）措施。网络上各类信息何止千万，人们通常会借助搜索引擎等工具检索各类信息，而搜索引擎则采取技术抓取等措施，辅之以相关的规则算法，按照相关度高低为人们推送检索结果。基于人们的使用习惯和时间效率等因素，排名越靠前，被人们实际阅读的可能性就越高，而排名靠后的信息，对信息使用的信效度而言是没有意义的。在手段合法的情形下，反向“搜索引擎优化”的做法，尽管在功能意义上近似于直接删帖，但是并没有在物理层面对信息进行“根除”，因而司法者应当秉持限缩解释的原则，不宜解释为“删除信息”。

当然，无论是有偿删除真实信息还是有偿删除虚假信息，如果网络公关公司或者“网络推手”在这一过程中使用了其他违法违规手段，如冒用他人身份进行申诉、伪造相关资质、伪造国家机关身份和公文，采用黑客手段删帖的，则应视其具体情节依照刑法相应罪名处罚或者给予治安管理处罚。

2. 立法完善路径：非法利用信息网络罪的选择性扩容

信息技术的发展与迭代直接影响到罪情趋势的变迁，用先进的安防技术、大数据和人工智能技术构建立体化、信息化的社会治安防控体系让传统犯罪大幅减少。[①] 在一些地区，视频监控设备在大街小巷的普及，已经让传统的“两抢一盗”犯罪大幅减少甚至绝迹，而网络诈骗、网络赌博等犯罪的案发量则快速攀上高位，[②] 网络信息型犯罪亦处于高发态势，且远未进入平台期。在此背景下，解决网络信息型犯罪的规制缺陷应当处于较为优先的地位。《最高人民法院、最高人民检察院关于办理利用信息网络实施诽谤等刑事案件适用法律若干问题的解释》出台距今，适宜进行系统的司法总结，并将部分解释规则提升到刑事立法层面。鉴于非法经营罪的“口袋罪”现象在理论界屡受诟病，即使网络背景下的非法经营罪具有一定合理性，进行必要的减负措施也是可行的。某种意义上来说，立法者拥有比司法者更多的权限，但这也不等于立法者就可以为所欲为。例如，刑事立法不得将不值得刑罚处罚的行为规定为犯罪。[③] 当前许多网络公关公司干着“亦黑亦白”的买卖，利用手中的那点儿信息优势和“行业资源”对其他公司行敲诈之实，因而一直是近年来网络秩序整顿的重要领域。[④] 但是，坚持法治化的手段与维护信息秩序两者并不矛盾，在某种程度上，犯罪的法益保护原理应当受到更高位阶的价值推崇。针对网络公关行为，笔者认为，对有偿删除虚假信息的行为可以作出罪化处理，相关行为予以行政处罚即可，而对于以营利为目的，有偿发布虚假信息以及有偿删除真实信息的行为，则可以将其整合到刑法第 287 条之一的非法利用信息网络罪中。非法利用信息网络罪第 3 项的“为实施诈骗等违法犯罪活动发布信息”是广义上的侵犯信息真实性的行为，是对网络信息秩序法益的第一层次的侵害，可以考虑在本条增加一项作为第 4 项，即“以营利目的，有偿发布虚假信息或者删除真实信息的”。网络公关行为本来就是其他行为的帮助行为，将该行为纳入非法利用信息网络罪中，亦和本罪帮助行为正犯化的立法定位相吻合。

---

① 靳高风、守佳丽、林稀楠：《中国犯罪形势分析与预测（2018—2019）》，载《中国人民公安大学学报》2019 年第 3 期。

② 2021 年 4 月 7 日，最高人民检察院披露的数据称，2020 年全国检察机关起诉涉嫌网络犯罪（含利用网络和利用电信实施的犯罪及其上下游关联犯罪）14.2 万人，同比上升近五成。参见戴佳：《检察机关去年起诉涉嫌网络犯罪 14.2 万人》，载《检察日报》2021 年 4 月 8 日。

③ 张明楷：《刑法学（上）》（第六版），法律出版社 2021 年版，第 55 页。

④ 侯建斌：《国家网信办重拳整治网络水军黑公关等痼疾》，载《法治日报》2021 年 5 月 14 日；肖雅菁：《网络“水军”的罪与罚》，载《检察日报》2021 年 11 月 30 日。

第九章 技术过失及其算法过失的归责逻辑

网络犯罪的发达与网络世界的勃兴如影随形。网络作为有别于现实空间的虚拟存在，完全是由信息技术建构起来的世界，而发生在网络空间中的犯罪，则是网络信息技术不可避免的附随风险。随着信息化时代的到来，形成于农业时代、完备于工业时代的传统刑法理论如何直面网络犯罪的冲击，以及如何在信息技术浪潮的“裹挟”之下重新审视自身的理论定位，并就某些传统理论和规则进行更新和扩容，成为严肃的时代性课题。就传统刑法而言，这同时也是理论发展的契机和挑战。总之，在网络时代，刑法与技术开始了直面的“对话”，科学技术开始更为直接地进入刑法的世界中，本章所研讨的技术过失行为也不例外。

虽然过失犯罪是与故意犯罪并列的两大犯罪类型之一，但是过失理论的真正发展是人类进入工业时代之后的事情。工业化时代是现代科学技术广泛应用于社会生活的时代，人类的生产、生活、交通、医疗等各个领域都能看到技术的身影，技术也由此导致人类生活由简单走向复杂，由粗糙走向精致。“技术是对人类生活影响极其广泛和深远的社会现实。相对于科学而言，技术对人们行为和实际生活世界的影响更为直接。”[①] 与此同时，技术的复杂性大大增加了，技术的副作用也越来越明显，技术给人们带来了福祉，也给人类带来了危险和危害，技术本身也成为人工的“危险源”，因此对技术的应用需要控制。就刑法而言，对技术危害后果的法律控制是过失责任理论发展的现实助推力，正是在技术普遍应用的背景下，过失责任理论的重要性才日渐凸显。就技术和刑法的关系而言，旧过失论是农业技术和手工技术时代的法律产物，新过失论和新新过失论是机械技术和电气技术时代的产物，那么在人类进入信息技术和

① 苏力：《法律与科技问题的法理学重构》，载《中国社会科学》1999 年第 5 期。

网络技术时代的背景下，过失责任又该何去何从？

尤其要注意的是，新一轮科技革命和产业变革蓬勃发展，数字化、网络化、智能化加速推进，为政府和企业数字化转型提供重大发展机遇。作为人工智能时代的一项关键性网络信息技术，算法正被日益广泛地应用在新闻推荐、电子商务、无人驾驶、司法判决、智能诊疗等商业和公共领域，成为推动企业数字化转型和国家治理能力现代化的重要力量。如耶鲁大学讲席教授杰克·巴尔金（Jack Balkin）所言，我们正逐步迈入一个围绕算法逻辑而组织和运转的“算法社会”。然而，在我们悄然步入“算法社会”的同时，算法歧视、算法霸权、算法黑箱等一系列危机愈演愈烈，日益威胁着个人权利、公共利益乃至国家利益。在自动驾驶、智慧诊疗等领域，出现了一种新类型的过失，即算法过失。立足于算法技术现状以及前瞻性发展趋势，围绕算法过失的刑法保护体系已迫在眉睫。

在本章中，笔者在两个层面使用技术过失的概念，一是传统的技术过失；二是算法过失。所谓算法，是指完成某项任务而采取的处理规则、运算指令、策略机制，体现为一种辅助人类或自主决策的机制。算法的本质是人机交互决策，不是纯粹的技术工具，具有法律可规制性。算法过失虽然在表现形态、归责逻辑上具有不同于传统技术过失的地方，但是其本质目前还不足以突破传统技术过失的范畴。在本章中，笔者将首先对过失犯罪的一般理论进行回顾和梳理，揭示科学技术是过失理论的真正推动力，然后简析网络中的技术过失现象，以此表明所谓“虚拟”空间中的技术过失和算法过失并非“虚拟”的存在。需要指出的是，无论是传统过失还是业务过失，并非没有“技术”的成分，而网络空间中的“技术过失”“算法过失”这些命题之所以成为可能，则是由“人—网”关系的异化决定的。“人—网”异化是技术异化在网络领域里的体现，它体现在网络背景下人的能力的异化和人的主体地位的异化两个方面。笔者认为，“人—网”异化将对网络背景下过失责任的重构产生根本性的影响。

一、技术与刑法互动背景下的过失责任理论

以往我们只关注科技对自然的影响，将科技视为人类改造自然的手段，实

际上科技也一直在改造人类社会，包括人类社会的组织结构和运行规则。从这个角度而言，作为社会规则的一种，刑法及其理论的变迁并非单纯理论演绎的结果，刑法理论的每一次进步都有技术理性的烙印。过失责任理论的发展同样遵循了这一逻辑。

（一）过失责任理论的一般演进

在刑法理论上，过失是与故意并列的主观心理要素。但是长期以来，过失理论在刑法中的地位与故意不可同日而语，德国刑法学家恩吉斯称过失犯是刑法学的“私生子”。然而过失犯罪的实践意义随着日益增多的技术化和由此产生的危险呈现出跳跃式增长的态势。在刑法信条学中，过失犯罪经历了从私生子到最受宠爱的孩子的变化。[①] 过失犯罪的理论，也经历了从旧过失理论到新过失理论，再到新新过失理论的变化过程。

1. 旧过失犯理论

旧过失犯理论又称为传统过失犯理论，19 世纪中期在德国居于支配地位，直到第二次世界大战结束初期在日本仍占据通说地位，由于新过失犯理论的出现而被称为旧过失犯理论。旧过失犯理论以心理责任论为依据，主张故意是对事实的认识或预见心理，而过失则是对事实的未预见心理，行为人未预见的前提是具有预见义务，因此旧过失犯的本质即行为人违反结果预见义务，而只有具有预见可能性的，才存在预见义务的问题，从而过失的判断又转变为对主观的预见可能性的判断。

在传统的农业社会，社会生活相对简单、科技水平不高的情况下，行为人与结果间的因果关系相对容易判断，因而旧过失犯理论有一定的用武之地。但是在现代工业社会中，技术得到广泛普及和应用，常人依照过去的经验难以预测将有何种具体后果发生，根据旧过失犯理论，行为人就不具有过失责任，这显然不利于社会利益的维护，因而新过失理论应运而生。

2. 新过失理论

新过失犯理论主张过失犯并非仅为责任之问题，而系以“疏忽行为”为其

---

① ［德］克劳斯·罗克辛：《德国刑法学总论（第 1 卷）》，王世洲译，法律出版社 2005 年版，第 712—713 页。

成立之要件。亦即以行为人行为当时所置之情况，就行为人之立场而言，有无践行预防结果发生之必要措施，如已尽其避免结果发生之措施，则纵然发生结果，其行为仍为合法；反之，如未尽避免结果发生之措施，而致发生结果时，即属“疏忽”而为违法。[①] 也就是说，新过失犯注意义务的中心不再关注结果预见义务，即使行为人对结果具有预见可能性，但是如果履行了相应的结果回避义务，即使发生了相应的危害后果，仍不成立过失犯。新过失犯改变了旧过失犯以结果预见义务为中心的格局，转而以结果回避义务为中心，显然具有限制过失犯处罚的作用。

3. 新新过失理论

新过失理论以具体的预见可能性为基础，对于危害后果的发生如果没有具体的预见可能性，则就不存在结果避免的义务，因而不构成过失。但是对于现代公害犯罪、食品事故、爆炸事故等，无法产生具体的预见可能性，而事故后果又常对社会造成重大损害，根据新过失理论显然不成立过失犯罪。因此新新过失理论提出，作为认定注意义务前提的预见可能性，不一定需要具体的预见，对危险的发生只要有模糊的不安感、危惧感就够了。[②] 根据新新过失理论，将使行为人的预见可能性抽象化，行为人的过失责任认定范围也将无限扩大，几乎与严格责任无异，因而新新过失理论力求扩大注意义务范围的主张并没有得到学说上的广泛支持。

（二）技术是过失责任理论的真正推动力

推动过失理论从旧过失论发展到新过失论，再到新新过失论的直接动力是犯罪论体系的变化，而深层诱因则是工业技术社会对刑法理论的挑战。旧过失论与传统的、相对静态的农业社会具有天然的亲和力，而自 19 世纪以来，产业革命席卷西方主要资本主义国家，现代科学技术全面进入社会生活。为促进学术发展和技术进步而进行的危险实验、为促进人员和物资流通而发展的交通运输业、制造产品的现代机器大工业等在给人类谋取巨大福利的同时也附随着巨大的风险。新过失论正是为了克制技术的风险而提出，试图协调技术发展与

---

① 廖正豪：《过失犯论》，台北三民书局 1990 年版，第 71 页。

② 马克昌：《比较刑法原理——外国刑法学总论》，武汉大学出版社 2002 年版，第 255 页。

技术风险之间的关系，并且在利益取舍上给技术发展提供了足够的腾挪空间。这从新过失论提出的两个派生理论就可以看出。

新过失论提出的第一个派生理论是容许的危险理论。随着矿山、大型工厂、大型土木工程的出现，以及技术应用的日益烦琐和复杂，社会的危险源显著增多，与此同时危险行为也成倍增加。此类技术应用活动对社会发展不可或缺，因此不可能被禁止或废除，与此同时技术伴随的风险又不可避免地存在，为了协调技术发展与技术风险的关系，将技术对社会滋生的风险控制在某种限度之内，容许的危险理论应运而生。容许的危险理论的法理，即指为达成有益于社会之目标，而允许在社会生活上已付出必要注意之人所为的必要危险行为之法理。[①]

新过失论提出的第二个派生理论是信赖原则。信赖原则，是指在有关多数人的事件中，与该事件有关的人信赖其他有关人遵守规则采取适当的行动的相当场合，如果其他有关人无视规则等采取不适当的行动，它与自己的行动相结合发生构成要件的结果，对其结果不追究过失责任的原则。[②] 信赖原则产生的背景是，高速度汽车的普及，道路设施的完善，与交通有关人员的法律知识的普及，产业、医学等技术的高度化、专门化、分工化等。即关于道路，如果使其他与交通有关的人的不适当的运输等经常成为前提，那么高速度运输就不可能。[③] 因此，提出信赖原则的意图在于，在对一般人来说存在预见可能性的情况下，也要限制注意义务，通过在这种程度上扩大行为人自由活动的领域来提高行动的效率。[④]

至于新新过失论则是对新过失论的“反动”，基于对技术风险扩大化的焦虑，在过失犯的成立范围上出现向旧过失理论靠拢的趋势。不过，无论是新过失论还是新新过失论，它们都还属于传统的工业社会的产物，随着第三次科技革命的到来，网络信息技术开始成为现代社会的主流技术范式，即使是传统技术也不得不进行信息化的改造。与之前的技术形态不同，信息技术不但改造着传统社会的存在形态，还构筑了一个全新的人类认知和实践空间——虚拟空

① 陈子平：《刑法总论》，中国人民大学出版社2009年版，第144页。
② 马克昌：《比较刑法原理——外国刑法学总论》，武汉大学出版社2002年版，第261—262页。
③ 马克昌：《比较刑法原理——外国刑法学总论》，武汉大学出版社2002年版，第262页。
④ ［日］大塚仁：《刑法概说（总论）》（第三版），冯军译，中国人民大学出版社2003年版，第203页。

间。随着网络信息技术的深度社会化，虚拟空间也开始了由“现实的虚拟化”向“虚拟的现实化”的转变。以这一知识背景来审视网络空间中的技术过失行为，我们会发现网络背景下的技术过失并非技术行为与过失行为的简单结合，而技术的最新表现形态——信息与网络技术是否会成为推进过失责任理论的新的原动力，也是本章所要思考的问题。

当然，随着大数据与人工智能技术的逐步成熟，对于算法过失这种新的犯罪现象是否要从技术过失中独立出来，理论界的讨论才刚刚开始，技术黑箱和算法决策的不透明性，让算法过失的损害后果归责于行为人困难重重，是否需要提出新的过失理论模型，值得理论界深入思索。

二、网络背景下的技术过失行为的刑法定位

网络背景下的过失行为，有的因与传统过失行为没有任何差别而完全可以依照传统刑法进行规制；还有一类过失行为则完全派生于网络空间，并且融网络过失行为和网络技术行为为一体，这就是本章着重讨论的网络“技术过失”行为，也包括算法过失行为。

（一）传统技术过失的现实表现及存在领域

网络背景下的传统技术过失，目前主要出现在杀毒软件行业和电子商务行业中。这一现象并非偶然。

1. 杀毒软件行业内的技术过失

杀毒软件行业内出现的“误杀”事件，使得网络信息公共安全领域再次引发了人们的关注。从性质上讲，这是一种严重的技术过失。

（1）误杀对象之一：操作系统

诺顿（Norton）软件的出品商赛门铁克公司在互联网信息安全领域是全球第一大安全服务提供商。在中国市场上，诺顿软件曾经有很大的市场占有率。

2007 年 5 月 18 日，国内装有诺顿软件的大量电脑集体出现问题：开机后自动重启、蓝屏，屏幕上显示“unknown hard error”的字样，安全模式下也无法正常进入系统，等等。同日，国内另一家著名的互联网安全厂商瑞星公司发出警报称，诺顿软件在当日升级到最新病毒库后，会将安装了微软“MS06-

070”补丁的 XP 系统中的两个正常的系统文件当作病毒隔离清除，从而造成系统崩溃。[1] 2007 年 5 月 19 日，赛门铁克公司发布的声明称，诺顿软件的在线更新错误地把微软简体中文 windows XP 中的两个系统文件当作病毒进行了删除，从而造成 windows 系统在根据错误检测重启后无法正常运行。[2] 受到诺顿软件误杀影响的只有微软中文操作系统，其他语言的微软操作系统没有任何影响，并且只有安装了特定补丁的微软操作系统才会出现系统文件被错误删除等问题。尽管如此，此次诺顿“误杀”事件还是造成了国内数百万台个人和企业用户电脑系统崩溃，正常工作和商业活动受到严重影响。[3] 诺顿误杀事件也因此成为当年国内影响最大的互联网安全事件之一，只是以往的网络安全事件的肇事者多为黑客、木马、病毒等，而此次的罪魁祸首则为互联网安全的保护者。诺顿“误杀”事件也使得人们开始重新审视互联网安全产品自身对互联网安全的潜在危险和危害。

（2）误杀对象之二：同行业软件

如果仅是诺顿软件一家出现误杀事件，似乎也没有必要进行专门研讨，然而杀毒软件行业里的另一家知名厂商“卡巴斯基”同样饱受误杀的纷扰，这也表明“误杀”在本行业内其实是一个共性问题。

“卡巴斯基”是一家位于俄罗斯的互联网安全企业，其出品的卡巴斯基杀毒软件和卡巴斯基互联网安全套装同样在业内享有很高声誉，在中国市场上曾经也有庞大的客户群。瑞星卡卡是中国瑞星公司出产的互联网反木马软件，属于安全辅助软件。

在诺顿“误杀”事件过去仅一日，2007 年 5 月 19 日，反病毒市场上又爆出一例新的“误杀”事件：卡巴斯基杀毒软件将瑞星卡卡的升级组件识别为病毒，并将其彻底删除，导致瑞星卡卡无法实现升级。卡巴斯基就此发表官方声明表示，卡巴斯基不是针对任何一款特定软件的卸载工具，也不事先假定任何

---

① 《诺顿误杀致中文 WinXP 崩溃 瑞星提供解决方案》，载新浪科技，http：//tech. sina. com. cn/it/2007-05-18/14511515295. shtml（最近访问时间 2023 年 2 月 15 日）。

② 《赛门铁克确认误删除 XP 系统文件 发布更新补救》，载新浪科技，http：//tech. sina. com. cn/it/2007-05-19/15441516339. shtml（最近访问时间 2023 年 2 月 15 日）。

③ 《诺顿“误杀门事件”的深层解读》，载计世网，https：//www. likecs. com/show-306067367. html（最近访问时间 2023 年 3 月 28 日）。

软件是恶意软件。瑞星则表示，瑞星卡卡上网安全助手在发布前经过大量兼容性测试，未对系统、正规软件有任何不当行为；且瑞星卡卡在软件中启用了正规商业软件的所有标识，标明了软件的公司名称、版本号、发布日期等辨认标志，该软件的所有动作都符合严格的安全软件编写规范，没有任何违规的地方，“完全不理解为什么卡巴斯基查杀瑞星卡卡”。瑞星透露，除卡巴斯基自身产品外，采用卡巴斯基病毒库和查杀引擎作为安全插件的迅雷下载软件，也同样会将瑞星卡卡的升级组件删除。①

（3）误杀对象之三：其他商业软件

大连大有公司是一家高科技软件开发公司，其开发的某编程软件颇受广大用户的青睐。2004 年有用户反映，在使用大连大有公司的编程软件时，卡巴斯基反病毒软件会提示软件产品存在病毒。2007 年 3 月，大连大有公司与某资讯电脑商行签订了一份销售合同，由于大连大有公司的软件产品曾出现过被杀毒软件误报病毒的现象，在签订合同时，大连大有公司特别向某资讯电脑商行承诺，保证销售的软件产品不会再出现类似问题，否则将承担违约金。而自 2007 年 6 月开始，大连大有公司不断接到用户反映：在电脑上运行卡巴斯基反病毒软件时，对编程软件以及由编程软件编译的程序存在报病毒的现象。2007 年 7 月，大连大有公司委托公证处，对卡巴斯基“误杀”其软件产品的情况进行测试，对软件产品进行解压缩后选择扫描病毒，卡巴斯基互联网安全套装 6.0 显示“检测到病毒”提示窗口；对卡巴斯基反病毒软件单机版 7.0 进行测试，也存在报病毒的情况。2007 年 12 月，大连大有公司将北京卡巴斯基科技有限公司和卡巴斯基（天津）科技有限公司一起告上大连市中山区人民法院。

大连大有公司在诉状中称，其开发的软件产品是经过国家有关机关检测合格、合法、安全的软件产品，卡巴斯基反病毒软件却对其软件产品报病毒，损害了大连大有公司的商业信誉，给公司造成严重的经济损失。因此，原告要求被告赔偿经济损失。在诉讼期间，被告对其开发销售的卡巴斯基反病毒软件进行了修改，不再误报原告软件存在病毒。法院一审判决卡巴斯基败诉。② 由于该案涉及杀毒软件大户卡巴斯基，同计算机公共安全产品、用户计算机信息网

① 佚名：《“误杀”事件频频 洋厂商的两记“乌龙球”》，载《每日经济新闻》2007 年 5 月 21 日。
② 张兴：《大连软件公司遭误杀 一审告赢“卡巴斯基”》，载《半岛晨报》2009 年 5 月 25 日。

络公共安全以及相关软件的合法权益保护等问题密切相关，因此该案一出现即受到了社会各界的密切关注。①

2. 电子商务行业内的技术过失

信息技术在现代社会的普遍应用，加快了信息的流动速率，在短时间内可以给人提供便捷的资讯服务，并且使传统商业行为日益摆脱了物理时空的限制与区隔，促进其资源的优化重组。正因如此，信息技术在传统工商业中也得到了大规模的使用，如蓬勃发展的电子商务即信息技术与传统商业的有机结合。

在电子商务领域中，目前较为流行的模式之一是 B2C 模式，B2C 是英文“Business-to-Consumer”的缩写，中文即为“商家对客户”，也就是通常说的商业零售，直接面向消费者销售产品和服务。目前 B2C 运营商采取的技术手段，一是 B2C 网站，其主要功能包括网上的交易、订货、付款、客户服务和货物递交等销售、售前和售后服务，以及市场调查分析、财务核计及生产安排等多项利用 Internet 开发的商业活动；二是 B2C 软件。国内的知名软件有 shopex、大侠软件（DXCMS. com）、PROBIZ 博商软件、EC-Spyder（波希网络）、易想 B2C 商城购物系统等，它们在国内占据着主流的 B2C 软件市场。但是，由于电子商务行业的运行深度依赖信息技术，由技术应用产生的风险也就转变为行业内的风险。近年来不断曝光的报价门事件即为适例。

2009 年 12 月 23 日凌晨至上午七八点钟，电子商务网站卓越亚马逊网站出现了系统故障，原本售价数千元、数百元的图书，如《二十四史》《明史》《全宋词》《李太白全集》《苏轼文集》《资政通鉴》等，一律售价 25 元。这一“好消息”随即在热爱读书的网友群体中流传，很多网友开始抢购，一些书籍很快被抢购一空，显示处于缺货状态。② 然而意想不到的是到了 23 日下午卓越网的订购者发现，卓越网在没告知用户的情况下，单方面删除所有的 25 元订单，卓越网给予的解释为“内部 IT 系统故障造成，并非真实的促销消息”。卓越网的这一举动导致了大量网民的不满，纷纷斥责这一事件是对 B2C

① 王婧、黄希韦：《正版软件被提示有病毒 卡巴斯基“误杀”案进入二审程序》，载《法制日报·周末》2009 年 7 月 16 日。

② 《卓越亚马逊出现故障：千元图书错卖 25 元遭疯抢》，载易科技，http：//tech. 163. com/09/1223/19/5R8A8M94000915BF. html（最近访问时间 2023 年 2 月 15 日）。

诚信的挑战。[①]

实际上，类似的报价失误在电子商务行业屡见不鲜。例如，2009年8月26日，国内最大的网络数码卖场“某商城”报出的“某D300s”数码单反相机订单有误，很多网友的订单成功提交之后以“无货”的理由后被强制删除，也曾引起了一场风波。[②] 某澳大利亚集团也曾经用8.8澳元（折合55元人民币）的价格向消费者兑现了他们错标的600多元硬盘。某公司也曾在网站上发布一则消息：某USB 2.0仅售一元钱，而这款产品市价接近2000元，这则由于公司内部的失误而错发的信息虽然只出现了不到一个小时，但该公司仍收到了大量订单。最后该公司选择接受交易。[③] 2008年2月17日，由于系统错误，某中国公司销售网站上的一个实价为5000余元的显示器显示价钱为2704元，在短时间内即有众多客户下了大量订单，某公司在随后的声明中称由于网页系统故障而产生标价错误。不过，某公司最后仍选择按约定发货。[④]

因为系统错误导致的报价错误，往往成为网络黑灰产追逐的对象，网络黑灰产业者会自动扫描电商平台上的价格变化趋势，一旦发现有价格异常行为就会蜂拥而至，短期内迅速大量下单，给电商造成巨大经济损失。2022年4月，某知名咖啡品牌在某外卖平台售卖的某款咖啡出现前所未有的优惠，原价60元左右两杯的咖啡，消费者通过使用优惠券用不到5元的价格即可买下。后咖啡公司通过网络平台声称是咖啡公司内部运营人员配置失误导致，紧急取消出现失误的订单。[⑤] 2021年10月，某品牌饮料的经销店铺将原价79元一箱（12瓶）的气泡水错标为每箱3.5元，导致该款气泡水销量暴增。事后该品牌饮料官方公告称，错标价格源于一名运营人员操作失误，大量超低价订单远远超过

---

① 《卓越曝“错价门”：商家擅自删除订单惹质疑》，载中国日报网，http：//www.chinadaily.com.cn/hqcj/2012-01/19/content_14475568.htm，最后访问时间2023年7月27日。

② 《卓越曝“错价门”：商家擅自删除订单惹质疑》，载中国日报网，http：//www.chinadaily.com.cn/hqcj/2012-01/19/content_14475568.htm，最后访问时间2023年7月27日。

③ 《卓越亚马逊网站数百种图书陷“25元门”》，载新京报，http：//nr.book.sohu.com/20091224/n269176179.shtml（最近访问时间2023年3月28日）。

④ 《曝光戴尔门事件》，载泡泡网，http：//bbs.pcpop.com/080221/1548394.html（最近访问时间2023年4月20日）。

⑤ 《瑞幸咖啡价格配置错误被“薅羊毛”，网友13元买到了8杯咖啡》，载搜狐网，https：//m.sohu.com/a/539012273_121375869/（最近访问时间2023年2月15日）。

实际库存，由此造成的损失也远远超出该店的承受能力。[①] 对于此类现象，一种观点认为，根据《电子商务法》第49条规定：电子商务经营者发布的商品或者服务信息符合要约条件的，用户选择该商品或者服务并提交订单成功，合同成立。因此，在标价错误而被“薅羊毛”的情况下，双方之间的买卖合同应于买家提交订单成功时成立并生效，标价错误不影响合同的效力，况且怎么能认定商家属于“标价错误”呢。当然，法律上也给予了商家一定的救济权利。根据《民法典》的规定，合同当事人可以基于重大误解、欺诈、胁迫以及乘人之危导致的显失公平请求人民法院或者仲裁机构予以撤销合同。根据《民法典》第147条“基于重大误解实施的民事法律行为，行为人有权请求人民法院或者仲裁机构予以撤销”以及第151条“一方利用对方处于危困状态、缺乏判断能力等情形，致使民事法律行为成立时显失公平的，受损害方有权请求人民法院或者仲裁机构予以撤销”的规定。在北京互联网法院审理的大成文华文化交流（天津）有限公司与莆田市戴氏家居有限公司（以下简称戴氏家居公司）等信息网络买卖合同纠纷一审案件中，戴氏家居公司错误设置商品价格，以显失公平为由请求法院撤销案涉信息网络买卖合同，但法院认为戴氏家居公司并未处于危困状态，也不属于其他情形被利用导致意思表示瑕疵，也不构成显失公平，故对戴氏家居公司因显失公平主张撤销涉案合同的诉讼请求，不予支持。[②] 在北京市第一中级人民法院审理的蒋某蕾与北京趣拿信息技术有限公司（以下简称趣拿公司）等买卖合同纠纷二审案件中，趣拿公司因在改价时误将服务费7元录入为结算价7元，发生错误，导致将团购价116元与服务费7元的差额109元的90%返利给用户，且结合趣拿公司在发现标价错误后所采取的挽救措施，法院认定趣拿公司在录入结算价为7元时若知道该错误，就不会录入结算价为7元，即趣拿公司将结算价录入为7元严重背离了其真实意愿。因此，法院认为趣拿公司错误录入结算价的行为符合《最高人民法院关于贯彻执行〈中华人民共和国民法通则〉若干问题的意见（试行）》（现已废止）第71条的规定，符合重大误解的构成要件，故构成重大误解。[③] 可见，即使是司法

---

① 晏庆盛：《电商标价错误 活该被薅羊毛?》，载《嘉兴日报》2021年10月29日。

② 案号：北京互联网法院（2021）京0491民初37025号民事判决书。

③ 案号：北京市第一中级人民法院（2016）京01民终2711号民事判决书。

机关，对此问题的态度也不一致。

更有甚者，有些事件中甚至动用刑事手段。某大学生徐某利用肯德基客户端和微信端之间数据不同步的漏洞，骗取兑换券或取餐码售与他人牟利，并将该方法传授给同学，给百胜公司造成20余万元的损失。法院认定，五名大学生的行为利用的是系统漏洞而非机器故障，而且他们的操作并非普通消费者的正常消费行为，是一种虚假交易行为，且是以非法占有为目的，进而造成被害人财产损失，符合诈骗罪的构成要件。① 在另一起案件中，法院经审理查明，2021年2月至6月，被告人李某在微信群中购买他人手机号码，并篡改手机品牌、型号及所处位置等信息，以骗过某购物平台对注册新用户的审核，后其再登录某购物平台领取新用户专享优惠券，并在自己开设的三个该购物平台店铺内使用优惠券进行虚假购物，骗取购物平台优惠补贴，诈骗数额共计人民币16700余元。② 在这些案件中，商家的技术过失行为诱发了他人的直接故意犯罪。

电子商务领域中一系列报价门事件的发生，折射出了在信息化高速运转的今天，信息系统风险出现的概率大大增加。随着网络社会化进程的进一步加深，思考此类技术系统性风险的责任分派以及相关主体的注意义务等问题，并非没有意义的事情。

（二）算法过失的现实表现及存在领域

算法，可以理解为处理事件的规则和流程，算法古已有之，而到了信息化时代，在人工智能的加持下，智能化算法席卷而来，本章所谈的算法均为智能化算法。法律规制算法应用的事件最早发生于1987年。华尔街的证券交易商托马斯·彼得非构造了分层算法来模仿证券交易员的操作，受到美国证券监管机构的约束。从历史演变来看，算法经历了网络1.0时代的技术性算法和网络2.0时代的产品化算法的迭代，通过美国《千禧年数字版权法》和欧盟《电子商务指令》等法律，两者分别用严格责任和间接责任予以规制，算法风险基本停留在个体利益层面。但是，这并不意味着由算法导致的损害永远处于严格责任和间

---

① 《大学生薅肯德基羊毛获刑2年半到底冤不冤?》，载网易网，https：//www.163.com/dy/article/GPGLTOLE0514EGPO.html（最近访问时间2023年6月13日）。

② 《“薅羊毛”1.6万多元，男子利用购物平台规则漏洞诈骗获刑》，载搜狐网，https：//www.sohu.com/a/548759013_121123911（最近访问时间2023年4月20日）。

接责任层面，算法危害的下一步进阶，就是算法过失，即算法损害的过失责任。

2019世界人工智能安全高端对话和2019世界人工智能大会法治论坛联合发布国内首个人工智能安全发展的导则——《人工智能安全与法治导则（2019）》，该导则认为人工智能算法安全的风险挑战包括技术缺陷、设计偏见和算法黑箱，其中技术缺陷是指由于算法模型存在技术性缺陷，导致人工智能系统无法正常运行，或受到外部网络攻击和恶意样本侵扰，产生与预期不符乃至危害性结果，造成人员和财产损失。设计偏见是由于算法设计者自身存在价值偏见，导致算法设计无法实现设计者既定的向善目标，产生与预期不符以及危害性社会结果，如算法歧视等。算法黑箱是指人工智能技术趋向自主学习和持续进化，不仅外部用户难以了解算法的运行逻辑，开发者自身也越来越难以全面解释算法的决策机制，算法的黑箱化将导致技术失控以及其他危害性后果。[①] 这三种类型的人工智能风险挑战，都可能导致算法过失的危害后果。

1. 公共交通领域的算法过失

自动驾驶汽车（Autonomous vehicles）又称无人驾驶汽车、电脑驾驶汽车或轮式移动机器人，是一种通过计算机系统实现无人驾驶的智能汽车。即将汽车的驾驶权移交给汽车，个人放弃对汽车的操控。根据我国工业和信息化部最新发布的《汽车驾驶自动化分级》推荐性国家标准（2021年1月1日正式实施），自动驾驶等级按照高低分为L0—L5六个等级。L0级别被称为“应急辅助”，是驾驶自动的最低级别，它不能连续控制车辆，但具有检测和响应能力。L1级别被称为“部分驾驶辅助”，这意味着车辆具有主动巡航或车道保持系统之一。L2级别被称为“组合驾驶辅助”，指的是组合主动巡航和车道保持系统。L3级别被称为“有条件的自动驾驶”，意思是车辆可以在特定的道路上实现完整的自动驾驶功能，开启后可以完全解放驾驶员的手脚。L4级别被称为“高度自动驾驶”，它已经可以在设计范围内实现自动驾驶。L5级别被称为“完全自动驾驶”，已经可以称得上完整自动驾驶，传统的方向盘、刹车油门等部件也将消失，无须干预即可自动完成，完全由汽车自动驾驶。在自动驾驶蓬勃发展的同时，其安全问题也受到了极大关注。以某品牌汽车为例，自2016

① 《人工智能安全与法治导则（2019）》。

年以来，该品牌汽车在中国、美国、日本等地已经出现了几十起与自动驾驶相关的事故。2016 年 5 月，美国一辆 Model S 在 Autopilot（自动驾驶）模式下发生交通事故，该品牌汽车官方作出解释，“此次事故由于 Autopilot 和驾驶员未能区分明亮的天空和白色货车，因此未采取刹车。作为辅助功能的 Autopilot 尚处于公开测试阶段，驾驶员要始终将手放在方向盘上，保持对车辆的控制并负有责任”。美国国家公路交通安全管理局否认了该品牌汽车的设计缺陷责任，认为 Autopilot 仅为高级辅助驾驶系统，驾驶员的疏忽仍被考虑为事故主因，不会强制该品牌召回车辆。① 自动驾驶的广泛应用将会导致刑法归责逻辑与过失犯罪理论的重大变革。例如，“人类驾驶人角色在技术层面的消解，会导致交通肇事罪的主体在规范层面的缺位”，② 在刑事责任的承担上，原本由人类驾驶人承担的刑事责任就需要重新进行分配，否则就会造成“过失犯中归责的间隙”。③ 无人驾驶技术的自主化将“导致以人为中心建立的各种交通规则和概念体系逐渐消亡”，交通肇事罪围绕驾驶人所构建的过失责任体系（结果预见义务、结果回避义务）也将失去意义。④

2. 社会管理领域的算法过失

2021 年九部委印发《关于加强互联网信息服务算法综合治理的指导意见》，提出利用三年左右时间，逐步建立治理机制健全、监管体系完善、算法生态规范的算法安全综合治理格局。该意见要求，防范算法滥用风险，维护网络空间传播秩序、市场秩序和社会秩序，防止利用算法干扰社会舆论、打压竞争对手、侵害网民权益等行为，防范算法滥用带来意识形态、经济发展和社会管理等方面的风险隐患。近年来，算法已经被拓展到社会治理领域，如利用算法优化社会服务，美国新泽西州为了解决高速公路的拥堵状况，与 IBM 公司联合研发了“高级交通管理项目”，在公路沿线安装 3000 多个传感器。该技术由数据驱动，具有实时情境感知功能，还能提供预测性洞察力，帮助公路管理局

---

① 张溪瑨：《商用自动驾驶技术监管问题及对策——以某品牌汽车为例》，载《中国科技论坛》2022 年第 5 期。

② 黄波：《自动驾驶交通肇事的刑法应对》，载《天府新论》2018 年第 4 期。

③ 储陈城：《人工智能时代刑法归责的走向——以过失的归责间隙为中心的讨论》，载《东方法学》2018 年第 3 期。

④ 车浩：《刑事法治关山万里刑法研究稳步前行》，载《中国社会科学报》2017 年 12 月 27 日。

工作人员轻松应对新的问题，减少交通拥堵发生。① 算法运用于生产环节，可以帮助企业精准控制成本。国内某高校通过分析学生在食堂的刷卡消费等情况，精准识别贫困学生，并给予相应经济资助。当然，如果算法用之不当，其危害性也是巨大的。

2019 年 4 月 5 日，美国密歇根州 4 万名居民对州政府提起了集团诉讼。事件的起因是密歇根州政府利用了一款集成反欺诈算法的综合数据化系统“米达思”（MIDAS）对该州失业补贴申请进行审核，做出申请者是否存在欺诈的判断，并对其施以惩罚。“米达思”系统的出错率高达 93%，致使超过 4 万申请人被标签化为“欺诈者”。如果州政府在这场预期旷日长久的诉讼中败诉，密歇根州将立刻“破产”。2018 年，美国纽约州被迫终止了旨在防止家庭暴力的儿童保护预测算法的使用，该算法曾一度导致上万个家庭父母同其子女的被迫分离，仅仅因为算法程序在数据分析后认为这些家长可能具有“严重的家暴倾向”。②

（三）技术过失的诱因及相应主体的注意义务

从现实看，造成网络空间中的技术过失行为的原因主要有三点，即产品不兼容、产品存在缺陷、信息系统风险。过失责任的两大要素中，注意义务显然居于中心地位，笔者也将根据不同情况，对相应主体的注意义务的具体内容进行初步探讨。实际上，相应主体是否负有注意义务及其具体内容，也涉及其民事责任乃至行政责任的承担问题。

1. 产品不兼容产生的技术过失

在网络中，兼容性是一个非常重要的概念。兼容性，是指几个硬件之间、几个软件之间或是几个软硬件之间的相互配合的程度。相对于硬件来说，几种不同的电脑部件，如 CPU、主板、显示卡等，如果在工作时能够相互配合、稳定地工作，就说它们之间的兼容性比较好，反之就是兼容性不好。而相对于软件，一种是指某个软件能稳定地工作在某操作系统之中，就说明这个软件对这

---

① 陈云松：《认识算法价值 助力社会治理》，载参考网，https：//www.fx361.com/page/2021/0907/8837649.shtml（最近访问时间 2023 年 2 月 15 日）。

② 唐林垚：《算法应用的公共妨害及其治理路径》，载《北方法学》2020 年第 3 期。

个操作系统是兼容的。再就是在多任务操作系统中，几个同时运行的软件之间，如果能稳定地工作，不出经常性的错误，就说明它们之间的兼容性好，否则就是兼容性不好。另一种就是软件共享，几个软件之间无须复杂的转换，即能方便地共享相互间的数据，也称为兼容。很显然，兼容性是计算机硬件和软件应用过程中的一个潜在风险，具有良好的兼容性的软件出现错误的概率要比存在兼容性问题的软件产生错误的概率小得多。一般而言，软件制造商在制造软件时为了避免自己的软件可能遇到兼容性问题，应当在软件发行前对其进行严格的检测，并告知用户潜在的风险。如果软件制造商没有尽到相应的审查、避免和告知义务，那么至少在主观心态上属于“应当预见自己而没有预见”或者“已经预见而轻信能够避免”的过失心理。

产品不兼容的问题目前主要存在于杀毒软件领域和操作系统领域。基于某种可以“理解”的原因，几乎任何两款杀毒软件之间都会出现程序兼容性问题，因此用户如果同时安装两家公司的杀毒软件产品和网络安全产品，出现“误杀”或者系统错误的比率将成倍提高。前述卡巴斯基软件“误杀”瑞星卡卡软件的事件中正暴露出了软件兼容性的风险。2007 年 6 月 26 日，江民公司的江民杀毒软件在升级后出现蓝屏现象，重装系统后再次升级软件仍会出现蓝屏现象，江民科技方面称，升级出现蓝屏只是个别现象，问题的产生是因江民杀毒软件 BOOTSCAN 系统启动前杀毒程序与部分用户系统存在不兼容。江民科技方面说，软件兼容性问题目前仍然是困扰软件企业的一大难题。尽管多数软件在产品发布前经过了严格测试，但问题仍然时有发生。①

由此可见，即使软件厂商尽了最大努力，软件兼容性问题仍然无法完全避免，技术过失及其发生的损害仍然可能会发生，在这种情况下如果要求软件厂商完全避免损害发生显然过于苛刻，这无异于禁止了相关软件的存在。恰当的做法是，只要软件厂商履行了相应的告知义务和检测义务（尤其是告知义务），即认为其履行了注意义务，对因软件兼容性而产生的危害后果至少在刑事法的层面上免责。

---

① 《江民杀毒软件升级后部分电脑蓝屏问题已解决》，载人民网，http：//it. people. com. cn/GB/42891/42893/5919557. html（最近访问时间 2023 年 4 月 20 日）。

2. 产品存在缺陷产生的技术过失

如果是因为产品兼容性问题而导致技术过失发生在现有技术条件下还情有可原的话，产品存在缺陷产生的技术过失则相对不那么能够容忍了。

与网络有关的产品缺陷包括网络硬件产品缺陷和网络软件产品缺陷，而与网络技术过失有关的产品缺陷则仅指网络软件产品的技术缺陷。在现代信息条件下，网络设备制造商和网络软件服务商面临着激烈的市场竞争，谁能在短时间内推出更新颖、更时尚、技术更先进的产品，谁就能赢得企业发展宝贵的“时间差”，从而在行业竞争中走在前列。在很多情况下，产品刚一设计定型不经过严格的检测程序即投入生产或者投入市场，至于产品设计中出现的一些缺陷，则留待后续的“2.0 版本”“3.0 版本”完善了，这也导致信息技术领域内的产品缺陷事件和产品召回事件层出不穷。例如，2009 年知名的硬盘供应商希捷公司就遇到了烦心事：30 多个型号的硬件产品在运行时“卡死”，有的用户还因为硬盘无法识别而导致电脑不能启动。在媒体的介入下，希捷公司改变了此前对消费者冷漠的态度。[①]

类似的产品缺陷事故在计算机硬件设备领域屡见不鲜，在多数情况下，硬件产品的缺陷都会导致产品性能的降低和使用寿命的缩减，除非产品出现重大缺陷而足以影响其使用的，消费者一般难以主张自己的权利。不过，计算机硬件产品至少有《产品质量法》等法律规范进行规制，而对于计算机软件产品的缺陷，目前则并不存在相应的法律规章。软件产品是典型的信息产品，“信息产品是对自然界与人类社会存在的事实与变化及人类对它们形成的认识和创造的符号化”。[②] 也就是说，信息产品是人的认识能力和创造能力的符号化，而传统产品则是人的认识能力和创造能力的固化，信息产品也有其存在和表现的载体，但是其载体则并非产品本身。因此，《产品质量法》所称的“产品缺陷”，即“产品存在危及人身、他人财产安全的不合理的危险；产品有保障人体健康，人身、财产安全的国家标准、行业标准的，是指不符合该标准”难以直接应用到信息产品上。我国法律对产品缺陷在《产品质量法》第 46 条作了规定，

---

① 《希捷固件门事件点评：缺陷信息产品暗含安全隐患》，载人民网，http://it.people.com.cn/GB/42891/42895/9178051.html（最近访问时间 2023 年 2 月 15 日）。

② 陈晓东：《信息产品缺陷及相关问题初探》，载《辽宁行政学院学报》2006 年第 11 期。

产品缺陷可以分为设计、制造、指示这三种缺陷。在无人驾驶汽车领域，证明缺陷将非常困难，如前文所述，受人工智能“黑箱”特性的影响，侵权事故的发生可能无法从人工智能系统的设计或制造方面找到合理归因的因素，这将直接影响到传统产品责任的架构——例如制造商无法作为人工智能产品设计缺陷的责任主体，特别是侵权事故是由设计缺陷引发的。[①]

当然，笔者的目的并非探讨软件的产品缺陷的认定规则和一般标准，而是想指出，如果因为产品缺陷而导致技术过失行为的，那么相应的责任主体在刑法上的归责可能性显然要大于产品兼容性而导致的技术过失。原因很简单，法律不应当允许软件出品商出于自身的商业利益考虑而将不成熟的产品投向市场，尤其是在这种产品对公共利益、信息网络安全具有重大影响的情况下，软件出品商在追求自己的商业利益这一点上无可厚非，但是其不能以将风险转嫁给社会公众为代价。诺顿误杀事件中的技术过失，就是由于产品存在缺陷造成的。实际上，杀毒软件的误杀现象并不稀奇，可以毫不夸张地说，我们每天都在遭受“误杀”。在一定程度上，这也是技术应用过程必须承受的代价。在病毒和反病毒的激烈对抗中，杀毒软件也已经成为“风险产品”。但是，诺顿误杀门之所以引起关注则是因为另有隐情。

首先是误杀太明显：直接删除操作系统的关键文件，造成系统崩溃，症状表现太激烈，连最不懂电脑的用户都能看出问题来；其次是错误太低级，即使存在误杀率，也不应该将系统文件当作病毒文件删除。此次误杀事件的直接原因，据某些业内人士估计，是软件缺乏测试所致。[②] 现代的杀毒软件，基本上由两大部分组成，一部分是程序，另一部分是数据。程序是杀毒软件的主体，负责完成所有功能，而数据则是通常所说的病毒库，是杀毒软件厂商从各种渠道获得的病毒特征代码，杀毒软件程序正是依据这个数据来识别病毒的。杀毒软件的每一个版本都需要经过测试，如果只更新病毒库，那么测试相对简单，如果程序部分发生改变，则测试的工作量就大得多。此次误杀的诺顿软件正属于后者，显然，赛门铁克公司没有对升级后的诺顿软件经过严格测试。诺顿向

---

① 袁曾：《无人驾驶汽车侵权责任的链式分配机制——以算法应用为切入点》，载《东方法学》2019年第5期。

② 《诺顿“误杀门”凸显测试的价值》，载51软件测试网，http：//www.51testing.com/html/01/n-65701.html？from=singlemessage（最近访问时间2023年2月15日）。

用户发布一个未经严格测试的杀毒软件版本，不外乎无知或者无为两个原因。无知者不知道软件需要经过测试，当然，以诺顿的身份，我们可以排除这个原因，真正的原因应该是无为了。所谓无为，是指诺顿知道要测试，但出于时间或者成本的压力，诺顿没有这样做，或者做得不够充分。确切地说，诺顿公司根本就没有做测试，因为错误太明显，只要做出测试，就一定能够发现。①

应为而不为，在刑法中属于不作为。诺顿公司不可能不知道软件需要测试，因此诺顿公司具有认识的可能性，更进一步讲，诺顿公司具有注意能力。在诺顿公司具有注意能力的前提下，诺顿公司的注意义务就体现在对软件进行充分的测试。而软件的充分测试义务，也应当成为软件公司注意义务的具体内容，并应当由相应的法律法规上升为法定义务。诺顿公司在此次事件中，本应当履行充分测试的义务，但其很可能根本就没有进行测试，这个事情的主观罪过，已经近乎“间接故意”了。无论是采取旧过失论，还是新过失论，抑或危惧感说，诺顿公司理论上都难逃过失责任，因为它对公众利益的忽视已经到了难以容忍的地步。

3. 信息系统风险导致的技术过失

产品不兼容和产品存在缺陷而产生的技术过失，虽然也可能造成严重的后果，但这种技术过失在形式上一般表现为“点对面”，即由网络上的一个特定危险源而导致的技术过失，因此在某种程度上这种过失的后果是可控的。不过由信息系统风险而导致技术过失则可能是另一番景象。与单个的产品不同，信息系统一方面是网络应用的直接媒介和工具，另一方面又承担着某种平台的功能，由信息系统风险导致的技术过失往往是“面对面”式的，其后果也具有相当的不可预测性。

卓越门事件、戴尔门事件，以及电子商务领域内的一切其他“门”的发生，都可归因于信息系统的风险。在电子商务领域，其交易的多数环节都由相关的计算机信息系统或者相关的交易软件决定。电子商务网站将交易交给自动化管理系统完成，它们只需要负责网站的技术维护和商品交易的最终确认。电子商务和传统商务的一个很大不同之处是，原本属于人的控制职能现在移交给

① 《诺顿“误杀门”凸显测试的价值》，载51软件测试网，http://www.51testing.com/html/01/n-65701.html?from=singlemessage（最近访问时间2023年2月15日）。

了“机器”，由机器来行使，在充分享受使用自动化控制软件的同时，自然也要承担相应的风险。客观地讲，电子商务领域内的信息系统风险，即使产生某种不良后果，也完全可以通过民事责任的方式处理，最多是引入行政责任，在现在的环境下，似乎没有必要考虑采取刑事责任。不过它却给我们提出了一个严肃的课题：在信息自动化系统广泛应用的背景下，根据信息自动化系统作出了错误决策，或者信息系统产生的错误数据造成了严重的后果和损害，是否应当归责于相关的管理人或者控制人？如果这一信息系统错误发生在与国家经济安全、公共利益、社会秩序有重大关联的重点行业和重点部门，如银行、保险、医疗、电信、交通等行业中，是否应当由相关主体承担刑事责任，其承担刑事责任的界限又在哪里？例如，2005 年 2 月 4 日，由广州白云机场飞往重庆的 19 架航班全部出现行李混乱，导致有 50 多名旅客拿不到行李。据调查，是由于广州白云机场的行李分拣系统出错导致行李无法正常送达。最糟糕的是，由白云机场发往重庆的部分行李目前已被分拣系统错误地配送到其他城市，只有少部分还没有送出。据了解，当日白云机场不仅发往重庆的航班出现了行李“乱飞”的混乱局面，发往全国各地的航班都存在这样的问题。[①] 从刑法的角度看，这样的事例并不值得大惊小怪，它只不过是机场系统开的一个不大不小的玩笑。但是假设是机场的航班指挥和调度系统出现此类的失误的话，其可能导致的后果恐怕就不仅仅是给旅客旅行带来不便这么简单了。因此，假如是由于信息系统风险而导致严重的危害社会的后果的，则应当存在追究对信息系统具有监督、管理责任的人的刑事责任的可能性，而这种刑事责任的性质则属于过失责任。

应当指出，公共领域内的信息系统风险早就引起了国家有关部门的关注。原国家网络与信息安全协调小组 2006 年发布的《关于开展信息安全风险评估工作的意见》就指出：“随着国民经济和社会信息化进程的加快，网络与信息系统的基础性、全局性作用日益增强，国民经济和社会发展对网络和信息系统的依赖性也越来越大。网络与信息系统自身存在的缺陷、脆弱性以及面临的威胁，使信息系统的运行客观上存在着潜在风险。”可以这么讲，随着国家关键基础设施对信息系统的依赖性，以及信息系统间的互依赖性越来越强，信息资源越来越复杂，信息系统的风险性越来越大，信息系统可能造成危害的概率也

① 《广州白云机场系统出错 19 航班旅客行李全国“乱飞”》，载《北京晨报》2005 年 2 月 6 日。

必然随之升高。面对潜在的信息系统运行风险，不但不能降低使用主体的责任，反而要加强使用主体的管理责任和注意义务，以便将信息系统风险降到最低限度。当然，提高责任的必要条件，是对作出管理决策及其实施过程制定明确细则，在规范上确立下来，并规定参与和管理主体应有的权利与义务。

在行政法的层面上，这一工作实际上一直在进行，除了前述的《关于开展信息安全风险评估工作的意见》，2006 年我国制定完成了《信息安全风险评估指南》，对被评估系统的资产、威胁和脆弱性给出了具体的定级依据，同时当年也出台了《信息安全等级保护管理办法（试行）》，将我国的信息安全划分为五个防护级别，《网络安全法》开始建立网络安全等级保护制度，这被称为“等保 2.0”制度。在网络中，以网络信息技术为基础的自动化管理系统得到广泛应用，从而大大提高了管理活动中的偏差和“错误价值”。笔者认为，在由于信息系统安全导致的技术过失事故中，如果相应主体履行了行政法规规定的信息安全风险评估义务的，则可以视为其履行了相应的注意义务。

算法风险是信息技术风险的最新表现。英国牛津大学人工智能治理中心研究员认为在技术层面上，可以将人工智能的风险划分为“事故风险和滥用风险”。在当代社会中，人工智能的算法被普遍运用于各类活动之中，其中的许多活动都涉及国家安全，算法不是在纯粹的实验室环境中运行的，而是在具有对抗性的系统运行环境中，可能在数据的训练阶段和推断阶段遭遇数据投毒、标签操纵、样本修改、特洛伊攻击等多种形式的挑战。[①] 数据是算法的原料，要维护算法安全，首先要维护数据的安全，其次是保证算法模型没有缺陷，最后是保证算法设计不存在价值偏见，并且从外部保证算法免于攻击以及运行的可靠性。[②]

三、关于技术过失行为的刑法评价切入思路

从理论上讲，网络空间中凡是存在技术利用行为的，都可能存在技术过失，这是由技术本身的风险性和不确定性所决定的。虽然从现状看，并非所有

① 陈宇飞、沈超、王骞、李琦、王聪、纪守领、李康、管晓宏：《人工智能系统安全与隐私风险》，载《计算机研究与发展》2019 年第 10 期。

② 杨蓉：《从信息安全、数据安全到算法安全——总体国家安全观视角下的网络法律治理》，载《法学评论》2021 年第 1 期。

的技术过失都有进行刑事归责的必要，但是在社会对网络的依赖越来越深的背景下，基于特定部门、特定领域的公共信息安全，基于网络整体秩序的维护，有必要对网络技术过失行为进行刑法学的思索。目前看来，在自动驾驶行业里，此类思索更具有现实性和迫切性，甚至已经谈不上是某种前瞻性的考量了。笔者认为，对于技术过失的刑法评价，可以从以下三个方面切入：

（一）技术过失仍然是人的过失：基于归因与归责的考察

通过刚才的论述，笔者尝试对“技术过失”的概念进行初步界定，即技术过失是指发生在网络空间中的，在利用或者使用网络信息技术的过程中产生的过失行为。从过失与技术的关系看，技术过失行为可以分为两类，一是对技术的直接使用而产生的过失，典型的如杀毒软件中的技术过失；二是对技术的间接使用而产生的过失，如电子商务领域中的技术过失，它的交易手段和交易平台都是由技术搭建起来的，技术过失的后果只是技术使用过程中的附随危害。一个值得思考的问题是：为何是“技术过失”而非“技术意外”？申言之，技术的进步和发展是无止境的，这也意味着技术缺陷在客观上必然存在，技术过失的发生也具有一定的不可避免性，那么在“技术过失”与“人的过失”之间为何能画上等号？笔者认为，这个问题可以细化为两个方面：客观归因上，技术行为是人的行为；主观归责上，技术的过失是人的过失。

1. 在归因上，技术行为是人的行为

在哲学上，技术体现了人对自然的实践关系，技术是人类所规定的物质、能量和信息的交换方式及其对象化。技术既是人类理解世界的方式，也是人类行动理性的表达。在技术的价值属性上，历史上曾经产生两种观念，即技术中性论和技术价值论。技术中性论认为，每一种技术都被用来解决特殊的问题或服务于人类特定的目的，并进而认为技术是中性的，只是那些创造和使用技术的人使得技术成为一种善或恶的力量。而技术价值论则认为，技术具有价值性，即技术负载价值，它不仅是方法或手段，而且也是政治、经济、文化、伦理等的体现。无论是技术中性论还是技术价值论，可以确定的是，技术不是自在自为的客观实在，技术是人在改造自然的过程中产生和发展起来的，它不可能脱离人的意志支配的范围，因而技术的偏差、失误、错误等都等同于人的偏差和错误，它们体现了人的认知能力和实践能力的局限性。网络技术过失中，无论是由产品不兼容、产品缺陷还是由信息系统风险导致的技术过失事故，虽然技术偏差在一定程度上属于“不可抗力”，但其致险源则是人为制造出来的，人也就有义务对技术进行克制和谨慎的使用。换句话说，技术的“意外”不是真正的意外。对此马克思主义的话或许能给我们启示：“自然界没有制造出任何机器，没有制造出机车、铁路、电报、走锭精纺机等。它们是人类劳动的产物，是变成了人类意志驾驭自然的器官或人类在自然界活动的器官的自然物质。它们是人类的手创造出来的人类头脑的器官，是物化的知识力量。”① 机器是物化的知识力量，技术又何尝不是呢?

2006 年 4 月 21 日，许某在取款过程中发现取款机系统出现错误，本想取款 100 元，结果 ATM 出钞 1000 元，而银行卡存款账户里却只被扣除 1 元。为此许取出 17.5 万元后潜逃一年落网。2007 年 12 月，许某被广州市中级人民法院判处无期徒刑。2008 年 2 月 22 日，案件发回广州市中级人民法院重审。经广州市中级人民法院重审后，法院认定许某犯盗窃罪，判处有期徒刑 5 年，并处罚金 2 万元。许某案的诱因是自动取款机升级过程中出现系统错误，使许某有机可乘。许多人认为银行应当为系统错误承担相应风险和法律责任。更有激进的网友指出，“银行如果明知该程序存在严重问题，则银行购买该程序并决定投入使用的相关责任人就存在着严重的渎职嫌疑；如果银行不知道该程序存在问题，则设计单位和设计人员就必须承担相应的扰乱国家金融秩序的责任，必须得到相应的惩罚”。② 可见即使是信息自动化系统产生的错误，也未必直接等同于不可抗力。

2. 在归责上，“技术过失”是人的过失

具有罪过是刑事归责的一个根本前提，即使是所谓的网络技术过失也不例外。在技术事故中，需要明确人的主观罪过的具体内容，只有这样才能将技术过失与人的过失之间彻底画上等号。早在 20 世纪 70 年代，这个问题就曾引起学者的关注。他认为：自动化管理系统提出错误的方案有各种不同的原因，如引起输入的信息出现漏洞的错误；数字保障和程序设计中的错误；电子计算机

---

① 《马克思恩格斯全集》第 46 卷，人民出版社 1980 年版，第 219 页。

② 《八成网友认为许某无罪 呼呼惩罚银行相关责任人》，载《南方日报》2008 年 4 月 19 日。

结构、制作、安装上的错误；电子计算机使用中的错误，以及电子计算技术上的种种错误；等等。尽管人未必能够监督自动化管理系统内信息活动的所有途径，并且预见所有与该系统有关的人做出错误行为的可能性，但是这并不意味着自动化管理系统使人成为无责任的人。[①] 前苏联学者进一步指出："在这种情况下，能够而且应当承担责任的人，并不总是'错误的决策'（在'错误决策'中并非总能找得到有罪的人），而是在信息保障、编制和作出并实施管理决策方面的具体疏忽，不执行或者不按规定执行规范上确立的具体义务。"[②]

由此可见，即使是由某些技术错误导致的损害，人在一定情况下也具有主观罪过心理，也要为此承担刑事责任。虽然推进科学技术革新并把革新成果应用到社会生活上去的做法基本上是正确的，但是我们也应当对科学技术所具有的巨大破坏力负有充分的责任。[③] 在科学技术无限发展和扩大的同时，未知的危险对我们的威胁越来越大，没有人可以轻易置身事外。正如同犯罪现象在任何社会都无法避免，而任何社会都不可能据此放纵对犯罪的惩罚一样，技术过失在概率学上的必然性不是免除个案罪责的理由。

前苏联学者将技术事故中的过失责任的承担原因归结为监督管理过失，并进一步明确为违反了法律法规、规章制度等针对定型化的危险制定的防止危害结构发生的措施的行为。这种过失责任的法定化倾向是值得我们借鉴的。在网络背景下，随着信息技术的广泛适用和信息技术潜藏的风险性，应当逐步增加网络参与者的监管管理责任，并在此基础上构建网络过失犯罪的体系。在信息化建设中，建设与运营的网络与信息系统由于可能存在的系统设计缺陷、隐含于软硬件设备的缺陷、系统集成时带来的缺陷，以及可能存在的某些管理薄弱环节，尤其当网络与信息系统中拥有极为重要的信息资产时，都将使面临复杂环境的网络与信息系统潜藏着若干不同程度的安全危险。从这个角度而言，产品不兼容导致的技术过失属于危险促进型的过失，产品缺陷导致的技术过失属于危险制造型的过失，而信息系统风险导致的技术过失则属于危险未防止型的

---

① ［苏］戈列利克等：《在科技革命条件下如何打击犯罪》，王常青、毛树智译，群众出版社 1984 年版，第 117 页。

② ［苏］戈列利克等：《在科技革命条件下如何打击犯罪》，王常青、毛树智译，群众出版社 1984 年版，第 117 页。

③ 刘志伟、聂立泽主编：《业务过失犯罪比较研究》，法律出版社 2004 年版，第 36 页。

过失。如果对网络技术过失采取旧过失说或者危惧感说，意味着对相关主体附加了过于苛刻的注意义务，必然造成技术应用活动的萎缩，并会损害社会的进步和公共福祉，因此对相关主体附加结果避免的注意义务在现阶段是可行的。

3. 新的归责难题：算法归责

在人工智能时代，基于算法的损害后果面临新的归责难题。

就归责角度而言，算法与人的行为产生一定程度的分离。算法运用一般分为三步：第一步，平台端通过（主动或被动的）数据挖掘，获取用户的原始数据，如消费记录、运动轨迹、健康信息、金融状况、浏览历史、行为言论和访问频率等；第二步，云端将处理后的数据导入算法模型，输出概率、偏好、排名、倾向、风险和估值等具有明确判断指向性的分数和结果；第三步，应用终端生成可供运营商决策的评价和预测报告。[①] 对于算法造成的危害，可能的责任主体包括两类，第一类责任主体是人工智能产品以及算法的生产以及设计者；第二类责任主体是人工智能产品以及算法的使用者即人工智能产品的控制者、管理者和受益者。[②] 就第一类主体而言，除非能够证明算法的生产者和设计者故意对数据进行污染或者制作有缺陷的算法，否则难以归责到算法生产者和设计者。就第二类责任主体而言，除非能够证明算法使用者故意造成损害，否则也难以归责算法使用者。

就归责角度而言，源于算法的自我迭代，人工智能的发展趋势是逐步成为技术黑箱，即使运算的算法与逻辑可以被公开，但基于该算法可能产生的模型却无法限定在固定模式内，即便是研发者也无法完全预知其内部的决策运算逻辑。[③] 算法本身不具有意图、欲望和恶意，算法程序也不是其创造者、使用者内心偏见和歧视的直接映射。[④] 实际上，算法妨害来源于应用程序对无数个体数字身份勘校、分析和拟合的累积效应——算法应用中常见的“数据驱动中介”建立在“信息和行为”而不是“意图和活动”的基础之上。[⑤] 因此，无论

① 唐林垚：《算法应用的公共妨害及其治理路径》，载《北方法学》2020 年第 3 期。

② 程尧、蔡一军：《人工智能背景下算法演进的风险及其法律规制——以域外模式为视角》，载《山西大同大学学报》2020 年第 2 期。

③ Mark A. Geistfeld. A Roadmap for Autonomous Vehicles：State Tort Liability，Automobile Insurance，and Federal Safety Regulation，California Law Review，Vol. 6，2017，p. 1646.

④ 刘宪权：《涉人工智能犯罪中研发者主观罪过的认定》，载《比较法研究》2019 年第 4 期。

⑤ 唐林垚：《算法应用的公共妨害及其治理路径》，载《北方法学》2020 年第 3 期

从算法归因还是算法归责角度来说，目前让自然人为算法的过失承担责任，还存在诸多法律障碍。但是，这并非意味着永远无法追究责任，目前在民事责任和行政责任层面，理论界已经提出了诸多方案，今后随着算法过失场景的增多，算法过失的归责问题必将提到台面上来。①

（二）技术过失是非传统安全威胁：基于处罚必要性的考察

犯罪是一种具有严重社会危害性的行为，讨论网络技术过失行为的危害后果，尤其是技术过失与公共安全之间的关系，在很大程度上也就与入罪的正当性和必要性根据联系在一起。

1. 技术过失的浅层次危害：财产损害

从最近几年网络上爆发的技术过失事件看，技术过失直接影响的对象包括以下三类：（1）用户的计算机数据安全。在互联网安全领域，病毒程序与反病毒软件之间的较量越来越激烈，据某杀毒软件公司报告，其公司在 2008 年一年中就截获了 109 万类病毒，② 这个数字也许有虚夸的成分，它只是杀毒软件公司的一个宣传策略，用以标榜其技术能力的强大，但这么庞大的数字应当有一定的基础数据作支撑。随着病毒数量的激增，杀毒软件的病毒库的更新速度也非常快，客观上也提升了误杀的概率，杀毒软件将用户电脑中的数据“指鹿为马”的现象非常常见。用户在安装杀毒软件保护自己电脑安全的同时，也将电脑中的数据安全置于风险境地。（2）操作系统安全。操作系统的安全性比数据安全更为重要，因为用户可以通过经常备份数据的方式来分散数据遭受损害的风险，而操作系统是电脑运行的基础性平台，一旦操作系统出现问题将直接导致电脑无法使用。诺顿误杀门事件的影响力正来自它摧毁了电脑中的操作系统。（3）合法软件的权益。由于软件兼容性问题的存在，也由于杀毒软件的误杀，由于软件技术事故导致的对其他软件权益的侵害也时有发生，此类侵害不仅妨害了用户对其他软件的正常使用权，也可能给相关软件的产品声誉造成很

---

① 需要注意的是，技术过失的归责逻辑在算法过失中也是适用的，而且并非所有的算法过失都无法归责，无论是在自动驾驶还是其他场景中，如果算法的设计者和使用者符合产品刑事责任或者公共安全刑事责任的构成要件的，自然可以追究刑事责任。当然，理论上追求的，是将所有算法过失纳入刑法的规制框架中。

② 崔军强：《信息安全形势严峻　去年我国计算机病毒暴增》，载《经济参考报》2009 年 2 月 12 日。

大损害。在卡巴斯基误杀大连大有软件的事件中，大连大有公司付出了沉重的经济代价，为此其以商业信誉受到损害为由将卡巴斯基公司告上法庭。[①] 可以说，与网络中的犯罪故意行为一样，网络技术过失行为同样可能妨害到一切网络资源，在现有情况下，虽然技术过失的损害主要停留在商业领域内，而且其更为直观的危害方式是对他人财产的利益的损害。但是，在技术过失直接侵害相关权益人的财产利益的同时，其危害后果也开始向网络安全领域扩散，而这一点才是刑法对网络技术过失行为予以关注的核心和症结所在。

2. 技术过失的深层次危害：非传统安全威胁

网络中的技术过失行为，不仅仅侵害了普通用户的个人权益，随着国家重点领域和重点行业的信息进程的加深，重点部门的信息安全也更多地受到了技术过失行为的影响，技术过失已经成为网络公共安全领域里需要格外关注的课题。

以层出不穷的误杀门为例，如果信息安全产品将银行系统、生活服务保障系统的关键数据、关键信息误杀掉的话，所造成的损害可能无法估量。同理，信息系统内部的缺陷造成的损害同样巨大。有评论指出，数字时代，光与电构成了地球的神经系统。在人类对计算机以及通信设备等系统所构建的虚拟环境越来越依赖的同时，其所隐含的设计漏洞、构成要素的质量缺陷将成为“阿喀琉斯之踵”。[②] 例如，由于设计时考虑不长远，新千年到来时全球不得不花费巨资来解决“千年虫”问题。当然，想要完全消除信息技术的“阿喀琉斯之踵”不但技术上不现实，经济上也不划算，但是在利用技术造福人类的同时，也应当将技术过失的风险约束在一个社会可容忍的限度内。

在网络空间中，技术过失行为已经成为一种非传统的安全威胁，“非传统”自然与“传统”相对，技术风险虽然在表现形式上不同于工厂作业、交通运输等带来的风险，但其威力丝毫不比后者薄弱。而正因为它在多数情况下是“风险”而非“实害”，因此被关注的程度远远不及网络故意犯罪。值得注意的是，在工业社会向信息社会整体转型的大背景下，“现实的虚拟化”逐步让位于“虚拟的现实化”，虚拟空间和现实空间的界限将不再分明，网络空间的一举一

---

① 王婧、黄希韦：《正版软件被提示有病毒卡巴斯基“误杀”案进入二审程序》，载《法制日报·周末》2009 年 7 月 16 日。

② 《希捷固件门事件点评：缺陷信息产品暗含安全隐患》，载人民网，http：//it. people. com. cn/GB/42891/42895/9178051. html（最近访问时间 2023 年 4 月 17 日）。

动也会对现实世界发生直接的影响力。因而，包括技术过失在内的非传统的安全威胁正在和传统安全威胁逐步“对接”，非传统的安全威胁对现实世界具有辐射作用，威胁的形式是“非传统”的，危害的后果则是传统的。想象一下，无论是电子政务、电子商务，还是个人的衣食住行，普通公民都要通过信息支撑网络实现某项工作、获知某项信息，如果这些信息系统出现问题，会引起多大的风波？正因如此，才有传统法律规则介入网络社会的必要性。

（三）技术过失多为单位的过失：基于刑法处罚障碍的考察

网络空间中的越轨行为和违法犯罪行为，其主体的整体轻龄化趋势是一个不争的事实，网络空间中的技术故意犯罪行为多由自然人个体或者某种类似网络黑帮的自然人团体实施，与之相反，网络空间中的技术过失行为多是由单位实施，这从目前较有影响力的技术过失事件中可见端倪。技术过失行为在性质上是技术误用行为，而技术故意行为则属于技术“滥用”，合法主体积极从事涉技术的犯罪行为，至少在目前的网络空间中是不多见的。目前的技术过失行为多数发生在商业领域，而且是由于商业主体出于对技术的不谨慎使用而造成的，因此技术过失行为多为单位过失，从而也引发过失行为的竞合。

技术过失发生在单位中具有一定的必然性，无论是杀毒软件领域还是电子商务领域，它们的一个共同特征是都属于技术密集型行业。由于技术在这些行业的高频应用，因而这些行业表现出技术过失的高发性和常态性。

回到诺顿误杀门事件，据称这次所谓的误杀门事件并不是由赛门铁克的杀毒引擎所致，而是由 18 号更新的病毒库导致的。一般情况下赛门铁克公司内部检测定义一个病毒需要三道程序机制，除非技术人员反复确认这两个文件里有木马或后门特征，否则是不会把它列为威胁的。也就是说，至少在赛门铁克公司内部，造成此次误杀事故的并非一个人的过失行为，而是多个人的失职。在传统刑法中，将在团体医疗、工厂内的共同作业等有组织地分配了各自的作用、职责的场合，二人以上的过失导致结果发生的，称为组织内竞合型过失。[①] 网络上的单位技术过失，多数属于组织内竞合型过失。“组织内竞合型过失”概念的提出回避了传统刑法不承认共同过失犯罪是共同犯罪的理论共识，同时

① 张明楷：《外国刑法纲要》（第二版），清华大学出版社 2007 年版，第 242 页。

也排除了单位构成犯罪的可能性。此类组织内竞合型过失，只能分别考察具体个人的注意义务的具体内容，并确定其过失责任。但是考虑到单位犯罪迸发的反社会能量通常要比个人更为强大，其危害后果也更为突出，专门对单位过失犯罪的问题进行立法，未尝不是一个可以尝试的路径。

四、网络背景下的技术过失行为的刑法抉择

面对网络空间中层出不穷的越轨行为、违法行为和犯罪行为，传统法律规则没有选择置身事外，而是以更积极的姿态介入网络空间中，法律将在调整、规范网络秩序方面发挥不可替代的作用。不过到目前为止，鲜有对网络空间中的技术过失进行刑事处罚的案例，尽管在刑事立法上网络犯罪的整体入罪化趋向比较明显，但是立法者似乎没有过多关注网络技术过失行为，这不能不说是个缺憾。经过了前文的刑法“技术”性探讨后，笔者更想在理念层面对技术过失行为的刑法抉择问题略作探讨，以求抛砖引玉之功效。

（一）网络空间中的“人—网”异化

“异化”概念最初由黑格尔提出，并被马克思赋予社会历史意义，从此，异化概念在哲学和社会科学领域获得了广泛承认。“异化”在哲学上是指：人类产生或发明的某种东西，本来给人类带来便利，是人类自身力量的实现，却同时又反过来支配人类，即主体产生一个客体，这个客体却反过来控制和支配主体。网络空间中的“人—网”异化是异化新的表现形式，此类表现是传统法律规制网络空间时必须面对的问题。笔者认为，与网络技术下的过失责任有关的“人—网”异化包括两个方面：人的控制能力的异化与人的主体地位的异化。

1. 人的控制能力的异化

网络空间中的人的控制能力的异化体现在三个方面：

（1）人的能力发展的非均衡性

这一概念最早是由卡尔·曼海姆提出的。曼海姆以对知识社会学的阐释而名扬西方学术界。他研究的中心议题是探讨现代社会结构危机的根本原因。曼海姆认为，社会的危机，归根结底是人的危机。而人的危机则表现为精神的危机，更确切地说，表现为一种人的理性和非理性要素在社会发展中的失调。启

蒙运动给现代社会所带来的一个问题是，社会心理的发展与社会技术的发展处于严重的不平衡。[①]“现代技术对于自然进行控制的发展已大大超过了人的道德力量的发展及其社会秩序的社会控制的知识的发展。由这种全面类比所表明的现象，现在可以用社会学术语来描述，即这是人类的能力不均衡发展的现象。如果这种整体发展的不平衡性对于个人是危险的，那么，在社会中它必定迟早导致灾难。如果理性的社会控制和个人对自身冲动的驾驭没有与技术的发展保持同步，那么当代社会的秩序必然要崩溃。”[②] 曼海姆的上述论断是在20世纪40年代作出的，然而他的观点在网络时代非但没有被推翻反而不断被印证。曼海姆眼中的不均衡性，是理性控制力与非理性控制力的不均衡，在网络中它可以被还原为道德与法律观念的异化和失衡。虚拟世界里，人的网络行为容易出现道德约束真空，导致肆无忌惮地破坏人类原本有序的道德伦理规范。网络的虚拟性在无形之中消解了人的自我约束力，并成为一种最重要的犯罪诱发效应。

（2）人的行动能力的非制约性

网络空间是完全由技术构筑起来的空间，网络具有超时空性、技术性等特点。网络开辟了人类的新的认知领域和技术领域，并且大大扩展和延伸了人的行动能力。网络的超时空性使得网络不存在传统空间中的时间和空间维度，个人行为不必受到物理时空的限制和区隔，人只要具备基本的上网条件，无论身处何地都可直接参与网络，并施加自己的影响，客观上大大扩张了人的活动范围。网络的技术性又使得网络中的行为，尤其是犯罪行为具有强烈的技术依赖性，这在黑客犯罪中表现得最明显。比如，防护严密的美国国防部时常爆出被黑客攻陷的消息，“在虚拟空间中，犯罪能力和技术能力是对等的，没有技术能力的犯罪企图，只是犯意表现罢了”。网络空间中的人的行动能力的非制约性，与人的能力发展的非均衡性的叠加，将网络置于一个危险和脆弱的境地。一方面，技术因素可以限制网络参与者的行动能力，网络参与者行为的广度和深度，以及行动的目的性都要受到技术因素的制约；但是另一方面，一旦参与者跨过技术的门槛并摆脱技术因素的制约，那么他将几乎无所不能，这是网络

① 郭景萍：《曼海姆：社会重建时代的理性与非理性研究》，载《学术交流》2006年第2期。

② ［德］卡尔·曼海姆：《重建时代的人与社会：现代社会结构的研究》，张旅平译，生活·读书·新知三联书店2002年版，第35页。

空间中人的行为能力的第一个悖论。

（3）人的结果控制能力的非可控性

如果说网络的超时空性和技术性导致了人的非制约性的话，那么人的结果控制能力的非可控性则直接源于网络的交互性和共享性。在网络中，同一条信息可能在极短时间内被无限制复制、无限制传播，并被无限人分享，一个微不足道的举动可能瞬时间释放意想不到的能量。例如，上传一个商业软件的破解程序，可能使商业公司损失惨重，发布一个某系统漏洞，则可能使某个系统遭受海量的攻击。网络的无限延展性使得行为的后果和影响力可能被无限放大、无限延伸，而一旦行为实施完毕，行为人对此将没有任何控制力和约束力，哪怕是随意发布一条信息，在“百度快照”等技术的应用下，也不可能被完全清理干净，也就有可能在未来的时间里出现意想不到的作用。网络空间中的犯罪行为，在很多情况下类似于传统的危害公共安全罪，行为的后果往往超出行为人的预见能力和控制范围。诺顿公司尽管技术实力强大，仍然无法控制软件误杀的后果。因此，网络在大大扩展人的行动能力的同时，又将人的结果控制能力压缩到最小限度，这是网络空间中人的能力的第二个悖论。

2. 人的主体地位的异化：“权力主体”和“技术客体”的逆向异化

一般认为，互联网是个虚拟的开放的社会，没有边界，在这里，信息跨越了时空界限，实现了自由流动。任何人只要有一台计算机和简单的上网设备，就可以接入互联网，向世界发布信息，传播自己的观念和思想，同时也可以选择自己喜欢的信息和内容。[①] 这种认识长期以来主导着人们的观念和思维，其潜藏的知识背景则是互联网是个平等的世界。但是，在社会技术化和技术社会化的总体趋势下，网络也逐渐开始了地位的分化。换句话说，网络中的社会结构开始由最初的扁平化向立体化发展，网络社会中出现了类似于传统社会的等级划分，这就是网络空间中人的主体地位的异化问题。网络空间中的人的主体地位的异化可以表现为两个方面：一是从“人—人”关系看，由于技术能力的不均衡，掌握优势技术的网络参与者的地位日益由“权利主体”向“权力主体”跃变，而没有技术优势的网络参与者则逐渐丧失主体地位，由“主体”向“客体”地位堕落；二是在“人—技术”关系中，人逐渐被技术宰制，从而成

① 贺善侃主编：《网络时代：社会发展的新纪元》，上海辞书出版社2004年版，第79页。

为技术的被支配者。

（1）在“人—人”关系中，优势技术主体开始变为权力的主体

在传统社会中，人与人之间地位的不平等可以追溯到久远的氏族公社时期，而决定氏族内部地位差异的最主要依据是占有财富的多少，财富占有量决定了经济地位的高低，进而改变了人的社会地位和政治地位，这是我们耳熟能详的常识。可以说在传统社会中，财富具有权力的意味。那么再看网络空间中的“人—人”关系。如前所述，网络空间中人的行动能力趋近或等同于技术能力，技术能力的高低代表了人的网络行动能力的大小，换句话说，技术能力可以作为网络行动能力的标尺，这也预示着技术本身带有某种权力的性质。网络空间中，技术水平高的黑客可以横冲直撞而丝毫不顾忌他人的上网体验，而某些掌握庞大信息资源和用户群的门户网站的角色绝非网络服务提供商这么简单。随着网络信息技术的全面铺陈，网络和信息技术开始成为新的权力意志，培根所言的“知识就是力量”在现代技术环境下被置换为“技术就是权力”。在网络空间中，技术权力宰制的功能发挥是通过他人对技术的依赖性和需求性实现的。例如，当我们对诺顿软件的失误倍感愤怒时，却又无奈地发现，其实所有的杀毒软件都在不停地误杀，在情绪消解完之后又必须重新求助杀毒软件保护自己电脑的安全。今天的普通上网用户颇有点类似于马克思笔下雇用工人的自由：你有选择不被雇用和不被某人雇用的自由，但是你永远无法摆脱被雇用的命运。以技术为纽带，技术支配者和技术需求者之间形成了某种被迫的依附关系，这种依附关系发展到极致，必然造成技术性质的异化和技术价值的贬损，并成为人的新的不平等关系的来源。因而法律在承认优势技术主体拥有的事实上的支配关系的同时，必须对其附加额外的义务，遏制其技术化的权力意志。

互联网的开放性、交互性等特点，原本应当使弱势群体掌握更多的信息与知识成为可能，而网络超文本的分权与平等，正是网络设计者的最初设想，[①] 但其结果则是“拥有专业能力者便有可能成为网络超文本世界中的科技精英，获得在网络世界中的控制和支配地位”，[②] 这是网络空间中关于人的主体地位的第一个悖论。

---

① ［英］伯纳斯·李等：《编织万维网》，张宇宏等译，上海译文出版社 1999 年版，第 17 页。
② 黄少华、翟本瑞：《网络社会学：学科定位与议题》，中国社会科学出版社 2006 年版，第 235 页。

（2）在“人—技术”关系中，人被技术宰制而成为技术的客体

现代科学技术的发展产生了令人始料不及的后果，技术本来是人探索自然的手段，被人工具性地使用，但是技术却反过来变成了支配人的力量，在“人—技术”关系中，技术成为主体而人则成为技术的客体，这便是现代技术的异化问题。它也可以间接回答为什么在“人—人”关系中，掌握优势技术的人可以成就权力地位，后者无非是在“人—技术”的整体背景下，人类内部权力的二次分配而已，这种分配之所以成为可能，就是因为技术的异化。

技术的异化表现在，技术在它自身的发展过程中，尤其是在制度的规范下，逐步由单纯的自然属性的技术形态向社会控制的技术形态发展，最终赋予了技术以普适的文化形态和意识形态的意义。技术最开始是以生产性的技术面貌出现的，后来扩展到组织领域，从而将一切社会组织演化为技术性的组织。“特别是由于计算机技术在组织发展过程中的作用，更是加速了组织技术一体化，使组织由‘人为’的组织变成了‘技术化’的标准组织。”① 在现代社会里，技术似乎成了“政治正确”的代名词，一切都是为技术而技术，形式的、表面的人对技术的支配关系实际上被置换为了技术对人的统治，人的观念里根深蒂固的是技术的思维，人变成马尔库塞笔下的“被抬举的奴隶”，而技术则变成哈贝马斯笔下的统治我们的“意识形态”。②

网络中的技术异化的例子很多，以数据库的话语霸权为例，“数据库的结构或语法创造了不同信息之间的诸种关系，这些关系在数据库之外的原有关系中并不存在。从这个意义上讲，数据库通过操作不同信息单位之间的关系构建着个体”，③ 换句话说，尽管网络上的信息是共享的，但信息必须通过数据库才能进入新的渠道，数据库技术性地决定人能接收哪些被转述的信息，数据库就带有某种权力的性质。技术本是人们用来建构网络的工具，但是结果却是技术主导了网络权力的运作，形成新的阶层分化，这是网络空间中关于人的主体地位的第二个悖论。

笔者之所以在这里探讨网络背景下人的能力的异化以及人的主体地位的异

① 陆江兵：《从理性的技术到技术的理性》，载《科学技术与辩证法》1999 年第 2 期。
② 转引自黄新华：《哈贝马斯的科学技术意识形态论评述》，载《马克思主义研究》1999 年第 1 期。
③ ［美］马克·波斯特：《信息方式：后结构主义与社会语境》，范静哗译，商务印书馆 2000 年版，第 131 页。

化这两个通常由网络社会学研究的问题，是因为网络空间的任何现象的异化都可能引起传统法律规则的适用障碍，或者促使传统刑法的自我调整和时代更新。就过失责任理论而言，人的能力的异化问题显然和过失责任中的注意能力有密切关系，而过失责任中的注意义务如何适应网络中人的主体地位的异化也是有待深入思索的话题。可以毫不夸张地说，网络空间中的“人—网”异化完全可能成为传统刑法理论新的知识增长点。

（二）网络背景下技术过失行为的刑法回应

面对网络技术过失行为对互联网的潜在威胁和现实危害，传统规则故步自封、因循守旧并不可取，反而应当以更加积极和开放的姿态迎接网络时代新的挑战。对技术过失行为的刑法回应，可以分为两个层面，一是在刑事立法上的回应；二是在刑法理论上的回应。

1. 刑事立法上的回应：网络安全软件领域里的刑法规制

从现状看，网络安全软件领域内的技术过失行为迫切需要得到刑事立法的回应。目前暴露出来的技术过失事故几乎都集中在杀毒软件领域里，这在一定程度上也说明了网络整体安全形势的严峻。病毒与反病毒的较量已经到了相当激烈的地步。研制杀毒软件的公司数量毕竟是有限的，而编制病毒的个人和组织则可能成千上万，似乎这是一场力量对比并不均衡的战争。在病毒编写技术不断更新换代，新的病毒、木马及其变种不断涌现的情况下，杀毒软件不得不适应病毒库更新的节奏，从而在客观上导致失误现象增多。正如有评论指出的那样：“误杀事件天天都在发生，尤其是自动化程度越高的杀毒软件，其误杀的概率也越高。病毒本身就没有一个准确的定义，有时候连杀毒软件专家也无法区分程序的行为到底是不是病毒行为，何况不具备任何智能的区区杀毒软件呢。高的自动化程度和低的误杀率是一对矛盾，所有杀毒软件都面临着如何平衡这一对相互矛盾的需求。”① 从这个角度出发，似乎对杀毒软件存在的技术过失应抱有宽容之心，以免因苛刻的法律归责而扼杀技术的进步，不过笔者更想从另一个角度看这个问题。

---

① 《诺顿“误杀门”凸显测试的价值》，载 51 软件测试网，http：//www.51testing.com/html/01/n-65701.html（最近访问时间 2023 年 2 月 15 日）。

（1）杀毒软件提供的是公共安全服务，应当与一般的产品服务相区分

杀毒软件不同于其他的软件产品，它在性质上具有公共安全产品的性质。另外，杀毒软件针对的领域也是网络公共安全领域。在互联网络整体安全形势不容乐观的背景下，杀毒软件已经成为用户电脑中的强制性配置了。用户电脑的安全，除依赖于自身谨慎使用外，更多依赖于杀毒软件的性能。单个地看，用户与杀毒软件提供商之间是普通的民事合同关系，杀毒软件提供商提供的不过是普通的软件产品，如果软件本身出现瑕疵或其他质量问题，则软件提供商要负担相应的侵权责任。也就是说，孤立地看，杀毒软件提供商只具有民事上的风险和义务。但是换个角度，杀毒软件服务的是用户的电脑安全和信息安全，成千上万个用户的集合共同构筑了互联网的公共安全和信息安全，从而使杀毒软件被赋予公共产品的性质，这将它与一般的软件产品相区分；杀毒软件提供公共安全服务，这将它与一般的产品服务相区分。公共安全服务是公共服务的一种，它具有基础性、广泛性、迫切性和可行性的特点，网络安全服务显然是非传统的公共安全服务，但是它和提供水、电、气、交通一样，满足的是个人的基本需求。网络公共安全服务本是政府的责任，杀毒软件为实现自己的商业利益而介入这一领域，那么在享受巨大经济利益的同时，也应当承担相应的义务，甚至在其可承受范围内，承受更重的义务。

这里需要明确几点：①“技术无能”不是“技术过失”。杀毒软件是高度的技术密集型产品，即使在杀毒软件行业内，不同产品在性能上也会有高低之分。也许有人会产生疑问，如果让杀毒软件对严重的技术过失承担责任，那么技术水平低下的杀毒软件是否也要承担刑事责任，因为杀不出毒和杀毒过度对电脑安全的损害在后果上是一致的？对此笔者认为，“技术无能”不是技术过失，“技术无能”表明软件厂商限于自身的技术条件而无法达到用户期许的程度，这超过了软件厂商的能力范畴，但是“技术无能”绝不意味着软件功能的缺失，作为一款杀毒软件，应当认定其符合本行业的相应技术规格，功能低下的软件自然会通过市场的竞争机制而淘汰出局。技术无能具有被动性而技术过失则具有主动性。②技术应用不等同于技术创新。技术发明创造活动是一项高风险的事业，人类的每一次技术进步的背后都留下了无数失败的足迹，也许有人会产生疑问，如果对技术活动过于不宽容，是否会扼杀技术创新的因子？笔

者认为，应当注意“技术应用”和“技术创新”的区别。技术创新是对技术的探索性、开创性活动，必然存在大量的不确定性；而技术应用则是对已经相对成熟的技术的重复利用，该项技术的风险本该是经过多次检验并相对定型的，因而法律对技术应用和技术创新的宽容程度显然是不相同的，技术过失处罚的意义正在于令其合理利用技术。杀毒软件行业属于技术应用行为，它不属于网络和信息技术的基础创新活动。

如何更加有效保障国家重点部门信息安全的议题再一次提上相关部门的议事日程。如前所述，杀毒软件自身已经成为“风险软件”，杀毒软件成为新的网络致险源，有些情况下它的危害甚至超过了普通的病毒和木马。笔者认为，设定杀毒软件服务商对其软件产品的监督审查义务，尤其是对软件病毒库有效性和安全性的检测义务，应当作为杀毒软件提供商的注意义务的具体内容，以此建构互联网安全服务领域里的过失责任。

（2）余论：基于“特殊目的”的误杀不再是误杀

据媒体报道，某行业内人士对记者称，在杀毒软件领域，“有杀毒厂商在故意误杀，因为用户通常以为杀出来的病毒越多，杀毒软件就越有效，这里面当然有误解，可是厂商们会利用这一点，如把一些似是而非的程序也放进‘黑名单’，其中有的是为了炒作出名，有的是冒着误杀风险扩充杀毒结果列表”。①

“故意误杀”在杀毒软件行业里似乎已经成为行业潜规则，误杀一般是杀毒软件提供商基于竞争和宣传的策略而使用，也就是说误杀只是它们的一个商业运作手段。笔者认为，基于商业目的的技术过失已经不再是过失了，而是刑法中规定的间接故意，即明知自己的行为可能发生危害社会的后果而放任结果的发生，这种行为已经不是过失责任理论能评价的，它涉嫌触犯刑法第 286 条的破坏计算机信息系统罪。如果仅仅是为了扩充杀毒软件病毒库的数量而没有造成严重的后果，似乎也没有必要对此大惊小怪。此类以用户的电脑信息安全风险为代价而进行的商业行为，至少在道德上是存在瑕疵的。

2. 刑法理论上的回应：过失责任的扩张

历史地看，技术的发展和进步给人类社会带来巨大的福祉，但在技术应用日益烦琐和复杂的现代社会，技术应用的风险明显加大了。技术在造福人类的

---

① 《趋势科技掌门曝行业内幕：有杀毒厂商在故意误杀》，载《北京晨报》2007 年 7 月 12 日。

同时，带来了不可避免的副作用。“按照热力学第二定律，把从单一热源吸收的热量完全变成有用功而不产生其他影响的机器是不存在的，因而没有绝对安全的和100%的技术，任何技术的效率都不可能达到100%。换言之，没有不产生副作用的技术。”① 既然技术应用的风险在客观上不能克服，通过一定的社会手段将其控制在一定的范围和幅度内就成为更为现实的选择，技术风险的克制自然离不开过失责任理论。前苏联刑法理论曾经把过失犯罪分为四个基本类型：（1）日常生活中的过失；（2）技术上的过失；（3）职业上的过失；（4）职务上的过失。② 前苏联学者进一步认为，技术条件下的过失包括两种：无知过失和意志疏忽，即在现代科技条件下，一个人从事着具有危险性的工作，却缺乏职业修养，他就应当对由于自己的轻率而造成的危害后果负责，这种情况不是疏忽大意，而是一种特殊形式的过失——“无知过失”。而“意志疏忽”是指主体处于危险条件下需要采取正确决策防止危害结果的发生，他有义务并且有找到这种正确制止危害结果发生的主观可能性，但他没有找到或者没能实施，这种情况不是过于自信，也不是疏忽大意，而是由于现代科技导致极其异常而紧张的条件增多，致使意志发生紊乱，属“意志疏忽”。③“无知过失”和“意志疏忽”是否存在，换句话说技术条件下的过失是否具有不同于一般过失的心理条件，恐怕并非三言两语能说明白，但是，这也提示我们在现代技术条件下人的心理负荷与心理结构都将不同于以往，此类心理结构的变化当然会引起刑法评价基点的转移。

过失责任的两大要素即注意义务和注意能力，注意义务属于过失责任的规范要素，注意能力为过失责任的心理要素，两者共同构成犯罪过失的责任要素。④ 我国刑法关于注意能力和注意义务的关系体现在“应当预见”中，“应当预见”包括行为人具有预见能力和预见义务，预见义务自然是注意义务的重要内容。关于注意义务和注意能力的关系，理论上不无分歧，限于篇幅笔者不

---

① 王立新、陈凡：《论技术异化的二重性影响》，载《辽宁大学学报》2008年第2期。

② ［苏］戈列利克等：《在科技革命条件下如何打击犯罪》，王常青、毛树智译，群众出版社1984年版，第113页。

③ ［苏］戈列利克等：《在科技革命条件下如何打击犯罪》，王常青、毛树智译，群众出版社1984年版，第105页。

④ 廖正豪：《过失犯论》，台北三民书局1990年版，第99页。

再展开，不过笔者支持以下的观点，“注意义务的有无并不取决于注意能力的有无，有注意能力并不一定负有注意义务，有注意义务并不一定就有注意能力。注意能力和注意义务对认定犯罪过失具有不同的作用”，[①]“注意义务是从客观的意义上提供应当避免的法律标准，而注意能力则是从主观的意义上提供应当预见或避免的事实根据”。[②]

笔者认为，对于网络空间中的技术过失责任的设定，既应当兼顾传统理论的延续性，又应当适应打击网络犯罪的现实需求，尤其是适应网络空间中“人—网”异化给过失责任的心理事实要素和规范要素的冲击。

在心理事实要素方面，由于网络空间中人的能力发展的一般非均衡性、人的行动能力的非制约性以及人的结果控制能力的非可控性等因素的存在，人的预见能力和控制能力都较传统空间减弱，由此导致过失风险的概率增加，因此注意能力应当以社会一般人或平均人的注意能力为标准，凡是社会一般人有能力预见到的，则推定网络参与者也能够预见到。如果特定网络领域内的注意能力更高的，则以其为准。这样做的道理很简单，为了抑制网络技术过失风险的日益增加，通过注意能力的法律推定发挥法律的规范机能，迫使网络参与者自觉纠正能力发展的一般非均衡性，对其行为结果尽更大的谨慎和注意义务，使其注意能力向社会主流水平靠拢。

在规范要素方面，则是结果避免义务的扩大。过失责任以注意义务为中心，而新过失论下的注意义务又以结果避免义务为核心，网络空间中的技术过失，仍应以新过失论为主，并且继续扩大主体的结果避免义务。其理由在于，在网络空间技术日益成为标定主体行动能力和地位的标准，基于技术的权力性，掌握优势技术的网络主体开始由“权利主体”异化为“权力主体”，为了平衡网络主体间地位的分化，兼顾一般网络参与者的利益需求，有必要对“权力主体”设定更高的义务门槛，扩大技术过失主体的结果避免义务，防止其滥用自己的优势地位。笔者认为，网络技术过失责任中的注意义务的法定化和扩大化应当是今后网络过失责任关注的重点。

网络背景下的技术过失责任所体现的深层次问题是：技术过失风险与现代

---

① 刘志伟、聂立泽主编：《业务过失犯罪比较研究》，法律出版社2004年版，第61页。
② 陈兴良：《刑法适用总论（上卷）》，法律出版社1999年版，第180页。

法律规则之间的紧张关系。对照本章第一部分我们会发现，技术与法律之间的紧张关系贯穿了过失理论发展的始终。从两者的互动看，笔者认为，旧过失论是手工技术和农业技术下的法律产物，反映了当时简洁、明快、相对稳定的社会关系；而新过失论则是机械与电气技术时代的法律产物，新过失论将注意义务评价的中心由“结果预见”后置为“结果避免”的同时，将过失责任的基点由“过失后果”前移为“过失行为”，这反映了现代工业条件下人们对技术应用的法律焦虑；新新过失论的畏惧感说终于将这种焦虑推向了一个顶端，体现了法律对技术的不信任感，[①] 同时也是对技术宽容潮流的一个“法律反动”。人类社会现在又进入了信息化的时代，无论是技术成熟度还是社会化程度，信息和网络技术都远远超过了以往的技术形态，那么在信息技术和网络技术下，过失责任理论又该何去何从呢？这个命题或许过于重大而笔者无力解决，本章内容仅作为抛砖引玉之作，愿以此引起学界同行的关注和兴趣。

---

① 新过失论中的信赖利益原则的提出，实际上恰恰体现了法律对技术的不信任感，容许风险理论的提出，也表明某种技术风险是不容许的。

第十章 网络犯罪案件的行刑衔接机制研究

网络犯罪和网络安全对传统法律体系的冲击与挑战，不仅体现在实体方面，也体现在程序、执法体制和机制等方面。执法机制的滞后，也会削弱刑法在治理网络犯罪、维护网络安全方面的机能。故本章专门讨论网络犯罪案件的行刑衔接机制问题。行刑衔接是横跨行政执法与刑事司法的综合性制度机制，也是行政执法体制改革的重要环节。① 2001 年 7 月，国务院颁布《行政执法机关移送涉嫌犯罪案件的规定》，首次以行政法规的形式明确了行刑衔接的程序规范。② 2020 年国务院对上述规定作了修订，2021 年，全国人大常委会对《行政处罚法》修订时，也将行刑衔接作为重要亮点，③ 除此之外，在诸如食品、药品等监管执法领域，相关规范性文件不但数量繁多而且也切实推动了行刑衔接机制的实现。④ 但是笔者也注意到，相对于传统执法领域对“行刑衔接”步履稳健的探索，在网络信息内容监管执法领域（以下简称“网信监管执法领域”），行刑衔接缺乏系统性、专门性的法律规范。随着信息网络的深度社会化，网络已经成为对社会生活最具穿透性、颠覆性的实践场域，网络领域具有强烈的执法需求和巨大的监管挑战，网信监管执法又是践行互联网法治化的重要场域，行刑衔接制度理应得到更充分重视。那么，在国家已有行刑衔接的基本行政规范的前提下，为什么网信监管执法领域没有充分开展行刑衔接呢？其

---

① 张伟珂：《食品安全行刑衔接机制的理论与实践》，法律出版社 2017 年版，第 24 页。

② 杨寅：《论我国食品安全领域的行刑衔接制度》，载《法学评论》2021 年第 3 期。

③ 新的《行政处罚法》第 27 条规定：“违法行为涉嫌犯罪的，行政机关应当及时将案件移送司法机关，依法追究刑事责任。对依法不需要追究刑事责任或者免予刑事处罚，但应当给予行政处罚的，司法机关应当及时将案件移送有关行政机关。行政处罚实施机关与司法机关之间应当加强协调配合，建立健全案件移送制度，加强证据材料移交、接收衔接，完善案件处理信息通报机制。”

④ 2015 年修正的《食品安全法》第 121 条首次以法律形式明确了行政执法机关与刑事司法机关的行刑衔接制度，这是将食品管理领域行刑衔接的多年实践经验上升为法律规定的水到渠成之举，并成为行刑衔接领域的范本性法律规定。全国人大常委会分别于 2018 年和 2021 年对本法作了两次新的修改，但本法第 121 条的表述未作任何更改。

症结究竟是网信监管执法人员懒政、惰政，还是有其他更深层次的结构性、机制性问题？对于前者，可能只要下发一纸文件并加强督导就能迎刃而解了；对于后者，原因是什么，该如何解决？或者说，网信监管执法机关和刑事司法机关是“不欲”还是“不能”呢，抑或二者兼而有之？笔者认为，网信监管执法领域的行刑衔接的价值功能，涉及不同性质权力的边界、部门利益的冲突与碰撞、权力的配合与制约等问题，而其运行的实效同样也是网络社会治理体系和治理能力现代化的重要指标。鉴于此，本章通过揭示网信监管执法领域行刑衔接的主要实践困境并分析造成这种困境的症结，进而提出完善网信监管执法领域行刑衔接的初步制度构想，以求裨益于理论和实践。当然，本章并非试图探索完善网信监管执法领域行刑衔接的所有机制与元素，只希望抛砖引玉，引起学界对该问题的重视和关注。

一、网信监管执法领域行刑衔接的结构框架与运行特点

互联网以其庞大的产业规模、旺盛的创新力量、强劲的辐射效应，已成为推动经济社会发展的重要力量以及战略性的国家基础设施。所谓“未来已来，智能已能”，[①] 网信监管体系是网络运行和发展的重要保障性力量，网信监管领域的行刑衔接制度是网信大监管体制的重要组成部分，是连接行政执法与刑事司法的纽带。

（一）网信监管执法领域行刑衔接的结构框架

行刑衔接从直观上看是行政执法与刑事司法之间的衔接与沟通机制，其本质牵涉到不同性质的权力部门之间的权力配置问题，因此对行刑衔接制度的研究，应当放置于权力运作体系的总体框架中，否则容易限于“只见树木不见森林”的障目中。从系统论的思维看，系统是由大大小小的元素组成的子系统以及子系统之间的有机连接的整体，系统内部各要素的相互运动与反馈机制推动系统生成发展。网信监管执法领域的行刑衔接制度，由内外两个结构体系组成，内部体系包括线索发现、案件移送、信息共享、证据标准、监督反馈等一

① 郭旨龙：《中国刑法何以预防人工智能犯罪》，载《当代法学》2020 年第 2 期。

系列流程和机制，外部体系则是由法律规范体系、法律责任体系、衔接主体体系等共同构成的层层嵌套式的权力体系，行刑衔接机制就在这样的结构框架下运行。

网信监管执法领域的行刑衔接的法律规范体系，分为《行政处罚法》、相关行政法规、有关法律文件和司法解释等与其他领域“共用”的规范性文件，以及专属于网信监管执法领域的规范性文件两部分。2000 年 10 月，国务院首次提出“行刑衔接”的问题，[①] 2001 年 4 月，国务院颁布《关于整顿和规范市场经济秩序的决定》，提出了行刑衔接的相互协作机制，[②] 2001 年 7 月，国务院颁布《行政执法机关移送涉嫌犯罪案件的规定》，该规定首次以行政法规的形式明确了行刑衔接的程序规范，并于 2020 年 8 月修订。2006 年 1 月，最高人民检察院、公安部等部门联合发布了《关于在行政执法中及时移送涉嫌犯罪案件的意见》。2011 年 2 月，《关于加强行政执法与刑事司法衔接工作的意见》更进一步提出了行刑衔接的联合会议制度、案件咨询制度、检察监督制度等，被认为是行刑衔接制度的初步完善。[③] 党的十八大以来，行刑衔接制度被视为深化行政执法体制改革、推进国家治理体系和治理能力现代化的重要环节，因而被再次强化和重视。党的十八届三中全会《中共中央关于全面深化改革若干重大问题的决定》提出要“完善行政执法与刑事司法衔接机制”，党的十八届四中全会《中共中央关于全面推进依法治国若干重大问题的决定》则进一步支持要“健全行政执法和刑事司法衔接机制，完善案件移送标准和程序，……实现行政处罚和刑事处罚无缝对接”。2015 年 12 月，中共中央、国务院印发的《法治政府建设实施纲要（2015—2020 年）》中再次强调了“健全行政执法和刑事司法衔接机制”。以上述行刑衔接制度的发展历程对比网信监管执法领域的行刑衔接制度的话，后者已经大大滞后于国家的应然需求了。

在上位法层面，行刑衔接的主要法律依据是《行政处罚法》和《行政执法机关移送涉嫌犯罪案件的规定》，值得注意的是，《行政处罚法》于 2021 年作

---

① 元明：《行政执法与刑事司法相衔接的理论与实践》，载《人民检察》2011 年第 12 期。

② 张伟珂：《食品安全行刑衔接机制的理论与实践》，法律出版社 2017 年版，第 24 页。

③ 杨寅：《论我国食品安全领域的行刑衔接制度》，载《法学评论》2021 年第 3 期。

了修改，其中行刑衔接的规定也是这次修改的重要亮点，[①]《行政执法机关移送涉嫌犯罪案件的规定》作为国务院制定的行政法规，也于2020年作了修订，两者几乎同步的修订扫清了行刑衔接机制构建的最顶层障碍，不过具体到网信监管执法领域，有关行刑衔接的法律规范还比较稀疏。

在衔接的主体体系方面，网信部门、工信部门、公安部门是网信监管执法领域最主要的三个执法主体。互联网以其庞大的产业规模、旺盛的创新力量、强劲的辐射效应，已成为推动经济社会发展的重要力量以及战略性的国家基础设施。所谓“未来已来，智能已能”，[②] 世界各国纷纷将互联网产业作为促进本国经济发展和进步的支柱型产业，并予以了强力的支持。网信监管权限是国家对网络空间行使权力的重要体现，根本上是国域内的法权问题，因此网信监管是对国家网络空间主权观念的重要支撑。网信监管体制，包括监管主体、监管对象、监管内容、监管依据、监管模式等诸多方面的内容。影响和衡量我国网络监管体制的因素有很多，包括网络监管的领导体制、制度体系、监督主体和对象等网络监管体制自身的因素，以及互联网产业状况、国际国内政治经济背景等外部状态，其中贯穿网络监管体制变革的主要变量就是产业安全和产业发展的矛盾。2014年，我国对网络监管体制进行了新一轮的改革，[③] 2014年2月27日，中央网络安全和信息化委员会成立，该领导小组统筹协调国家各个领域的网络安全和信息化重大问题，并研究制定网络安全和信息化发展战略、宏观规划和重大政策，推动国家安全和信息化法治建设。[④] 2014年8月，国务院发布《关于授权国家互联网信息办公室负责互联网信息内容管理工作的通知》，授权重新组建的国家互联网信息办公室“负责全国互联网信息内容管理工作，并负责监督管理执法”。2017年6月1日生效实施的《网络安全法》第8条第1款规定：“国家网信部门负责统筹协调网络安全工作和相关监督管理工作。国

---

① 例如，新的《行政处罚法》第27条规定：“违法行为涉嫌犯罪的，行政机关应当及时将案件移送司法机关，依法追究刑事责任。对依法不需要追究刑事责任或者免予刑事处罚，但应当给予行政处罚的，司法机关应当及时将案件移送有关行政机关。行政处罚实施机关与司法机关之间应当加强协调配合，建立健全案件移送制度，加强证据材料移交、接收衔接，完善案件处理信息通报机制。”

② 郭旨龙：《中国刑法何以预防人工智能犯罪》，载《当代法学》2020年第2期。

③ 曹诗权：《习近平关于网络安全法治的重要论述研究》，载《公安学研究》2018年第1期。

④ 江薇：《中央网络安全和信息化领导小组成立：从网络大国迈向网络强国》，载新华网，http://news.xinhuanet.com/politics/2014-02/27/c_119538719.htm（最近访问时间2023年4月17日）。

务院电信主管部门、公安部门和其他有关机关依照本法和有关法律、行政法规的规定，在各自职责范围内负责网络安全保护和监督管理工作。”本条规定确立了国家网信部门在网信监管执法领域的“统筹协调”地位，但是，如何“统筹”，怎么“协调”？现有法律包括其他规范性文件并没有作出明确的界定，各网络监管部门之间的权力边界，需要在实际的行政运作中彼此摸索和不断探寻，而这自然会受到国家对网络的整体监管理念的影响。同时，其他相关行政主体在网信监管领域依然有很大的监管权限，它们都是行刑衔接制度不可或缺的重要一环。

以公安机关为例，公安机关的网络监管权限主要是由“一法一规”赋予的，1994 年即中国接入国际互联网的当年，[①] 国务院出台《计算机信息系统安全保护条例》，该条例第 17 条规定：“公安机关对计算机信息系统安全保护工作行使下列监督职权：（一）监督、检查、指导计算机信息系统安全保护工作；（二）查处危害计算机信息系统安全的违法犯罪案件；（三）履行计算机信息系统安全保护工作的其他监督职责。”1995 年颁布的《人民警察法》第 6 条第 12 项规定公安机关人民警察具有“监督管理计算机信息系统的安全保护工作”的职责，另根据 2000 年《全国人大常委会关于维护互联网安全的决定》，以及《刑法》《刑事诉讼法》等相关规定，公安机关拥有网络内容监管的行政执法与刑事司法的双重权限。网信监管领域的另一个重要执法主体是工信部门，其主要执法依据是 2000 年国务院颁布的《电信条例》，2014 年的网信监管体制改革之后，根据《中央编办关于工业和信息化部有关职责和机构调整的通知》（中央编办发〔2015〕17 号），工业和信息化部将信息化推进、网络信息安全协调等职责划给国家网信办。即使如此，基于电信业在信息网络产业中的基础地位，工信部门作为对全国电信业实施监督管理的主责机关，在网信监管执法领域的地位依然不可小觑。在实际的行刑衔接运作中，这三个机关需要相互协作、分工配合，然而由于网络发展的快捷与迅猛，新型经济业务和商业模式不断涌现，[②] 网信监管体制经历多轮改革和频繁微调，每一次调整都要经历权责

---

① 李怀胜：《三代网络环境下网络犯罪的时代演变及其立法展望》，载《法学论坛》2015 年第 4 期。

② 马长山：《智慧社会建设中的“众创”式制度变革——基于“网约车”合法化进程的法理学分析》，载《中国社会科学》2019 年第 4 期。

分工的重新厘定和行政适应，因此实在无暇过多关注行刑衔接的课题。

如图 1 所示，在这套各要素有序排列，各系统规范运行的结构框架中，行刑衔接制度为行政执法主体和刑事司法主体建立了桥梁，沟通了行政责任体系和刑事责任体系，承接了法律法规体系和运行机制体系，处于中轴线的地位。

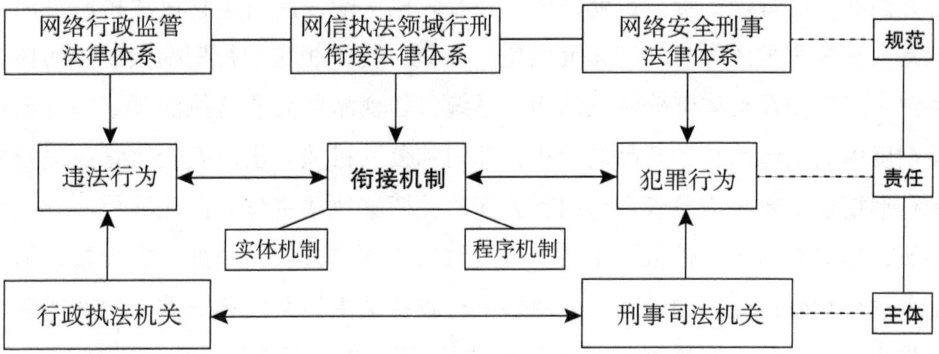

图 1 网信监管执法领域行刑衔接的结构框架

（二）网信监管执法领域行刑衔接的运行特点

1. 网信监管执法领域行刑衔接运行的主体特性：多元共生

网信监管执法体制历经多轮改革，目前已经确立了网信部门在互联网内容监管领域的统筹协调地位，但是“管理分散的局面并没有得到明显改善，各个分管的部门也没有放弃对其领域互联网信息内容的管理”。[①] 仿效纪检监察领域从多主体共治到合力共治的历程或许是解决的出路，[②] 但这意味着执法体制的根本性重构，恐怕短时间内难以实现。例如，《互联网信息服务管理办法》（2011 年修订）第 18 条规定：“国务院信息产业主管部门和省、自治区、直辖市电信管理机构，依法对互联网信息服务实施监督管理。新闻、出版、教育、卫生、药品监督管理、工商行政管理和公安、国家安全等有关主管部门，在各自职责范围内依法对互联网信息内容实施监督管理。”《广告法》第 6 条第 1 款规定：“国务院市场监督管理部门主管全国的广告监督管理工作，国务院有关

① 付士成、郭婧滢：《社交媒体治理视角下的互联网法律监管与行业自治》，载《天津法学》2017 年第 3 期。

② 刘艳红：《〈监察法〉与其他规范衔接的基本问题研究》，载《法学论坛》2019 年第 1 期。

部门在各自的职责范围内负责广告管理相关工作。”原国家工商行政管理总局2016年颁布了《互联网广告管理暂行办法》（原国家工商行政管理总局令第87号），明确了对互联网广告监管的具体权限、违法后果等。对于网络文化市场的监督管理和行政执法，包括网络游戏等，由国务院文化和旅游主管部门依法行使监管权力。这些机关在各自专业领域行使行政监管权力时，均具有网络内容方面的监督管理职责。也就是说，在行政执法端，网信监管执法领域目前依然是众多执法主体参与的“多元共生”系统。传统领域的行刑衔接制度的核心主体一般只涉及具体细分领域的两个系统，如食品药品监管执法领域的行刑衔接制度中的主体为食品药品监管执法部门和公安机关。生产安全监管执法领域的行刑衔接主要是应急管理部门和公安机关两家执法主体。而在网信监管执法领域，尽管相当多案件依然是某个行政执法主体和公安机关的双方衔接，但是随着联合行政执法现象的增多，由多个行政执法主体共同移送涉嫌犯罪线索的案件也开始出现。在这种情况下，谁“主攻”谁“配合”，不仅是权责划分，还是政绩分配，而且衔接是需要成本的，行刑衔接参与的主体数量越少，其沟通成本也就越低，协作效率就会越高，有效运行的可能性就越高，反之可能性就会越低。

2. 网信监管执法领域行刑衔接运行的面向场域：广域复杂

依靠信息技术堆叠出来的网络空间，相当于再造了人类活动的新场域，催生了人类实践的新空间，一个网上网下联动的“双层社会”已经形成。网络行为是现实活动的映射，但是网络空间又不完全是现实空间的“镜像”，过去是一些行为延伸到网络空间，而现在很多行为首先发生于网络世界，再对现实社会产生影响，[①] 还需要看到，自“二战”以来，信息技术和互联网的发明与广泛运用，包括最近十余年方兴未艾的云计算、大数据、物联网、金融科技与其他数字技术，开始型构人类社会的基本关系网络和组织形态。以网络为代表的现代科学技术的不断发展和深度社会化，正在全方位地改变着人类的社会面貌和生活，技术成为新的社会范式。在此背景下，一种新的经济形态——数字经济应运而生。传统经济形态中，凡是生产要素可以“数字化”“信息化”的，

① 在自媒体时代，很多新闻热点事件首先出现于网络空间，再向现实社会延伸，一些传统媒体不在日常生活中寻找新闻，而热衷于从网络空间“搬运”新闻。

都在向网络空间平移，即使所谓的重资产部门，如民宿业等，也出现了“共享住宿”等新经济业态。网络执法涉及网络安全、个人信息保护、电子政务、电子商务、网络传播、未成年人保护等多个大类，每个大类又可以细分为众多小类。网络行为、网络主体（包括参与主体和执法主体）的复杂多样性，相当于网信监管执法领域的行刑衔接制度是传统行政执法领域的行刑衔接制度的复合体。现实执法领域的行刑衔接机制尚未完全理顺，又增加了“网络环境”这一新的变量。

以上是从行刑衔接的行政执法端进行的分析，如果从行刑衔接的刑事司法端分析的话，情况也不容乐观。正因为网络执法涉及领域广泛，因而它涵盖了刑法的多数罪名条款。根据 2022 年《最高人民法院、最高人民检察院、公安部关于办理网络犯罪案件适用刑事诉讼程序若干问题的意见》第 1 条规定，网络犯罪案件包括三种类型，分别是：（1）危害计算机信息系统安全犯罪案件；（2）拒不履行信息网络安全管理义务、非法利用信息网络、帮助信息网络犯罪活动的犯罪案件；（3）主要行为通过信息网络实施的诈骗、赌博、侵犯公民个人信息等其他犯罪案件。2021 年《人民检察院办理网络犯罪案件规定》第 2 条规定：“本规定所称网络犯罪是指针对信息网络实施的犯罪，利用信息网络实施的犯罪，以及其他上下游关联犯罪。”结合上述两个司法解释，网络犯罪实际上是包含了所有涉网因素的犯罪。传统行政执法领域的行刑衔接，主要在行政刑法语境下进行，[①] 刑法中行政犯的大量存在是行刑衔接存在的重要规范基础，而网络信息内容管理体制的多元切割，导致大量的自然犯罪也成为行刑衔接的对象，并且传统行政执法领域往往仅涉及刑法的一小群或者一小类犯罪，如药品犯罪领域的行刑衔接只对应刑法典中的三五个罪名，[②] 而网络犯罪领域的行刑衔接，理论上可以涵摄刑法的多数罪名，具有“广域复杂”的特征。

---

① 周佑勇、刘艳红：《行政执法与刑事司法相衔接的程序机制研究》，载《东南大学学报》2008 年第 1 期。

② 梅传强：《危害药品安全犯罪的最新修订及其适用研究》，载《当代法学》2021 年第 5 期。

二、网信监管执法领域行刑衔接的实践困境与主要成因

（一）网信监管执法领域行刑衔接的实践困境

1. 行政执法向刑事司法的转化率偏低

行刑衔接的逻辑起点是发现涉嫌犯罪的事实。《行政处罚法》第 8 条第 2 款规定："违法行为构成犯罪，应当依法追究刑事责任的，不得以行政处罚代替刑事处罚。"《行政执法机关移送涉嫌犯罪案件的规定》第 3 条也规定："行政执法机关在依法查处违法行为过程中，发现违法事实涉及的金额、违法事实的情节、违法事实造成的后果等，根据刑法……涉嫌构成犯罪，依法需要追究刑事责任的，必须依照本规定向公安机关移送。"网信监管执法领域的各执法机关发现犯罪事实的渠道包括日常执法中发现的线索以及受理的举报线索，其中后者数量尤其庞大。目前几乎所有的网信监管执法主体都利用互联网平台或者广电媒介建立了各类网络违法犯罪的举报渠道，如工信部门建立了"违法和不良信息举报中心"，国务院新闻发布部门建立了"网络监控中心"，公安部门建立了"网络违法案件举报中心"，广电部门建立了"信息网络视听节目监管中心"，此外各地的网信部门和公安网络安全执法监察部门（以下简称"网安部门"）也会要求属地管辖的网站在醒目位置设置举报链接或者举报标识。[①] 通过各类网络举报平台，涉嫌违法犯罪的案件线索铺天盖地而来。在 2020 年上半年开展的"扫黄打非"专项行动中，全国"扫黄打非"办公室举报中心累计受理举报信息 14 万多件（条），举报数量较 2019 年同期上涨约 11%。其中举报淫秽色情信息问题 12.8 万余条，举报非法出版及非法宗教出版物等问题 5502 条、侵权盗版问题 4819 条、假媒体假记者站问题 1274 条。上述线索中，累计形成刑事案件 24 起、行政案件 27 起。[②] 转化为行政案件和刑事案件

---

① 2021 年 12 月 1 日，笔者在新浪网（网址：www.sina.com.cn）主页下方查询到了"中国互联网举报中心""网络 110 报警服务""北京文化市场举报热线"等九个举报链接。也就是说，所有与之相关的属地监管部门都要求新浪网设置相应的违法犯罪线索举报链接，至于这些举报链接之间是否重复，以及举报信息是否共享，似乎无人关心。

② 《上半年全国"扫黄打非"办受理举报 14 万件、发放举报奖金 103 万元》，载中国网信网，http://www.cac.gov.cn/2020-07/14/c_1596282375324305.htm（最近访问时间 2023 年 4 月 17 日）。

一共有51起。

那么是不是因为刑事立案标准过高，将大量案件线索挡在刑事法网之外呢？根据2004年《最高人民法院、最高人民检察院关于办理利用互联网、移动通讯终端、声讯台制作、复制、出版、贩卖、传播淫秽电子信息刑事案件具体应用法律若干问题的解释》第1条的规定，制作、复制、出版、贩卖、传播淫秽电影、表演、动画等视频文件20个以上，音频文件100个以上，图片等信息200件以上，或者实际被点击数1万次以上，注册会员数200人以上，违法所得1万元以上的，都可以构成制作、复制、出版、贩卖、传播淫秽物品牟利罪。就网络传播淫秽信息的犯罪现状而言，上述入罪标准并不高。

线索转化率低，并不等于网络犯罪数量少。信息技术所改变的，不仅是社会结构和经济体制，社会治理技术的提升会对犯罪造成同步影响，在街面犯罪大幅度减少的同时，网络犯罪却进入高位增长态势。2021年4月最高人民检察院披露的数据显示，“2020年全国检察机关起诉涉嫌网络犯罪（含利用网络和利用电信实施的犯罪及其上下游关联犯罪）14.2万人，同比上升47.9%”。[①]

从公安机关的角度看，行刑衔接主要有两种模式，一是公安机关与其他网信监管执法机关的行刑衔接，这可以称为“外部衔接”；二是公安机关内部不同警种、职能部门之间的行刑衔接，这可以称为“内部衔接”。公安机关内设的网安部门负责非法侵入计算机信息系统罪等15类主要的网络犯罪的侦查工作，必要时请求其他部门配合。其他部门的主侦案件需要网安部门配合的，网安部门会予以协助。公安机关办理网络犯罪案件的内部衔接机制相对来说运转还算流畅，而针对外部衔接，笔者调研发现一些地方公安机关办理的网络犯罪案件线索主要是以下几类：现发案件留下的线索、上级有关部门交办案件、网络巡查自行发现的案件线索、网络安全公司提供的线索等，但来自网信等其他行政执法部门的案件线索相对较少。

2. 行政执法能力与行刑衔接的应然需求不匹配

实现网信监管执法领域的行刑衔接，对执法人员的业务素质和专业能力的要求比较高，要求网信监管执法人员不但了解行政执法的实体与程序性规范，也要对刑事司法程序和刑法知识有足够的了解。行政执法人员在行政执法过程

① 戴佳：《检察机关去年起诉涉嫌网络犯罪14.2万人》，载《检察日报》2021年4月8日。

中，对于案件是否可能构成犯罪要有足够的预判力，一旦案件可能构成犯罪，就需要直接按照刑事司法程序的电子证据取证流程来进行取证，否则可能会丧失刑事取证的最佳时机，事后补证往往造成数据的残缺与不足，并给刑事诉讼程序造成极大隐患。尽管行政案件中的证据在刑事案件中需要进行转化，[①] 但行政机关也有义务提升证据取证的标准化，尽量降低转化的难度。

（二）造成上述困境的主要原因

对照网信监管执法领域行刑衔接的结构框架，笔者认为，造成目前运行困境的主要原因体现在以下三个方面：一是在法律规范层面，缺乏有针对性的规范体系，目前规范的权威性不足；二是在法律责任层面，网信行政责任体系的特征，降低了刑法介入的政策需求，各主体之间缺乏行刑衔接的政策意愿；三是在运行机制方面，缺乏实操性的规范，缺乏有效的制度激励和监督措施。

1. 强制力不足：缺乏有针对性的法律规范体系

前文提到，尽管有《行政处罚法》等上位法的支撑，但具体到网信监管执法领域，有关行刑衔接的法律规范还比较稀疏。作为网信监管领域的部门主干法，《网络安全法》对行刑衔接制度缺乏足够的关注。比如，《网络安全法》第 14 条第 1 款规定："任何个人和组织有权对危害网络安全的行为向网信、电信、公安等部门举报。收到举报的部门应当及时依法作出处理；不属于本部门职责的，应当及时移送有权处理的部门。"也就是说，任何公民和组织对于危害网络安全、扰乱社会秩序、侵害他人利益的网络信息与言论，均有向有关部门投诉和举报的权利。《网络安全法》第 14 条实际上明确了"行刑衔接"与"行行衔接"两类衔接机制，对于涉嫌网络违法行为的，由收到举报线索的部门移交其他有权处理的部门调查，并视情况予以行政处罚，如果案件线索涉嫌犯罪行为的，则移交给公安机关进行初查或者立案侦查，但该规定过于笼统，法律可操作性不强。

在部门规章层面，国家互联网信息办公室颁布的《网信部门行政执法程序规定》第 14 条规定："网信部门发现案件属于其他行政机关管辖的，应当依法

① 田宏杰：《知识转型与教义坚守：行政刑法几个基本问题研究》，载《政法论坛》2018 年第 5 期。

移送有关行政机关。网信部门发现违法行为涉嫌犯罪的，应当及时将案件移送司法机关。司法机关决定立案的，网信部门应当及时办结移交手续。网信部门应当与司法机关加强协调配合，建立健全案件移送制度，加强证据材料移交、接收衔接，完善案件处理信息通报机制。”该条明确了网信部门在网络内容管理执法过程中行刑衔接的启动事由以及决定主体。关于证据移送，依照2011年中央办公厅转发的《关于加强行政执法与刑事司法衔接工作的意见》（中办发〔2011〕8号），“行政执法机关向公安机关移送涉嫌犯罪案件，应当移交案件的全部材料，同时将案件移送书及有关材料目录抄送人民检察院”。有的学者认为，《国务院行政执法机关移送涉嫌犯罪的规定》与《关于加强行政执法与刑事司法衔接工作的意见》（中办发〔2011〕8号）在移送材料的规定方面存在差异，《国务院行政执法机关移送涉嫌犯罪的规定》采用了“两步法”移送，即对涉案线索先期移送，待公安机关立案后再移送其余材料，而《关于加强行政执法与刑事司法衔接工作的意见》（中办发〔2011〕8号）则采取了“一步法”移送，即在移交涉案线索时同步移交所有的案件材料，① 但是笔者认为，两部规范性文件在材料移交方面并没有本质性的差异。从司法实践的情况来看，行政执法机关先期将涉案的所有证据材料和物品清单移交给公安机关，以便于公安机关全面、充分了解案情，作出更准确的判断，但是对于一些实物证据，以及扣押的涉案物品，则在公安机关正式立案之后再进行移交，这样既保证了灵活性，又能很好应对公安机关审查之后认为不符合立案条件的“程序反转”。

在部门规章层面，网信监管执法领域的行刑衔接制度距离制度设计的应然需求还差很远。一方面，网信监管执法领域的实际执法主体并不限于网信部门、工信部门和公安部门，包括广电、市场监管、文旅等部门基于各自权限，都有相关的网络信息内容执法资格，而《互联网信息内容管理行政执法程序规定》作为部门规章，只对网信部门具有约束力，② 而无法涵摄到其他网信监管主体。另一方面，即使是《网信部门行政执法程序规定》，行刑衔接的规定也

① 金昌伟：《食品安全案件"行刑衔接"程序机制的审视与重构》，载《法律适用》2017年第9期。

② 当前涉及互联网信息内容治理的法律法规较为分散，没有综合性强的统一和专门性法律，一定程度上降低了监管执法的权威。参见刘少华、陈荣昌：《互联网信息内容监管执法的难题及其破解》，载《中国行政管理》2018年第12期。

是相当粗疏的，诸如信息共享、证据转化、监督执法等在食品、药品领域中行之有效且稳定运行的行刑衔接制度，[①] 在网信监管执法领域中都还相当简陋。整体来看，网信监管执法领域的行刑衔接制度尚处于初创状态。

2. 推动力不足：闭环的行政责任体系

网信监管执法领域的案件能够变相分流，其根源在于闭合性的行政责任体系。在传统的行政执法领域，司法机关可以采用的执法工具有限。在网络空间中，为了适应网络新型业态和技术迭代的监管需求，网络监管发展出了一套新的监管工具箱，包括约谈、[②] 暂停相关业务、停止传输、吊销许可证、下架应用程序、关闭网站等新型监管工具被广泛运用于网信内容监管领域。[③] 以上措施和警告、罚款等措施一道组成了网信监管执法领域的执法金字塔，只是相关权力分散在不同部门中。根据《电信条例》（2016 年修订）的规定，停业整顿由电信管理机构作出（《电信条例》第 74 条），吊销电信业务经营许可证的处罚由原发证机关作出（《电信条例》第 77 条），也就是说，网信部门虽然是网络内容监管机关和网络安全的统筹协调机关（《网络安全法》第 8 条），网络信息监管中最严厉的关闭网站等制裁手段，却需要由通信管理部门决定。互联网信息内容具有的跨界性、复杂性等特征，需要执法部门最大可能凝聚多元力量、整合多种资源进行治理。[④] 由于监管工具的严肃性与监管结果的时效性之间的制度张力客观存在，为了缓解监管合法性与监管内容控制的灵活性之间的矛盾，网信部门通常采用约谈这种柔性执法手段作为日常监管的主要手段，而只有在定期或者不定期的联合性运动执法中，才会集中调度网信、工商、公安、工信等各类行政主体的执法力量，进而调动监管工具箱中的重武器作出关停网站等处罚，一般情况下不再考虑进行刑事司法的移送。从制度起源看，行刑衔接制度最初是为解决行政执法领域的执法不严、有罪不究、打击不力的现象，是为强化法律的权威性和执行力而推动的，而在网络空间中，应用下架、

① 食品安全领域的行刑衔接制度是由《食品安全法》，以及 2015 年国家食品药品监管总局、公安部、最高人民法院、最高人民检察院、国务院食品安全办联合印发的《食品药品行政执法与刑事司法衔接工作办法》等构成的。

② 周泽中：《行政约谈的规制功能及其法治约束》，载《学习论坛》2019 年第 12 期。

③ 崔俊杰：《互联网信息内容监管工具的实证分析与法治完善》，载《中国行政管理》2020 年第 9 期。

④ 刘少华、陈荣昌：《互联网信息内容监管执法的难题及其破解》，载《中国行政管理》2018 年第 12 期。

关闭网站等“硬核”执法手段的严厉性实际上超过了作为刑罚手段的“罚金”。据此，网信监管执法机关可以实现对行政违法主体从业资格的永久性禁止和剥夺，上述责任类型已可实现处罚闭环，网信监管执法机关没有强烈的政策意愿将案件移送给司法机关。

3. 执行力不足：监督措施与激励措施的双重匮乏

行刑衔接的程序机制是行刑衔接的发力点和着力点，也是行刑衔接的传送带，通过这套程序机制，将涉嫌犯罪的案件源源不断地从行政执法机关输送到刑事司法机关。程序机制的精髓在于，通过分派明确的责任主体，明晰各自的义务内容，提出确切的时限要求，以构筑对相关主体的程序性压力，消除懒政惰政，促使行刑衔接机制的有效运行。正如有学者指出的那样，“行政权的自身惰性和排斥监督性已成为法治理论上的基本共识，期望行政机关自身自觉移送涉嫌犯罪的案件无异于痴人说梦、异想天开”。① 当前网信监管执法领域行刑衔接的程序性机制不足，尤其是监督措施和激励措施双重匮乏，行刑衔接缺乏足够的推动力。

三、对网信监管执法领域网络犯罪案件行刑衔接的设想

（一）回应的出发点：再论行刑衔接的价值功能

行刑衔接作为一套权力运行体系，是权力分配体系的外延物，必然受制于权力分配体系这个顶层设计，后者是由宪法、行政法律和刑事法律共同构建完成的，因而是立法者的专属性权力，行政权力与司法权力的边界划分是否合理，是立法者而不是司法者、执法者要考虑的问题。我们虽然无法否认执法者、司法者对行政责任和刑事责任的分配具有现实的影响力，因为它们的实际边界需要两者在现实的权力运作中逐步勾画，但是执法者和司法者都应当保持各自权力的谦抑，不论是“以罚代刑”还是“以刑代罚”都是权力任性的结果。依法行政和依法司法要求行政执法机关与司法机关都不得越俎代庖。

---

① 闻志强：《“两法衔接”之功能与价值分析——基于法治中国建设全局视野下的考察》，载《西南交通大学学报》2016 年第 1 期。

网信监管执法领域的行刑衔接做得不足，表层原因是衔接机制出现了偏差，实质原因则是网信监管执法领域未能建立起完善的权力运行与制约机制，而这正是行刑衔接的核心要义。网信监管执法领域的权力结构包括两个维度，一个是横向结构，即各行政执法主体之间基于管辖领域的交叉性、行政处罚的互补性而形成的横向配合；另一个是纵向结构，也就是行政权力与司法权力的协调与衔接，如果说在当下的权力运作过程中横向配合还算差强人意的话，纵向配合则付之阙如。只有权力的任性因素被约束和克服，行政相对人个体的权利保障才有更充分的实现条件。

行刑衔接制度触动国家权力分配的固有关系，涉及行政机关与司法机关的“职权”问题，“衔接”就是为了打破权力运行的闭环，实现开放性的权力运作模式，如果制约机制弱化，就很容易让权力主体划定各自的“领地”，导致权力运行失序。当前网信监管执法领域就具有这样的强封闭性特征，故引入外部监督力量势在必行。

行刑衔接本身还有权力协作的意味，权力制约不是目的，目的是将真正有罪的人绳之以法，达到违法与犯罪治理功能的高效实现，衔接就是一种配合机制。在案件移送到刑事司法流程之后，行政执法机关还要在证据搜集、事实查证、技术鉴定等方面继续为刑事司法机关提供支持和帮助，而刑事司法机关也要保持对行政执法机关的有效反馈与联络，一旦发现案件情节未达到犯罪程度，要立即启动“程序反转”，退回行政执法机关继续履行行政处罚程序，即使案件被定罪量刑，后续性的行政惩戒措施也需要行政机关的配合。

不可否认，行政责任与刑事责任的功能取向的差异在行刑衔接运行中容易产生碰撞。行政处罚追求效率价值，行政管理的目的是恢复市场秩序，而刑罚的首要价值是公正，刑罚适用的结果会将市场主体永久排除在市场之外，但有时这种结果未必是行政执法机关乐见的。然而笔者认为，网络社会治理体系和治理能力的现代化，其重要标志就是在网络的社会治理中，司法治理占据主流地位和最后裁判者的地位。“信息化、网络化、智能化代表着当今社会的最新发展方向和成果，……司法作为维护公平正义的最后一道防线，不只是对个案是非曲直进行评判，更是对社会的规范指引和宣示，在网络社会治理中担当了规则创新的推动者角色。”① 司法的纠纷解决机制，比之行政解决机制更能保障行政相对人的各项权益，更契合人权保障的现代法治理念，行刑衔接的一个功能，就是要培育司法在网络纠纷解决中的最后裁判者地位。

（二）回应的落脚点：分工、协作与制约的三位一体

1. 建立明晰权力分工的制度规范体系

权责统一、权责明确是依法行政的基本要求，也是构建行刑衔接制度的逻辑起点，如果在一个行政管理领域还存在不知道谁该管的现象，那么更进一步的行刑衔接制度根本无从谈起。

（1）网信监管执法权限的进一步厘清

网信监管执法领域的权力分工包括各行政执法主体之间的分工，也包括行政执法主体与刑事司法主体之间的分工，后者与行刑衔接的监督机制密不可分，因而笔者这里只谈行政执法主体之间的分工。由于多元共存的网信监管执法特点，这个问题必须得到明确。

网信监管执法领域部门权限交叉和冲突的现象依然存在，同时一些新的网络业态的出现也会引发不同部门之间围绕网信监管执法权限的权力博弈。习近平总书记指出，“数字经济、互联网金融、人工智能、大数据、云计算等新技术新应用快速发展，催生一系列新业态新模式，但相关法律制度还存在时间差、空白区”。② 例如，关于“共享住宿”，作为互联网环境下出现的新的经济业态，各地对其监管模式、法律地位等进行了可谓五花八门的探索，有的地方公安机关完全按照旅馆业管理，③ 有的地方公安机关按照房屋租

---

① 李占国：《网络社会司法治理的实践探索与前景展望》，载《中国法学》2020 年第 6 期。

② 习近平：《坚定不移走中国特色社会主义法治道路，为全面建设社会主义现代化国家提供有力法治保障》，载《求是》2021 年第 5 期。

③ 例如，2021 年 9 月 29 日江苏省第十三届人民代表大会常务委员会第二十五次会议第三次修正的《江苏省特种行业治安管理条例》第 44 条第 2 款规定：“……提供住宿服务（凌晨二时至八时允许顾客滞留休息）的洗浴、按摩场所等其他经营单位，以及提供按日或者按小时住宿服务的公寓房、日租房、休息厅等，按照旅馆业的规定实施管理。”

赁业管理，[①] 而两种管理模式都有其各自的理由和依据。[②] 以上仅涉及公安机关内部不同警种之间的权限划分，且有更上级的单位进行协调，而在跨部门的管辖权限方面，目前比较棘手的不是积极冲突，而是消极冲突，因为后者容易催生网络监管的死角。例如，随着网络游戏的发达，目前出现了“电竞宾馆”这种事物。一些比较规范的电竞宾馆做住宿登记服务，理所当然纳入公安机关的治安行业管理，但是现实中还有很多电竞宾馆声称不提供住宿，只经营上网业务（但实际上提供变相的过夜服务），公安机关认为这超出了它们的执法范围，文化旅游部门认为自己夜间没有执法能力，市场监督部门则认为自身只负责市场主体的入口资格审核，后续运营不在它们的监管权限内，这就导致一些地方的未成年人在电竞宾馆过夜畅通无阻。直到 2020 年 12 月，文化和旅游部发布《关于进一步优化营商环境推动互联网上网服务行业规范发展的通知》（文旅市场发〔2020〕86 号），才首次提到要规范电竞宾馆新业务的管理，[③] 算是主动认领了责任。[④] 随着网络新业态的不断涌现，类似的情况可能还会出现，需要由相关部门快速协调各监管执法主体，迅速厘清各自责任，而不是等待各监管主体自发地缓慢“碰撞”与磨合。[⑤]

（2）“行行衔接”执法机制的同步打通

在当前网络监管执法主体多元并存的局面下，“行行衔接”机制需要和行刑衔接机制同步打通。网络执法主体的碎片化与网络行为的无地域性，需要各

---

① 例如，大连市政府于 2017 年发布的《大连市居住房屋租赁治安管理规定》（大连市人民政府令第 145 号）第 8 条规定：“出租人应当自租赁合同订立之日起七日内，到房屋所在地公安（边防）派出所签订治安责任保证书，并办理房屋及承租人信息备案。租赁当事人通过房屋租赁公共服务平台网上签约的，可以在线签订治安责任保证书，房屋及承租人信息在线即时备案。”

② 共享住宿中租客的住宿时长，恰恰介于房屋租赁业中的长租与宾馆业的短期住宿之间，这就给部门利益博弈提供了解释空间。参见刘为军：《论共享住宿业的安全风险及监管思路》，载《政法学刊》2018 年第 6 期。

③ 该意见提到：“加强综合性上网服务场所管理。以提供互联网上网服务为主营业务或主要招揽手段的综合性上网服务场所，应当依照《互联网上网服务营业场所管理条例》申请取得《网络文化经营许可证》，实施经营管理技术措施和未成年人保护措施。其中，单独设置上网服务区域的，应当进行物理隔离，配置独立的消费者登记系统并禁止未成年人进入该区域。支持有关全国性行业协会制定相关技术标准和运营规范，推进上网服务场所经营服务标准化、规范化。”

④ 笔者在调研中发现，该文件目前在没有实践中贯彻到位，电竞宾馆在一些地方依然属于监管盲区。

⑤ 或许有学者认为，这种所谓的监管空白在所有领域都存在，互联网监管领域并没有什么特殊之处。但是笔者认为，互联网监管空白的特殊性在于其频次、范围、影响力和深度，在所有的监管空白中，互联网监管领域是最易发生且覆盖范围最广的。

网信监管主体联合执法，以最大化发挥执法效能。“行行衔接”机制的合理构建，能够将一些网络违法案件“有质量”地消化在行政执法环节，从而避免因案件线索随意移送到刑事司法程序而导致的国家司法资源的浪费。“行行衔接”机制的合理构建，也能够实现执法信息的相互共享，以最大限度地消除执法盲区和监管死角。即使是行政处罚，网信部门和工信部门对于行政程序与证据规则等具体的执法尺度通常存在不同解释，譬如原《互联网信息内容管理行政执法程序规定》出台之前，各类处罚措施是否需要经过责令整改以及吊销许可、关闭网站是否适用听证程序等问题，各地网信办与通信管理局便存在不同理解，这往往导致处罚程序极为烦琐冗长，也影响了互联网信息内容的监管效率。[①] 因此如果不打通“行行衔接”，那么更高层面的“行刑衔接”也就无从谈起。原《互联网信息内容管理行政执法程序规定》第 42 条为此规定：“互联网信息服务提供者违反相关法律法规规章，需由电信主管部门关闭网站、吊销互联网信息服务增值电信业务经营许可证或者取消备案的，转电信主管部门处理。”一些地方性法规也开始关注不同网信监管执法主体的协作执法。2021 年《浙江省人大常委会关于网络虚假信息治理的决定》第 6 条规定：“网信部门应当会同新闻出版、公安、司法行政、文化和旅游、市场监督管理、广播电视、电信管理等部门，建立健全跨部门、跨区域执法联动响应和协作机制，依托网络生态治理数字系统，推动实现信息共享、监管互认、执法互助，协同开展网络虚假信息治理工作。”信息共享、监管互认与执法互助，是“行行衔接”的三大机制，而信息共享与执法互助，则是行刑衔接制度的重要组成部分，完善的“行行衔接”制度建立之后，其主干部分可以很方便地平移到行刑衔接制度中。

此外，出台覆盖多数网信监管执法机关和刑事司法机关的综合性的指导意见或者行刑衔接规定势在必行，国家网信办虽然在网信监管执法领域具有统筹地位，然而统筹不是领导，自出台的部门规章无权约束其他行政监管主体，在现行的权力架构下，由国务院出台此类指导意见更加合适。当然，行刑衔接涉及行政权力与司法权力的配置关系，因而理论上也不乏提出制定专门的行刑衔接法的呼声，[②] 如果以上设想能够实现，在立法的正当性上自然是非常圆满的。

---

① 卢超：《互联网信息内容监管约谈工具研究》，载《中国行政管理》2019 年第 2 期。

② 张伟珂：《论行政执法与刑事司法衔接立法：现状、趋势与框架》，载《公安学研究》2020 年第 6 期。

2. 建立明晰权力制约的机制体系

打破网信监管执法领域的封闭性特征，其切入点就是案件线索的移送机制。2021 年浙江省人大常委会《关于网络虚假信息治理的决定》第 18 条规定："省、设区的市、县（市、区）人民政府应当探索建立网络虚假信息治理领域行政执法与刑事司法衔接机制。网信部门与司法机关之间应当建立健全案件移送制度，加强证据材料移交、接收衔接，完善案件处理信息通报机制……"在地方性法规中建立网信监管执法领域的行刑衔接制度，这是该规定的亮点，遗憾的是，该决定只提到了网信部门与司法机关之间的两方单通道案件移送制度，而没有注意到网信监管执法领域的多主体并存的现状。笔者认为，网信监管执法领域的行刑线索移送制度至少包括以下两个方面的内容：

（1）违法线索分流与犯罪线索移送

如 237 页图 2 所示，当前各网信监管执法主体都在各自的管辖领域建立了"违法有害垃圾不良信息"的举报平台或者举报链接。在获得相关案件的举报线索中，网信监管执法机关会根据违法有害信息的性质、类型、规模以及危害性程度等进行分类处置。对于一般性的违法有害信息采取删除、强制下线、断开链接等物理性的阻断措施，以阻止违法有害信息的进一步传播与扩散。如果网络平台疏于管理导致违法有害信息传播的，则对网络平台进行约谈，并可以追加罚款等行政处罚措施。对于需要采取吊销电信运营许可证、关闭网站等联合处罚手段的，则需要在经过初查之后将案件材料移送其他网信监管执法机关。网信监管执法机关经预判案件涉嫌犯罪的，再将案件线索以及相关材料移送公安机关进行初查以及立案侦查。为了实现案件线索的顺利移交，就需要司法机关与网信监管执法机关之间设立专门的对接人员或者对接机构。对此可以参考文物犯罪保护机制，[①] 由网信监管执法机关与司法机关建立专门联络机构或指派专员负责日常工作的联系，保证网信监管执法机关与司法机关之间的联络畅通。

① 刘为军主编：《文物犯罪打击防范实务研究——现状、对策与典型案例评析》，中国人民公安大学出版社 2021 年版，第 167 页。

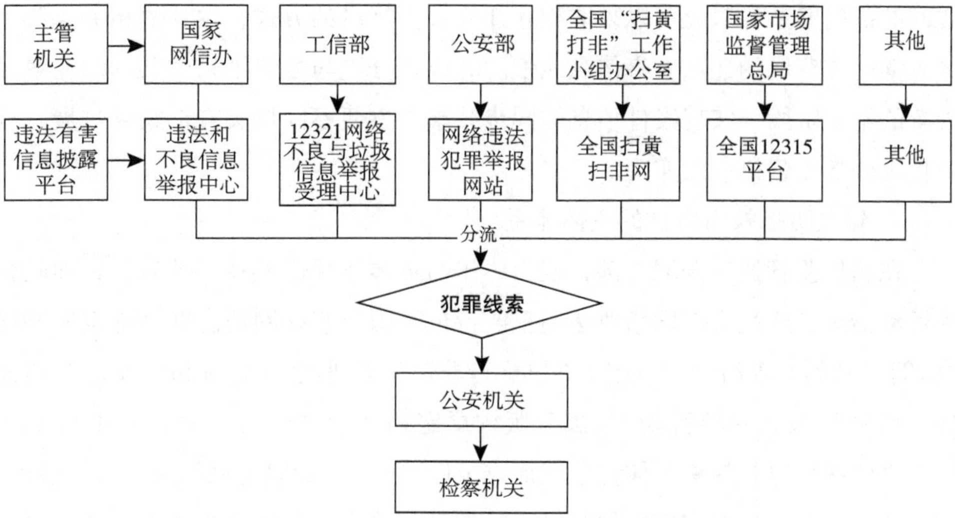

图 2 网信监管执法领域犯罪线索的搜集与分流机制

（2）信息共享平台建设

信息共享平台是行刑衔接的重要制度构成，也是行刑衔接制度运行的重要保障。笔者认为，信息共享平台应当在政府数据开放共享的制度框架下进行。2006 年国务院《政务信息资源共享管理暂行办法》第 9 条规定：“政务信息资源按共享类型分为无条件共享、有条件共享、不予共享等三种类型。可提供给所有政务部门共享使用的政务信息资源属于无条件共享类。可提供给相关政务部门共享使用或仅能够部分提供给所有政务部门共享使用的政务信息资源属于有条件共享类……”按此分类，各网信监管执法机关获得的案件线索属于有条件共享的信息，可以在其他网信监管执法主体之间分享。2020 年《中共中央国务院关于构建更加完善的要素市场化配置体制机制的意见》指出，要“推进政府数据开放共享。优化经济治理基础数据库，加快推动各地区各部门间数据共享交换，制定出台新一批数据共享责任清单”。对此，网信执法领域的信息共享平台理应走在前列。信息共享平台应当具备以下几个方面的要素：①报案线索和举报信息的共享。如前所述，目前各网信监管执法主体都建立有各自的互联网违法有害信息举报平台，对于平台内的举报信息，各网信监管执法主体如何处置缺乏有效的外部监督机制，基于执法能力的不足等原因，很容易将有价值的案件线索“湮灭”掉，因此首先应当在源头上打破各网信监管执法主体之间的部门壁垒，对此可以采取相互开放数据接口的方式，供其他相关执法主体查询己方获取的违法有害信息线索。②线索分流与处置结果的共享。在案件处置的不同阶段，实现案件信息的同步共享，方便不同机关查询案件进展，有效促进外部监督机制的实现。

3. 建立明晰权力协作的主体体系

在网信监管执法领域内部，权力协作的主体体系已经在有效运行，如联合性运动治理已经是当前网络执法的重要特色，国家互联网信息办公室定期开展“清朗”系列专项行动,[①] 全国“扫黄打非”工作小组办公室和公安部定期开展“净网”系列专项行动,[②] 国家版权局定期开展“剑网”系列专项行动。[③] 目前主要网络监管执法主体都已经形成了以“×网”命名的网络执法品牌活动，这些专项行动虽然各有侧重但是也不乏交叉与重合。各执法主体在开展专项网络治理活动中，通常也会和其他执法机关统筹进行或者联合推进，并根据情况进行案件线索的移交。联合执法的意义，除了尊重各自的权力边界之外，还在于需要借助对方掌握的执法工具，以获得更大的执法效果。目前需要打通的还是行政执法机关与刑事司法机关的协作机制，对此可以借助信息共享平台展开协作。司法机关对行政案件的协作，可以避免行政执法人员的执法不规范行为，指导行政执法人员有效发现案件线索，获取关键性证据，解决案件的取证难、移送难等问题，提升行政执法向刑事司法的转换效率。介入不是干涉，更不是取代，检察机关和公安机关介入行政处罚的功能和使命是不同的，检察机关除指导案件的处置，为行政案件转化为刑事案件提供有针对性的指导性意见，并承担案件的审查起诉职能外，还担负着法律监督的职能。[④] 检察机关的行刑衔接制度监督，可以采取两种方式，一种方式是检察建议,[⑤] 这是目前采用的通行方式；另一种方式则是结合网络犯罪的案件特征与治理规律，建立

① 江迅：《清朗行动过百日，整治饭圈乱象见实效》，载《环球时报》2021 年 9 月 27 日。

② 董法：《“净网 2021”专项行动取得阶段性显著成效》，载《中国商报》2021 年 10 月 26 日。

③ 赖名芳：《“剑网”持续亮剑：构建网络版权生态环境》，载《中国新闻出版广电报》2016 年 7 月 14 日。

④ 刘艳红、周佑勇：《行政刑法的一般理论》（第二版），北京大学出版社 2020 年版，第 312 页。

⑤ 例如，《最高人民检察院关于推进行政执法与刑事司法衔接工作的规定》第 14 条规定：“人民检察院应当定期向有关单位通报开展行政执法与刑事司法衔接工作的情况。发现存在需要完善工作机制等问题的，可以征求被建议单位的意见，依法提出检察建议。”

“捕诉监防”的一体化办案机制，对此《人民检察院办理网络犯罪案件规定》第 4 条规定：“人民检察院办理网络犯罪案件应当坚持惩治犯罪与预防犯罪并举，建立捕、诉、监、防一体的办案机制，加强以案释法，发挥检察建议的作用，促进有关部门、行业组织、企业等加强网络犯罪预防和治理，净化网络空间。”这套机制的具体内涵、构成要素以及运作机制等，还有待进一步探索和实践，但是从长远来看，由不同行政执法机关和司法机关共同参与的协同治理，才是应对网络犯罪的治标治本之道。

后　记

犹记我硕士阶段刚刚进入网络犯罪这个研究领域时，网络犯罪还是刑法学科的边缘地带，学界对其不乏轻视之声，“无病呻吟”“哗众取宠”“自说自话”“闭门造车”，研究网络犯罪颇有一种孤芳自赏的境地。然而伴随着网络融入社会经济生活，更伴随着网络犯罪成为近年来最突飞猛进的犯罪类型、犯罪场域，彼时的小众方向也终于来到了舞台中央，也早就该在舞台中央。时至今日，恐怕大家都已承认网络犯罪不再是虚幻的概念，也不是堂吉诃德式的假想敌，而是正在进行的现实与继续发生的未来，当前网络犯罪领域的研究呈现百花齐放、百家争鸣的景象，尽管以青年新锐学者居多，但也不乏名家耆宿，可以说，网络犯罪领域的研究已经实现了从“独乐乐”到“众乐乐”的转变。而20多年来网络犯罪的研究关注点，也经历了从计算机犯罪到网络犯罪，再到目前时髦的数据犯罪的转变。综观20多年来网络犯罪领域立法、司法、理论与罪情趋势的多元互动，笔者有如下感受：

一是技术与法律的关系，仍然是这个时代长盛不衰的主题。技术解放生产力，生产力改善生产关系，然后再引发法律、道德等社会规范的涟漪式互动，这是千百年来人类社会发展的正常景象。在人类社会演进的绝大多数时间内，技术应力都在以一种缓慢方式释放，社会关系体能够逐渐适应技术的外力挤压，进而以一种从容不迫的心态进行组织体的架构重塑。但是当人类进化到信息化时代后，在摩尔定律支配下的网络技术飞速发展，传统社会规范的迭代速率已无法跟上技术的升级频次，技术越过中间环节，直接成为新的社会范式、生活范式，成为一种新的意识形态。就如当下在网络空间，算法作为新的行为规范发挥作用，具有与法律并驾齐驱的地位，法律驯服算法，算法迎合法律。网络法律的研究，必须面对技术发展的“变”与“不变”。

二是法秩序一体化的时代，也跟着网络时代一起到来了。网络空间打破了物理空间的局限，也打破了学科类别与专业划分，网络空间出现的法律问题，带有总体性特征，需要运用多个学科的知识体系进行综合会诊、联合把脉。例如，个人信息的法律保护、自动驾驶的责任归属等，是刑法学、民法学、行政法学等学科共同研究的话题，数字平台的算法问责离不开对算法底层技术架构的探讨，数据安全的刑法保护，需要结合《数据安全法》等上位法律思索法律介入的力度和深度。至少在网络法律领域，真正的法秩序一体化已经到来了。而学者突破传统研究领域进行跨界思索，亦不是新鲜现象。

三是网络刑法学的理论命题是否已经成立，仍然是有待观察的课题。形成于农业社会、成熟于工业社会的刑法理论和刑法规则，在信息化时代已经呈现出体系性的滞后，这是笔者深信不疑且被实践不断印证的。时代需求催生理论发展，网络犯罪领域的刑法研究也不例外，面对当前一片欣欣向荣的研究景象，"网络刑法学"作为一个学术命题也被提出。当然，提出理论命题是一回事，证立理论命题又是另一回事。理论构建既是外在的自发形成的自然历史过程，也是内在的自觉追求的主观意志进程。但不管怎样，岁月这把刻刀，会一直拍打着法律这块岩石，进而留下风蚀的印记。刑法学者面对这样的时代变局，也许做一个忠实的观察者、记录者，就是最好的参与者。

出版一本网络犯罪专著，一直是我的小小心愿，今天算是满足了，这也算为过去十多年来的学习与研究工作画上一个阶段性句号。本书是中国政法大学青年教师学术创新团队的阶段性成果，本书的出版离不开中国法制出版社胡艺、赵雅菲编辑的辛劳工作，借此机会，向所有关心帮助过我的人表示真诚感谢！

李怀胜

2022 年 7 月 26 日初稿

2023 年 5 月 10 日改定

参考文献

一、中文著作

[1]《马克思恩格斯全集》第 46 卷，人民出版社 1980 年版。

[2]《马克思恩格斯全集》第 3 卷，人民出版社 1960 年版。

[3] 马克昌:《比较刑法原理——外国刑法学总论》，武汉大学出版社 2002 年版。

[4] 赵秉志主编:《刑法修正案最新理解适用》，中国法制出版社 2009 年版。

[5] 张明楷:《刑法学（上）》（第六版），法律出版社 2021 年版。

[6] 张明楷:《刑法学（下）》（第六版），法律出版社 2021 年版。

[7] 张明楷:《外国刑法纲要》（第二版），清华大学出版社 2007 年版。

[8] 张明楷:《法益初论》，中国政法大学出版社 2003 年版。

[9] 陈兴良:《刑法适用总论（上卷）》，法律出版社 1999 年版。

[10] 陈子平:《刑法总论》，中国人民大学出版社 2009 年版。

[11] 崔聪聪、巩珊珊等：《互联网治理与法律研究：个人信息保护法研究》，北京邮电大学出版社 2015 年版。

[12] 何精华:《网络空间的政府治理》，上海社会科学出版社 2006 年版。

[13] 何渊主编:《数据法学》，北京大学出版社 2020 年版。

[14] 贺善侃主编:《网络时代：社会发展的新纪元》，上海辞书出版社 2004 年版。

[15] 黄少华、翟本瑞:《网络社会学：学科定位与议题》，中国社会科学出版社 2006 年版。

[16] 惠志斌：《全球网络空间信息安全战略研究》，世界图书出版公司 2013 年版。

［17］季卫东：《法律程序的意义》，中国法制出版社 2004 年版。

［18］江必新、李占国主编：《个人信息保护法条文解读与法律适用》，中国法制出版社 2021 年版。

［19］劳东燕：《罪刑法定本土化的法治叙事》，北京大学出版社 2010 年版。

［20］黎宏：《刑法学各论》（第二版），法律出版社 2016 年版。

［21］廖正豪：《过失犯论》，台北三民书局 1990 年版。

［22］刘德良：《论公民个人信息的财产权保护》，人民法院出版社 2008 年版。

［23］刘为军主编：《文物犯罪打击防范实务研究——现状、对策与典型案例评析》，中国人民公安大学出版社 2021 年版。

［24］刘艳红、周佑勇：《行政刑法的一般理论》（第二版），北京大学出版社 2020 年版。

［25］刘志伟、聂立泽主编：《业务过失犯罪比较研究》，法律出版社 2004 年版。

［26］龙卫球、刘宝玉主编：《中华人民共和国民法总则释义与适用指导》，中国法制出版社 2017 年版。

［27］陆小华：《信息财产权：民法视角中的新财富保护模式》，法律出版社 2009 年版。

［28］任昱衡等：《数据挖掘——你必须知道的 32 个经典案例》，电子工业出版社 2018 年版。

［29］王利明、杨立新主编：《人格权与新闻侵权》，中国方正出版社 2010 年版。

［30］王利明主编：《中华人民共和国民法总则详解》，中国法制出版社 2017 年版。

［31］殷伟、张莉：《手把手教您计算机安全技术》，电子工业出版社 1997 年版。

［32］臧铁伟、李寿伟：《中华人民共和国刑法修正案（九）：条文说明、立法理由及相关规定》，北京大学出版社 2016 年版。

［33］张天虹：《经济犯罪新论》，法律出版社 2004 年版。

［34］张伟珂：《食品安全行刑衔接机制的理论与实践》，法律出版社 2017 年版。

［35］张新宝：《个人信息保护法释义》，人民出版社 2021 年版。

［36］张新宝：《隐私权的法律保护》，群众出版社 2004 年版。

［37］张新宝：《中华人民共和国民法总则释义》，中国人民大学出版社 2017 年版。

［38］《俄罗斯联邦刑法典》，黄道秀译，北京大学出版社 2008 年版。

［39］京东法律研究院：《欧盟数据宪章——〈一般数据保护条例〉GDPR 评述及实务指引》，法律出版社 2018 年版。

［40］全国人大常委会法制工作委员会刑法室编：《中华人民共和国刑法条文说明、立法理由及相关规定》，北京大学出版社 2009 年版。

［41］《中国大百科全书·法学》，中国大百科全书出版社 1984 年版。

［42］《刑事审判参考》2014 年第 4 集（总第 99 集），法律出版社 2015 年版。

［43］《刑事审判参考》2011 年第 6 集（总第 83 集），法律出版社 2012 年版。

二、中文译著

［1］［意］加罗法洛：《犯罪学》，耿伟、王新译，中国大百科全书出版社 1996 年版。

［2］［意］杜里奥·帕多瓦尼：《意大利刑法学原理（注评版）》，陈忠林译，中国人民大学出版社 2004 年版。

［3］［德］卡尔·曼海姆：《重建时代的人与社会：现代社会结构的研究》，张旅平译，生活·读书·新知三联书店 2002 年版。

［4］［德］克劳斯·罗克辛：《德国刑法学总论（第 1 卷）》，王世洲译，法律出版社 2005 年版。

［5］［德］魏德士：《法理学》，丁晓春、吴越译，法律出版社 2013 年版。

［6］［日］大塚仁：《刑法概说（总论）》（第三版），冯军译，中国人民大学出版社 2003 年版。

［7］［以色列］尤瓦尔·赫拉利:《人类简史：从动物到上帝》，林俊宏译，中信出版集团 2017 年版。

［8］［英］伯纳斯·李等:《编织万维网》，张宇宏等译，上海译文出版社 1999 年版。

［9］［英］维克托·迈尔-舍恩伯格等:《大数据时代》，盛杨燕等译，浙江人民出版社 2013 年版。

［10］［法］乔治·萨杜尔:《世界电影史》，徐昭、胡承伟译，中国电影出版社 1995 年版。

［11］［美］马克·波斯特:《信息方式：后结构主义与社会语境》，范静哗译，商务印书馆 2000 年版。

［12］［美］凯斯·R. 桑斯坦:《信息乌托邦：众人如何生产知识》，毕竞悦译，法律出版社 2008 年版。

［13］［美］克莱·舍基:《未来是湿的》，胡泳、沈满琳译，中国人民大学出版社 2009 年版。

［14］［美］埃瑟·戴森:《2.0 版数字化时代的生活设计》，海南出版社 1998 年版。

［15］［美］Mark Rhodes-Ousley:《信息安全完全参考手册》（第二版），李洋、段洋、叶天斌译，清华大学出版社 2014 年版。

［16］［苏］戈列利克等:《在科技革命条件下如何打击犯罪》，王常青、毛树智译，群众出版社 1984 年版。

三、中文论文

［1］梅传强:《危害药品安全犯罪的最新修订及其适用研究》，载《当代法学》2021 年第 5 期。

［2］张明楷:《非法获取虚拟财产的行为性质》，载《法学》2015 年第 3 期。

［3］张明楷:《刑法理论与刑事立法》，载《法学论坛》2017 年第 6 期。

［4］张明楷:《论刑法的谦抑性》，载《法商研究》1995 年第 4 期。

［5］张明楷:《网络诽谤的争议问题探究》，载《中国法学》2015 年第 3 期。

［6］陈兴良：《虚拟财产的刑法属性及其保护路径》，载《中国法学》2017年第2期。

［7］陈兴良：《罪刑法定原则的本土转换》，载《法学》2010年第1期。

［8］刘艳红：《〈监察法〉与其他规范衔接的基本问题研究》，载《法学论坛》2019年第1期。

［9］刘艳红：《民法编纂背景下侵犯公民个人信息罪的保护法益：信息自决权》，载《浙江工商大学学报》2019年第6期。

［10］刘艳红：《侵犯公民个人信息罪法益：个人法益及新型权利之确证》，载《中国刑事法杂志》2019年第5期。

［11］刘艳红：《人性民法与物性刑法的融合发展》，载《中国社会科学》2020年第4期。

［12］刘艳红：《Web3.0时代网络犯罪的代际特征及刑法应对》，载《环球法律评论》2020年第5期。

［13］李怀胜：《公民个人信息的刑法保护思路》，载《中国信息安全》2017年第1期。

［14］李怀胜：《侵犯公民个人信息罪的刑法调适思路》，载《中国政法大学学报》2022年第1期。

［15］李怀胜：《三代网络环境下网络犯罪的时代演变及其立法展望》，载《法学论坛》2015年第4期。

［16］李怀胜：《网络传授黑客技术的刑法学思索——以“黑客学校”现象为背景》，载《中国刑事法杂志》2009年第10期。

［17］李怀胜：《编造、传播虚假信息犯罪的罪名体系调整思路——以〈刑法修正案（九）〉为背景》，载《重庆邮电大学学报》2015年第6期。

［18］毕家瑜、刘玮：《智慧城市开放数据发展趋势分析及探讨》，载《电信科学》2016年第5期。

［19］蔡军：《侵犯个人信息犯罪立法的理性分析——兼论对该罪立法的反思与展望》，载《现代法学》2010年第4期。

［20］曹诗权：《习近平关于网络安全法治的重要论述研究》，载《公安学研究》2018年第1期。

［21］常远:《计算机犯罪的回顾与预测》，载《法律科学》1991 年第 3 期。

［22］陈璐:《个人信息刑法保护之界限研究》，载《河南大学学报》2018 年第 3 期。

［23］陈晓东:《信息产品缺陷及相关问题初探》，载《辽宁行政学院学报》2006 年第 11 期。

［24］陈烨:《论虚拟财产的财产类型及其刑法保护》，载《南海法学》2020 年第 4 期。

［25］陈宇飞、沈超、王骞、李琦、王聪、纪守领、李康、管晓宏:《人工智能系统安全与隐私风险》，载《计算机研究与发展》2019 年第 10 期。

［26］程啸:《论我国个人信息保护法的基本原则》，载《国家检察官学报》2021 年第 4 期。

［27］程啸:《论我国民法典中个人信息权益的性质》，载《政治与法律》2020 年第 8 期。

［28］程尧、蔡一军:《人工智能背景下算法演进的风险及其法律规制——以域外模式为视角》，载《山西大同大学学报》2020 年第 2 期。

［29］陈兵、胡珍:《数字经济下统筹数据安全与发展的法治路径》，载《长白学刊》2021 年第 5 期。

［30］储陈城:《大数据时代个人信息保护与利用的刑法立场转换——基于比较法视野的考察》，载《中国刑事法杂志》2019 年第 5 期。

［31］储陈城:《人工智能时代刑法归责的走向——以过失的归责间隙为中心的讨论》，载《东方法学》2018 年第 3 期。

［32］崔俊杰:《互联网信息内容监管工具的实证分析与法治完善》，载《中国行政管理》2020 年第 9 期。

［33］丁道勤:《基础数据与增值数据的二元划分》，载《财经法学》2017 年第 2 期。

［34］端木玉芳:《法秩序统一原理下环境污染罪构成要件再阐释——以〈民法典〉第 9 条为底层伦理》，载《中国矿业大学学报》2021 年第 5 期。

［35］范为:《大数据时代个人信息保护的路径重构》，载《环球法律评论》

2016 年第 5 期。

［36］付士成、郭婧滢：《社交媒体治理视角下的互联网法律监管与行业自治》，载《天津法学》2017 年第 3 期。

［37］付玉明：《立法控制与司法平衡：积极刑法观下的刑法修正》，载《当代法学》2021 年第 5 期。

［38］高楚南：《刑法视野下公民个人信息法益重析及范围扩充》，载《中国刑事法杂志》2019 年第 2 期。

［39］高丰：《开放数据：概念、现状与机遇》，载《大数据》2015 年第 2 期。

［40］高富平、王文祥：《出售或提供公民个人信息入罪的边界——以侵犯公民个人信息罪所保护的法益为视角》，载《政治与法律》2017 年第 2 期。

［41］高富平：《个人信息保护：从个人控制到社会控制》，载《法学研究》2018 年第 3 期。

［42］高宪春：《“去中心化”对网络文化的影响》，载《网络传播》2010 年第 2 期。

［43］郭景萍：《曼海姆：社会重建时代的理性与非理性研究》，载《学术交流》2006 年第 2 期。

［44］郭旨龙：《中国刑法何以预防人工智能犯罪》，载《当代法学》2020 年第 2 期。

［45］韩娜、虞文梁：《国家安全视域下的计算政治宣传：运行特征、风险识别与治理路径》，载《公安学研究》2020 年第 6 期。

［46］侯国云：《虚拟财产的性质与法律规制》，载《中国刑事法杂志》2012 年第 4 期。

［47］胡凌：《功能视角下个人信息的公共性及其实现》，载《法制与社会发展》2021 年第 5 期。

［48］胡凌：《刷脸：身份制度、个人信息与法律规制》，载《法学家》2021 年第 2 期。

［49］胡胜：《侵犯公民个人信息罪的犯罪对象》，载《人民司法》2015 年第 7 期。

［50］胡云腾、周加海、周海洋：《〈关于办理盗窃刑事案件适用法律若干问题的解释〉的理解与适用》，载《人民司法》2014年第15期。

［51］黄波：《自动驾驶交通肇事的刑法应对》，载《天府新论》2018年第4期。

［52］黄小明：《我国因应“深度伪造”的法律框架》，载《检察风云》2021年第12期。

［53］黄新华：《哈贝马斯的科学技术意识形态论评述》，载《马克思主义研究》1999年第1期。

［54］冀洋：《法益自决权与侵犯公民个人信息罪的司法边界》，载《中国法学》2019年第4期。

［55］江海洋：《侵犯公民个人信息罪超个人法益之提倡》，载《交大法学》2018年第3期。

［56］姜涛：《新罪之保护法益的证成规则——以侵犯公民个人信息罪的保护法益论证为例》，载《中国刑事法杂志》2021年第3期。

［57］金昌伟：《食品安全案件“行刑衔接”程序机制的审视与重构》，载《法律适用》2017年第9期。

［58］靳高风、守佳丽、林稀楠：《中国犯罪形势分析与预测（2018—2019）》，载《中国人民公安大学学报》2019年第3期。

［59］靳宗立：《集合犯概念与台湾地区实务运用》，载《人民检察》2016年第16期。

［60］敬力嘉：《大数据环境下侵犯公民个人信息罪法益的应然转向》，载《法学评论》2018年第2期。

［61］李晟：《国家安全视角下社交机器人的法律规制》，载《中外法学》2022年第2期。

［62］李川：《个人信息犯罪的规制困境与对策完善——从大数据环境下滥用信息问题切入》，载《中国刑事法杂志》2019年第5期。

［63］李佳佳：《信息管理的新视角：开放数据》，载《情报理论与实践》2010年第7期。

［64］李谦：《侵犯公民个人信息罪的法解释学释义》，载《北京邮电大学

学报》2017 年第 1 期。

［65］李晓明：《诽谤行为是否构罪不应由他人的行为来决定——评“网络诽谤”司法解释》，载《政法论坛》2014 年第 1 期。

［66］李晓明：《刑法：“虚拟世界”与“现实社会”的博弈与抉择——从两高“网络诽谤”司法解释说开去》，载《法律科学》2015 年第 2 期。

［67］李占国：《网络社会司法治理的实践探索与前景展望》，载《中国法学》2020 年第 6 期。

［68］李源粒：《网络个人数据安全刑法保护研究》，载《重庆邮电大学学报》2015 年第 6 期。

［69］梁根林：《虚拟财产的刑法保护——以首例盗卖 QQ 号案的刑法适用为视角》，载《人民检察》2014 年第 1 期。

［70］廖斌、何显兵：《论网络虚假信息的刑法规制》，载《法律适用》2015 年第 3 期。

［71］林荫茂：《从信用卡犯罪看身份信息犯罪》，载《政治与法律》2008 年第 9 期。

［72］凌萍萍、焦治：《侵犯公民个人信息罪的刑法法益重析》，载《苏州大学学报》2017 年第 6 期。

［73］刘德良：《个人信息的财产权保护》，载《法学研究》2007 年第 3 期。

［74］刘国柱：《深度伪造与国家安全——基于总体国家安全观的视角》，载《国际安全研究》2022 年第 3 期。

［75］刘明祥：《论窃取财产性利益》，载《政治与法律》2019 年第 8 期。

［76］刘明祥：《窃取网络虚拟财产行为定性探究》，载《法学》2016 年第 1 期。

［77］刘品新：《电子证据的鉴真问题：基于快播案的反思》，载《中外法学》2017 年第 1 期。

［78］刘少华、陈荣昌：《互联网信息内容监管执法的难题及其破解》，载《中国行政管理》2018 年第 12 期。

［79］刘宪权：《涉人工智能犯罪中研发者主观罪过的认定》，载《比较法

研究》2019 年第 4 期。

［80］刘晓春：《已公开个人信息保护和利用的规则建构》，载《环球法律评论》2022 年第 2 期。

［81］龙坤、马钺、朱启超：《深度伪造对国家安全的挑战及应对》，载《信息安全与通信保密》2019 年第 10 期。

［82］卢超：《互联网信息内容监管约谈工具研究》，载《中国行政管理》2019 年第 2 期。

［83］陆江兵：《从理性的技术到技术的理性》，载《科学技术与辩证法》1999 年第 2 期。

［84］陆健健：《信息安全国际立法所面临的问题及对策》，载《探索与争鸣》2018 年第 8 期。

［85］陆志鹏：《数据要素市场化实现路径的思考》，载《中国发展观察》2021 年第 14 期。

［86］马春晓：《非法经营罪的“口袋化”困境和规范解释路径——基于司法实务的分析立场》，载《中国刑事法杂志》2013 年第 6 期。

［87］马长山：《智慧社会建设中的“众创”式制度变革——基于“网约车”合法化进程的法理学分析》，载《中国社会科学》2019 年第 4 期。

［88］梅夏英：《数据的法律属性及其民法定位》，载《中国社会科学》2016 年第 9 期。

［89］梅夏英：《在分享和控制之间：数据保护的私法局限和公共秩序构建》，载《中外法学》2019 年第 4 期。

［90］欧阳本祺：《论虚拟财产的刑法保护》，载《政治与法律》2019 年第 9 期。

［91］欧阳本祺：《侵犯公民个人信息罪的法益重构：从私法权利回归公法权利》，载《比较法研究》2021 年第 3 期。

［92］欧阳日辉：《我国多层次数据要素交易市场体系建设机制与路径》，载《江西社会科学》2022 年第 3 期。

［93］皮勇、王肃之：《大数据环境下侵犯个人信息犯罪的法益和危害行为问题》，载《海南大学学报》2017 年第 5 期。

［94］齐爱民：《个人信息保护法研究》，载《河北法学》2008 年第 4 期。

［95］曲新久：《论侵犯公民个人信息犯罪的超个人法益属性》，载《人民检察》2015 年第 11 期。

［96］曲新久：《区分扩张解释与类推适用的路径新探》，载《法学家》2012 年第 1 期。

［97］阙天舒、张纪腾：《人工智能时代背景下的国家安全治理：应用范式、风险识别与路径选择》，载《国际安全研究》2020 年第 1 期。

［98］沈亚平、许博雅：《“大数据”时代政府数据开放制度建设路径研究》，载《四川大学学报（哲学社会科学版）》2014 年第 5 期。

［99］石良平、王素云、王晶晶：《从存量到流量的经济学分析：流量经济理论框架的构建》，载《学术月刊》2019 年第 1 期。

［100］苏力：《法律与科技问题的法理学重构》，载《中国社会科学》1999 年第 5 期。

［101］苏宇、高文英：《个人信息的身份识别标准：源流、实践与反思》，载《交大法学》2019 年第 4 期。

［102］孙道萃：《网络财产性利益的刑法保护：司法动向与理论协同》，载《政治与法律》2016 年第 6 期。

［103］孙国祥：《刑事合规的理念、机能和中国的构建》，载《中国刑事法杂志》2019 年第 2 期。

［104］孙万怀、卢恒飞：《刑法应当理性应对网络谣言——对网络造谣司法解释的实证评估》，载《法学》2013 年第 11 期。

［105］唐林垚：《算法应用的公共妨害及其治理路径》，载《北方法学》2020 年第 3 期。

［106］田宏杰、肖鹏、周时雨：《网络虚拟财产的界定及刑法保护》，载《人民检察》2015 年第 5 期。

［107］田宏杰：《知识转型与教义坚守：行政刑法几个基本问题研究》，载《政法论坛》2018 年第 5 期。

［108］田刚：《数据安全刑法保护扩张的合理边界》，载《法学论坛》2021 年第 2 期。

［109］田源：《美国国家网络战略的体系解构及应对策略》，载《网信军民融合》2018 年第 10 期。

［110］涂龙科：《网络内容管理义务与网络服务提供者的刑事责任》，载《法学评论》2016 年第 3 期。

［111］王立新、陈凡：《论技术异化的二重性影响》，载《辽宁大学学报》2008 年第 2 期。

［112］王利明：《论个人信息权的法律保护——以个人信息权与隐私权的界分为中心》，载《现代法学》2013 年第 4 期。

［113］王融：《中国互联网监管的历史发展、特征和重点趋势》，载《信息安全与通信保密》2017 年第 1 期。

［114］王肃之：《被害人教义学核心原则的发展——基于侵犯公民个人信息罪法益的反思》，载《政治与法律》2017 年第 10 期。

［115］王涛：《网络公共言论的法治内涵与合理规制》，载《法学》2014 年第 9 期。

［116］王倩云：《人工智能背景下数据安全犯罪的刑法规制思路》，载《法学论坛》2019 年第 2 期。

［117］魏刚、代金平、陈纯柱：《信息文化的涵义和特征探析》，载《重庆邮电大学学报》2007 年第 2 期。

［118］闻志强：《“两法衔接”之功能与价值分析——基于法治中国建设全局视野下的考察》，载《西南交通大学学报》2016 年第 1 期。

［119］吴伟光：《大数据技术下个人数据信息私权保护论批判》，载《政治与法律》2016 年第 7 期。

［120］谢登科：《论电子数据与刑事诉讼变革：以“快播案”为视角》，载《东方法学》2018 年第 5 期。

［121］徐剑：《侵犯公民个人信息罪法益：辨析与新证》，载《学海》2021 年第 2 期。

［122］徐翕明：《“网络隐私权”刑法规制的应然选择——从“侵犯公民个人信息罪”切入》，载《东方法学》2018 年第 5 期。

［123］许可：《健康码的法律之维》，载《探索与争鸣》2020 年第 9 期。

［124］杨立新：《个人信息：法益抑或民事权利——对〈民法总则〉第111条规定的“个人信息”之解读》，载《法学论坛》2018年第1期。

［125］杨蓉：《从信息安全、数据安全到算法安全——总体国家安全观视角下的网络法律治理》，载《法学评论》2021年第1期。

［126］杨寅：《论我国食品安全领域的行刑衔接制度》，载《法学评论》2021年第3期。

［127］尹培培：《“诽谤信息转发500次入刑”的合宪性评析》，载《华东政法大学学报》2014年第4期。

［128］游伟、谢锡美：《“罪刑法定原则”如何坚守——全国首例投寄虚假炭疽恐吓邮件案定性研究》，载《华东刑事司法评论》2003年第1期。

［129］于志强、郭旨龙：《“违反国家规定”的时代困境与未来方向——以非法经营罪为切入点进行规范体系的审视》，载《江汉论坛》2015年第6期。

［130］余红、刘娟：《开放数据及其对图书馆信息资源共享的影响》，载《图书馆》2014年第4期。

［131］余奕昊、李卫东：《我国地方政府数据开放平台现状、问题及优化策略——基于10个地方政府数据开放平台的研究》，载《电子政务》2018年第10期。

［132］元明：《行政执法与刑事司法相衔接的理论与实践》，载《人民检察》2011年第12期。

［133］袁曾：《无人驾驶汽车侵权责任的链式分配机制——以算法应用为切入点》，载《东方法学》2019年第5期。

［134］岳林：《超越身份识别标准——从侵犯公民个人信息罪出发》，载《法律适用》2018年第7期。

［135］张洪忠、段泽宁、杨慧芸：《政治机器人在社交媒体空间的舆论干预分析》，载《新闻界》2019年第9期。

［136］张凌寒：《〈电子商务法〉中的算法责任及其完善》，载《北京航空航天大学学报》2018年第6期。

［137］张欧阳：《网络民主的要素分析》，载《兰州学刊》2012年第12期。

［138］张伟珂：《论行政执法与刑事司法衔接立法：现状、趋势与框架》，载《公安学研究》2020 年第 6 期。

［139］张文亮：《个人数据保护立法的要义与进路》，载《江西社会科学》2018 年第 6 期。

［140］张溪瑨：《商用自动驾驶技术监管问题及对策——以某品牌汽车为例》，载《中国科技论坛》2022 年第 5 期。

［141］张向东：《网络非法经营犯罪若干问题辨析》，载《法律适用》2014 年第 2 期。

［142］张新宝：《“新闻（媒体）侵权”否认说》，载《中国法学》2008 年第 6 期。

［143］张忆然：《大数据时代“个人信息”的权利变迁与刑法保护的教义学限缩——以“数据财产权”与“信息自决权”的二分为视角》，载《政治与法律》2017 年第 2 期。

［144］张勇：《APP 个人信息的刑法保护：以知情同意为视角》，载《法学》2020 年第 8 期。

［145］赵宏：《信息自决权在我国的保护现状及其立法趋势前瞻》，载《中国法律评论》2017 年第 1 期。

［146］赵军：《侵犯公民个人信息犯罪法益研究——兼析〈刑法修正案（七）〉的相关争议问题》，载《江西财经大学学报》2011 年第 2 期。

［147］赵远：《“秦火火”网络造谣案的法理问题研析》，载《法学》2014 年第 7 期。

［148］郑晨予、范红：《从社会传染到社会扩散：社交机器人的社会扩散传播机制研究》，载《新闻界》2020 年第 3 期。

［149］周海洋：《出售、非法提供公民个人信息罪和非法获取公民个人信息罪的理解与适用》，载《中国审判》2010 年第 47 期。

［150］周少华：《罪刑法定在刑事司法中的命运——以一则案例引出的法律思考》，载《法学研究》2003 年第 2 期。

［151］周佑勇、刘艳红：《行政执法与刑事司法相衔接的程序机制研究》，载《东南大学学报》2008 年第 1 期。

［152］周泽中：《行政约谈的规制功能及其法治约束》，载《学习论坛》2019 年第 12 期。

［153］竺效、杨飞：《境外社会工作立法模式研究及其对我国的启示》，载《政治与法律》2008 年第 10 期。

［154］自正法、韩铁柱：《流通知情权与侵犯公民个人信息罪的法益及其刑事保护边界》，载《内蒙古社会科学》2020 年第 5 期。

［155］邹政：《盗窃虚拟财产行为的刑法适用探讨——兼论虚拟财产价格的确定》，载《法律适用》2014 年第 5 期。

四、外文资料

［1］John Rawls，A Theroy of Justice，The Belknap Press of Harvard University Press，1971.

［2］Brin，David. The transparent society：Will technology force us to choose between privacy and freedom？. Basic Books，1999.

［3］J. Rabkin and J. Yoo，Striking Power：How Cyber，Robots，and Space Weapons Change the rules for War，New York：Encounter Books Press，2017.

［4］Pamela Donovan，No Way of Knowing：Grime，Urban Legends，and the Internet，Routledge Press，2004.

［5］Anna Pesetski，" Deepfakes：A New Content Category for a Digital Age，" William & Mary Bill of Rights Journal，Vol. 29，No. 2，2020.

［6］David M. J. Lazer etc.，"The Science of Fake News：Addressing Fake News Requires A Multidisciplinary Effort，" Science，Vol. 359，No. 6380，2018.

［7］Mark A. Geistfeld. A Roadmap for Autonomous Vehicles：State Tort Liability，Automobile Insurance，and Federal Safety Regulation，California Law Review，Vol. 6，2017.

［8］Paul Egan，Michigan Residents Falsely Accused of Jobless Fraud Can Sue，Supreme Court Says，Detroit Free Press，Apr. 5，2019，at A1.

［9］Rajeev K. Goel，Identity theft in the internet age：Evidence from the U. S. states，Managerial and Decision Economics.

［10］Samantha Cole，AI-Assisted Fake Porn Is Here and We're All Fucked，

MOTHERBOARD.

[11] P. Schwartz &D. Solove, "The PII Problem: Privacy and a New Concept of Personally Identifiable Information", New York University Law Review, Vol. 86 (2011).

[12] S. Warren & L. Brandeis, "The Right to Privacy", Harvard Law Review, Vol. 4, No. 5 (Dec. 15, 1890).

[13] Siobhan O'Grady, An Indian Journalist Has Been Trolled For Years, Now U. N. Experts Say Her Life Could Be At Risk, WASH. POST (May 26, 2018).

[14] O. Ruebhausen & O. Brim, "Privacy and Behavioral Research", Columbia Law Review, Vol. 65, No. 7 (1965).

[15] Adam B. Schiff, House Permanent Select Committee on Intelligence, "Hearing: National Security Challenges of Artificial Intelligence, Manipulated Media and Deepfakes," June 13, 2019, https://docs.house.gov/meetings/IG/IG00/20190613/109620/HHRG-116-IG00-MState-S001150-20190613.pdf.

[16] Subramanian Arumugam and R. Bhargavi, A survey on driving behavior analysis in usage based insurance using big data, J Big Data 6, 86 (2019).

五、报纸短评

[1] 卢志坚、白翼轩、田竞:《出卖公开的企业信息谋利:检察机关认定行为人不构成犯罪》,载《检察日报》2021 年 1 月 20 日。

[2] 梁慧星:《民法总则的时代意义》,载《人民日报》2017 年 4 月 13 日。

[3] 张兴:《大连软件公司遭误杀 一审告赢"卡巴斯基"》,载《半岛晨报》2009 年 5 月 25 日。

[4] 陈静:《"掘金"个人数据不能为所欲为》,载《经济日报》2019 年 9 月 9 日。

[5] 戴佳:《保护公民合法权益促进网络健康发展》,载《检察日报》2013 年 9 月 10 日。

[6] 侯建斌:《国家网信办重拳整治网络水军黑公关等痼疾》,载《法治日报》2021 年 5 月 14 日。

[7] 肖雅菁：《网络“水军”的罪与罚》，载《检察日报》2021年11月30日。

[8] 林衍：《响水“大逃亡”实录》，载《中国青年报》2011年2月16日。

[9] 王婧、黄希韦：《正版软件被提示有病毒 卡巴斯基“误杀”案进入二审程序》，载《法制日报·周末》2009年7月16日。

[10] 车浩：《刑事法治关山万里刑法研究稳步前行》，载《中国社会科学报》2017年12月27日。

[11] 江迅：《清朗行动过百日，整治饭圈乱象见实效》，载《环球时报》2021年9月27日。

[12] 林子涵：《美国网络霸权就是这么赤裸裸》，载《人民日报（海外版）》2021年7月29日。

[13] 晏庆盛：《电商标价错误 活该被薅羊毛?》，载《嘉兴日报》2021年10月29日。

[14] 戴佳：《检察机关去年起诉涉嫌网络犯罪14.2万人》，载《检察日报》2021年4月8日。

[15] 董法：《“净网2021”专项行动取得阶段性显著成效》，载《中国商报》2021年10月26日。

[16] 高艳东：《经同意买卖个人信息也属违法犯罪》，载《检察日报》2018年8月15日。

[17] 寇国莹：《河北“艾滋女事件”制造者因侮辱诽谤一审获刑3年》，载《燕赵都市报》2010年4月10日。

[18] 赖名芳：《“剑网”持续亮剑：构建网络版权生态环境》，载《中国新闻出版广电报》2016年7月14日。

[19] 苏德悦：《2021年我国数字经济规模达45.5万亿元 占GDP比重达到39.8%》，载《人民邮电报》2022年7月11日。

[20] 杨维汉：《两高司法解释：收购代销黑客“赃物”担刑责》，载《北京晨报》2011年8月30日。

[21] 朱英子：《5000万元虚拟货币被盗案：北京法院承认财产属性，以销赃数额定罪量刑》，载《21世纪经济报道》2022年5月11日。

［22］《盗卖1300亿游戏币价值难定 警方求助物价局》，载《河南法制报》2009年9月29日。

［23］《2021年1至9月全国检察机关主要办案数据》，载《检察日报》2021年10月19日。

［24］《八成网友认为许某无罪 呼呼惩罚银行相关责任人》，载《南方日报》2008年4月19日。

［25］《对手机APP过度索权说“不”》，载《人民日报》2021年4月8日。

［26］《广州白云机场系统出错19航班旅客行李全国“乱飞”》，载《北京晨报》2005年2月6日。

六、判决书

［1］广东省江门市中级人民法院（2018）粤07刑终267号。

［2］广东省深圳市中级人民法院（2017）粤03民初822号民事判决书。

［3］浙江省衢州市中级人民法院（2019）浙08刑终333号刑事裁定书。

［4］湖北省荆州市沙市区人民法院（2019）鄂10刑终141号刑事判决书。

［5］北京互联网法院（2021）京0491民初37025号民事判决书。

［6］北京市第一中级人民法院（2016）京01民终2711号民事判决书。

图书在版编目（CIP）数据

建构数字安全：数据时代的刑法立场／李怀胜著
．—北京：中国法制出版社，2023.8
ISBN 978-7-5216-3358-0

Ⅰ．①建…　Ⅱ．①李…　Ⅲ．①数据管理-安全管理-科学技术管理法规-研究-中国　Ⅳ．①D922.174

中国国家版本馆 CIP 数据核字（2023）第 048173 号

责任编辑：胡　艺　　封面设计：杨鑫宇

建构数字安全：数据时代的刑法立场
JIANGOU SHUZI ANQUAN：SHUJU SHIDAI DE XINGFA LICHANG

著者／李怀胜
经销／新华书店
印刷／北京虎彩文化传播有限公司
开本／710 毫米×1000 毫米　16 开　　印张／17　字数／244 千
版次／2023 年 8 月第 1 版　　2023 年 8 月第 1 次印刷

中国法制出版社出版
书号 ISBN 978-7-5216-3358-0　　定价：69.80 元

北京市西城区西便门西里甲 16 号西便门办公区
邮政编码：100053　　传真：010-63141600
网址：http：//www.zgfzs.com　　**编辑部电话：010-63141815**
市场营销部电话：010-63141612　　**印务部电话：010-63141606**

（如有印装质量问题，请与本社印务部联系。）